2019/20

世界经济运行报告

SHIJIE JINGJI
YUNXING BAOGAO

国家统计局国际统计信息中心　编

图书在版编目(CIP)数据

世界经济运行报告. 2019/20 / 国家统计局国际统计信息中心编. -- 北京 : 中国统计出版社, 2020. 5

ISBN 978-7-5037-9145-1

Ⅰ. ①世… Ⅱ. ①国… Ⅲ. ①世界经济-统计资料-研究报告-2019-2020 Ⅳ. ①F11-66

中国版本图书馆 CIP 数据核字(2020)第 054499 号

世界经济运行报告 2019/20

作　　者/国家统计局国际统计信息中心
责任编辑/郭　栋
封面设计/李雪燕
版式设计/张　冰
出版发行/中国统计出版社
通信地址/北京市丰台区西三环南路甲 6 号　邮政编码/100073
电　　话/邮购(010)63376909　书店(010)68783171
网　　址/http://www.zgtjcbs.com
印　　刷/河北鑫兆源印刷有限公司
经　　销/新华书店
开　　本/787×1092mm　1/16
字　　数/290 千字
印　　张/16.75
版　　别/2020 年 5 月第 1 版
版　　次/2020 年 5 月第 1 次印刷
定　　价/65.00 元

《世界经济运行报告2019/20》编委会

编者的话

2019年，全球贸易紧张局势引发世界贸易、实体经济增速持续下滑，地缘政治事件频发加剧了世界经济的动荡程度，主要经济体经济增速呈现同步下滑的态势。2020年，新冠肺炎疫情在全球范围内的暴发，令本就面临国际经贸摩擦持续、政策刺激空间有限的世界经济再添风险因素，世界经济面临的下行压力或将进一步加大。当前多个国际组织已经指出，世界经济正处于金融危机以来最严峻的时期，我国经济面临的外部环境严峻复杂。

在此背景下，密切关注世界经济运行状况、研判世界经济发展趋势尤显重要。国际统计信息中心作为国家统计局对外开展国际统计业务交流与合作的窗口，负有监测分析世界经济形势运行的重要职责。在宁吉喆局长和盛来运副局长的悉心指导和大力支持下，国际统计信息中心立足专业特长和资源优势，积极开发和利用大量翔实的国际统计数据，系统描述世界经济最新进展、及时捕捉热点和焦点、对世界经济形势做出研判和预测，并以国际视角定期开展更加深入、系统的专题分析和中外对比研究。《世界经济运行报告2019/20》汇集了国际统计信息中心一年来分析研究的主要成果，内容包括世界经济月度监测、世界经济年度分析、国际比较研究、热点问题探索和统计数据五大部分。

需要说明的是，本书使用的数据均来自国际组织、有关国家政府统计部门及研究咨询机构。由于数据来源、汇总方法和发布时间不同，加之数据修订等原因，同一指标在不同的出处可能不一致，敬请读者注意。有关国际组织公布的中国统计数据可能与我国官方统计数据有出入，我们在数据表中均注明了数据来源，以便读者正确理解和使用。

受水平所限，书中难免存在不足，恳请批评指正。

编　者

2020 年 4 月

《世界经济运行报告2019/20》 目录

一、世界经济月度监测

二、世界经济年度分析

三、国际比较研究

四、热点问题探索

五、统计数据

1. 世界经济和国际市场

专栏

世界经济月度监测

世界经济复苏动能继续趋弱

——2019 年 1-2 月世界经济形势分析

今年前两个月,世界经济开局不利,复苏动能继续趋弱,主要表现在三个方面:一是主要经济体经济增速持续回落,发达经济体尤为明显;二是世界工业生产增速下滑明显,实体经济进入下行轨道;三是世界贸易恶化及主要经济体消费减弱,全球需求愈加不足。在这种情况下,后期走势不容乐观。

一、主要经济体经济增速放缓

(一)美国经济扩张步伐放缓

近期,贸易摩擦、部分政府部门关门及美联储货币政策摇摆等负面因素打击了美国国内市场信心,减税刺激政策效应减弱及财政赤字高企制约了经济增长,美国经济扩张步伐放缓。

GDP 增速大幅回落。3 月 11 日,亚特兰大联储 GDPNow 最新预测,美国一季度 GDP 环比折年率将增长 0.2%;3 月 8 日,纽约联储 GDPNowcast 最新预测,美国一季度 GDP 环比折年率将增长 1.4%,较 2018 年四季度增速(2.6%)均有明显回落。

工业生产基本稳定,产能利用率有所下降。1 月份,工业生产同比增长 3.7%,增速与上月持平,但为半年来的低水平;工业产能利用率 78.2%,比上月下降 0.6 个百分点,为半年来新低。

消费市场明显降温。1 月份,零售额同比增长 2.6%,远低于 2018 年全年 4.9%的增速;个人消费支出增长 2.2%,增速比上月回落 0.7 个百分点,为 2017 年 3 月以来最低增速。

房地产市场持续低迷。1 月份,现房销售量 494 万套(折年数),同比下降 8.5%,为 2015 年 12 月以来新低;新房开工量 123 万套(折年数),下降7.8%。

贸易增速走低，全年逆差创新高。2018年12月，货物和服务贸易出口额同比增长0.1%，增速比上月回落3.2个百分点；进口额增长3.1%，回落0.1个百分点。2018年，贸易逆差6210亿美元，比上年扩大12.5%，创十年来新高。

价格涨幅回落。1月份，消费价格同比上涨1.6%，涨幅比上月回落0.3个百分点，为两年来新低，其中核心消费价格上涨2.2%，涨幅与上月持平；生产者价格上涨2.0%，回落0.5个百分点。

失业率维持低位。2月份，失业率3.8%，比上月下降0.2个百分点；劳动参与率63.2%，为2014年3月以来最高水平；新增非农就业人数2.0万人，为一年来新低。

(二)欧元区经济依然疲弱

近期，欧元区经济总体延续2018年的疲弱态势，经济增速持续回落。虽然稳定改善的劳动力市场在一定程度上支撑消费支出和经济增长，但核心成员国德、法、意经济明显放缓，部分国家政治不确定性和市场信心不振，将进一步影响商业投资和贸易前景。

工业生产加速下降。2018年12月，工业生产和制造业生产同比分别下降4.2%和4.0%，为2009年11月和2012年11月以来最大降幅。

消费市场波动剧烈。1月份，零售量同比增长2.2%，增速比上月加快1.9个百分点；新车登记量下降2.5%，连续五个月负增长，但降幅持续收窄。

对外贸易活力减弱。经三个月移动平均调整，2018年12月，货物出口额同比增长3.7%，增速比上月回落0.5个百分点；货物进口额增长7.0%，回落1.7个百分点。2月份，制造业PMI新出口订单指数为46.4，为2012年10月以来新低。

消费价格基本稳定。2月份，消费价格同比上涨1.5%，涨幅比上月扩大0.1个百分点，其中核心消费价格上涨1.0%，回落0.1个百分点；1月份，生产者价格上涨3.0%，涨幅与上月持平。

就业市场稳定改善。1月份，失业率持平于上月的7.8%，为2008年12月以来最低水平；失业人数为1284.8万人，比上月减少2.3万人。

(三)日本经济持续低迷

近期,在全球经济增速放缓、市场需求疲弱、贸易前景黯淡的背景下,日本经济表现低迷。工业生产连续三个月下滑、对外贸易恶化、消费市场疲弱,预警指标持续下滑。

工业生产大幅萎缩。1月份,工业生产同比零增长,环比下降3.7%,连续三个月下滑,创2018年1月以来最大降幅。

国内消费明显减弱。1月份,零售额同比增长0.6%,增速比上月回落0.7个百分点;新车登记数增长0.9%。

房地产有所回暖。1月份,新房开工量6.7万套,同比增长1.1%。其中,自有新房2.1万套,增长3.3%;销售用新房2.3万套,增长16.5%。

进出口恶化,对主要贸易伙伴出口分化明显。1月份,货物出口额同比下降8.4%,进口额下降0.6%,均为两年来最大降幅。其中,对美国货物出口额同比增长6.8%,增速比上月加快5.2个百分点;对中国、欧盟分别下降17.4%和2.5%。中美经贸摩擦对日本出口的连带影响较大。

通缩压力加大。1月份,消费价格同比上涨0.2%,涨幅比上月回落0.1个百分点,创2017年11月以来新低,其中核心消费价格上涨0.8%;生产者价格上涨0.6%,回落0.9个百分点,创2017年2月以来新低。

劳动力供给紧张。1月份,失业率2.5%,仍维持在近十年来的低位;求人倍率1.63,保持较高水平。

(四)多数新兴经济体经济增速继续放缓

2018年四季度,金砖四国中,印度(6.6%)、巴西(1.1%)和南非(1.1%)GDP增速比三季度分别下滑0.4、0.2和0.2个百分点;亚洲经济体中,中国香港(1.3%)、中国台湾(1.8%)和新加坡(1.9%)GDP增速比三季度分别下滑1.5、0.6和0.5个百分点,韩国(3.1%)和越南(7.3%)分别加快1.1和0.5个百分点;造币四国中,墨西哥(1.7%)GDP增速比三季度下滑0.8个百分点,尼日利亚(2.4%)和印尼(5.2%)分别加快0.6和0.01个百分点,土耳其(-3.0%)GDP同比负增长。

二、主要经济领域运行分化

(一)世界工业生产增速大幅回落

2018年12月,世界工业生产同比增长1.8%,增速比上月回落0.6

个百分点,为 2016 年 10 月以来最低增速。2 月份,主要发达经济体制造业 PMI 明显下降,其中美国制造业 PMI 为 53.0,创 18 个月以来新低;欧元区制造业 PMI 为 49.3,创 68 个月以来新低;日本制造业 PMI 为 48.9,创 32 个月以来新低;德国制造业 PMI 为 47.6,创 74 个月以来新低。

(二)世界贸易恶化

预警指标创新低。2019 年一季度,全球贸易景气指数(WTOI)降至 96.3,比上年四季度的 98.6 回落 2.3 点,是 2010 年 3 月以来的最低值。**新出口订单指数继续下滑。**2 月份,全球制造业 PMI 新出口订单指数 49.1,比上月下降 0.3 点,连续六个月低于 50 的荣枯线,并创 2016 年 6 月以来新低。**BDI 指数大幅下跌。**被视为全球航运晴雨表的波罗的海干散货指数(BDI)在 2 月份一度下跌至 595 点,创近三年来新低,与年初相比下跌 53.6%。**货物贸易量价齐跌。**2018 年 12 月,世界货物贸易量同比下降 1.4%,货物贸易额下降 0.1%,均为两年来首次出现负增长;2 月份,韩国、巴西等经济体进出口贸易额同比呈负增长态势,全球贸易前景不容乐观。

(三)大宗商品价格低位回升

2 月份,国际能源价格指数为 77.4(2010 年=100),环比上涨 4.9%;非能源价格指数为 82.7(2010 年=100),上涨 1.8%。其中,农产品价格上涨 0.3%,原材料价格上涨 0.5%,化肥价格下降 2.3%,金属和矿产价格上涨 5.7%。**国际油价上涨。**2 月份,OPEC 一揽子原油平均价格为 63.83 美元/桶,环比上涨 8.7%。油价上涨的主要原因:一是 OPEC 组织及非 OPEC 国家将继续推进减产计划帮助油市重归均衡;二是中美新一轮谈判稳步推进,乐观情绪有效提振市场信心;三是美国原油库存和进口量近期均有所下降。截至 2 月 22 日当周,美国原油库存量比前一周下降 865 万桶。未来,OPEC 及非 OPEC 国家将坚持推进减产行动、美国石油库存大幅下降、委内瑞拉石油出口持续下降等因素将对原油价格形成有力支撑,推动油价继续上行。

(四)全球消费价格涨幅适中

2 月份,全球消费价格同比上涨 2.3%,涨幅比上月扩大 0.4 个百分点,其中发达国家上涨 1.3%,回落 0.1 个百分点;发展中国家上涨 3.0%,扩大 0.4 个百分点。

(五)国际金融市场基本稳定

债市小幅震荡。1-2 月,美、德、英、日等发达经济体国债收益率均在低位小幅震荡。美国十年期国债收益率累计上涨 4 个基点,英国微幅上涨 0.27 个基点;德国、日本均低位回升。**汇市表现分化**。1-2 月,美元指数高位震荡,累计上涨 0.16%;欧元贬值 0.59%,日元贬值 1.63%,英镑升值 3.97%;智利、南非、印尼、巴西等多数新兴经济体货币趋于稳定并小幅升值。**股市强劲反弹**。美国三大股指在 1-2 月累计涨幅均超过两位数,道琼斯、纳斯达克和标普 500 分别上涨 11.10%、13.52% 和 11.08%;德国、日本和英国股指涨幅分别达到 9.06%、6.85% 和 5.15%;新兴市场股指累计上涨 8.17%,其中 1 月份上涨 8.7%,创 2016 年 3 月份以来的最大月度涨幅。

近期,美联储加息节奏放缓、中美经贸磋商有望向积极的方向发展等,缓解了国际金融市场的压力。但实体经济不振、市场信心不足将会加大世界经济下行压力。印巴冲突、委内瑞拉局势动荡、半岛无核化进程曲折反复、美国退出中导条约等地缘政治事件,给本就复杂严峻的世界经济形势再添波澜。

(执笔:释经组[①];成文于 2019 年 3 月)

① 成员:张军、石庆焱、石婷、张国洪、李婧婧、胡晨沛、郝悦。

一季度世界经济发展不平衡凸显

——2019 年一季度世界经济形势分析

一季度，在多重因素影响下，世界经济进一步下行，经济发展不平衡问题凸显。

一是发达经济体和新兴经济体之间发展不平衡。

据 3 月份经济合作与发展组织（OECD）预测，G20 发达经济体 2019 年经济将增长 1.8%，较 2018 年 11 月份的预测下调 0.3 个百分点；G20 新兴经济体 2019 年经济将增长 4.8%，下调 0.2 个百分点。新兴经济体不仅整体增速远高于发达经济体，下调幅度也小于发达经济体（图 1）。

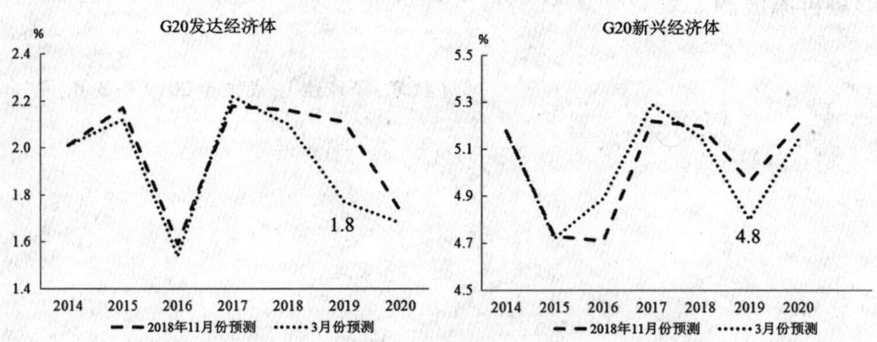

图 1　G20 发达和新兴经济体经济增速预测

资料来源：OECD 3 月份《经济展望》。

东亚和南亚地区增长较为强劲。印度、越南仍处于经济高速增长期，越南一季度 GDP 增长 6.8%，据英国共识公司 4 月份最新预测，印度一季度 GDP 将增长 6.6%，均保持高速扩张。

中国经济保持平稳增长。中国一季度 GDP 同比增长 6.4%，经济运行比较平稳，积极因素逐渐增多。在 4 月 9 日国际货币基金组织（IMF）

将全球及主要经济体经济增长预期几乎全面下调时，仅中国的经济增长预期被上调，成为2019年经济预测中为数不多的亮点之一。

二是发达经济体之间发展不平衡。

美国经济温和增长。据4月17日亚特兰大联储GDPNow最新预测，美国一季度GDP环比折年率将增长2.4%，较上季度加快0.2个百分点。实体经济较好，1-2月工业生产同比增长3.7%，增速仍维持上年平均水平，4月份制造业PMI为52.4，处于扩张区间；个人消费平稳增长，1月份个人消费支出同比增长2.3%，较上月扩大0.3个百分点；通胀水平保持在合理区间，一季度消费价格同比上涨1.6%，核心消费价格上涨2.1%。此外，零售市场有所回暖，就业市场维持良好状态，经济依然保持活力。

欧元区经济疲弱不振。据英国共识公司4月份最新预测，欧元区一季度GDP同比将增长1.1%，较上季度继续回落0.1个百分点。实体经济不振，1-2月工业生产同比下降0.5%，连续四个月负增长，4月份制造业PMI为47.8，连续三个月低于荣枯线；消费活力减弱，车市萎靡不振，3月份新车登记同比下降5.5%，连续7个月负增长；通胀水平较低，一季度消费价格同比上涨1.4%，涨幅较上季度回落0.4个百分点，与欧洲央行2.0%的通胀目标渐行渐远。

日本经济更趋艰难。据英国共识公司4月份最新预测，日本一季度GDP同比将增长0.5%，保持疲态。实体经济不景气，1月份工业生产同比增长0.7%，2月份下降1.1%，4月份制造业PMI为49.5，连续三个月低于荣枯线；国内消费疲弱，1-2月零售额同比增长0.5%，较上年同期回落1.1个百分点；对外贸易遭到重挫，一季度货物出口额同比下降3.9%，进口额下降2.0%，出口连续四个月负增长；通缩压力加大，一季度消费价格同比仅上涨0.3%，涨幅较上年同期回落1.0个百分点。

（执笔：释经组；成文于2019年4月）

世界经济喜忧参半 不稳定不确定性增加

——2019年4月份世界经济形势分析

近期,世界经济喜忧参半,处于收缩与扩张角力的关键期。好的一面表现在:中美两国经济表现好于预期,欧元区经济有改善迹象,世界工业生产增速回弹;不利的方面表现在:贸易不确定性明显上升,保护主义继续蔓延,地缘政治冲突愈演愈烈。世界经济面临的不确定性因素增多,我国外部运行环境更趋严峻,需高度关注,妥善应对。

一、主要经济体经济运行情况

(一)美国经济增速超出预期

美国近期公布的一季度GDP增速超出预期,主要是由于净出口和私人库存等短期因素的拉动,在实体经济继续降温、国内消费需求仍然疲弱的情况下,美国经济高增长难以持续。

GDP增速反弹。一季度,美国GDP环比折年率增长3.2%,增速比上季度加快1.0个百分点;同比增长3.2%,为2015年三季度以来最高增速。其中,净出口和私人库存是拉动经济增长的主要因素,个人消费支出拉动作用已连续三个季度减弱。

工业生产继续降温。3月份,工业生产同比增长2.8%,增速比上月回落0.7个百分点,其中制造业生产增长1.1%,增速维持两年来低位;工业产能利用率78.8%,比上月下降0.2个百分点,连续四个月下降。

消费市场仍显疲弱。3月份,零售额同比增长1.5%,增速比上月回落0.6个百分点;个人消费支出增长2.9%,加快0.1个百分点。

房屋销量稳定增长。3月份,受低房贷利率提振,新房销售量69.2

万套(折年数),为2017年12月以来新高;新房实际开工113.9万套(折年数),为2017年6月以来新低,说明房地产市场仍然缺乏信心。

货物和服务贸易增速回落。3月份,货物和服务贸易出口额同比增长1.3%,增速比上月回落1.2个百分点;进口额增长2.1%。贸易逆差500亿美元,比上月扩大7亿美元。

价格涨幅适中。4月份,消费价格同比上涨2.0%,涨幅比上月扩大0.1个百分点,其中核心消费价格上涨2.1%,扩大0.1个百分点;生产者价格上涨2.2%,涨幅与上月持平。

劳动力市场继续强劲。4月份,失业率3.6%,比上月下降0.2个百分点,创49年来新低;新增非农就业人数26.3万人,其中商业服务(7.6万人)、教育医疗(6.2万人)为主要增加行业。

(二)欧元区经济有向好迹象

近期,欧元区制造业生产连续下降三个月后实现正增长,消费稳定增长,对外贸易有所好转,消费价格抬升,劳动力市场继续改善,整体经济现向好迹象。但内部政治风险及美欧贸易谈判僵局在短期内均难以得到妥善解决,继续对欧元区经济复苏造成压力。

GDP增速加快。一季度,欧元区GDP环比增长0.4%,增速比上季度加快0.2个百分点;同比增长1.2%,与上季度持平。

制造业增速由负转正。2月份,工业生产同比下降0.3%,降幅持续收窄;制造业生产增长0.5%,增速由负转正。

消费稳定增长。3月份,零售量(经三个月移动平均调整)同比增长2.3%,增速已连续两个月加快;新车登记下降5.5%,降幅有所扩大。

对外贸易增速加快。2月份,货物出口额同比增长4.4%,增速比上月加快1.9个百分点;进口额增长4.0%,加快0.8个百分点。4月份,制造业PMI新出口订单指数为45.1,比上月回升0.3点。

消费价格略有抬升。4月份,消费价格同比上涨1.7%,涨幅比上月扩大0.3个百分点,其中核心消费价格上涨1.2%,扩大0.4个百分点。3月份,生产者价格上涨2.9%,涨幅比上月回落0.1个百分点。

23月份,失业率7.7%,为2008年12月以来最低水平;失业人数1263.0万人,比上月减少17.4万人。

(三)日本经济依然艰难

近期,尽管受提税的刺激房地产市场有所回暖,但市场信心不足、消费需求疲弱,叠加工业生产、出口的持续恶化,日本经济增长前景更趋黯淡。

工业生产进一步恶化。3 月份,工业生产同比下降 4.6%,降幅比上月扩大 3.5 个百分点,并创 2015 年 5 月以来最大降幅。

国内消费低迷。3 月份,零售额同比增长 1.0%;新车登记下降 5.3%,降幅比上月扩大 5.2 个百分点。

房地产持续回暖。3 月份,新房开工量 7.7 万套,同比增长 10.0%。其中,自有新房 2.2 万套,增长 8.9%;销售用新房 2.5 万套,增长 33.0%,连续四个月保持两位数增长,并创 2011 年 8 月以来最高增速。

出口持续下滑。3 月份,货物出口额同比下降 2.4%,已连续四个月负增长;进口额增长 1.2%,增速由负转正。在对主要贸易伙伴的出口方面,对美国、欧盟货物出口额同比分别增长 4.4%、7.3%,增速比上月分别加快 2.4、4.8 个百分点;对中国出口额下降 9.4%。

通缩压力仍存。3 月份,消费价格同比上涨 0.5%,涨幅比上月扩大 0.3 个百分点,其中核心消费价格上涨 0.8%;生产者价格上涨 1.3%,扩大 0.4 个百分点。

劳动力供给紧张。3 月份,失业率 2.5%,仍维持在近十年来的低位;求人倍率 1.63,保持较高水平。

(四)主要新兴经济体经济增速继续放缓

金砖四国中,一季度俄罗斯 GDP 同比增长 0.5%,仍维持低速,但印度经济增长势头良好,上年四季度增长 6.6%。亚洲经济体中,韩国(1.8%)、中国香港(0.5%)、新加坡(1.3%)、越南(6.8%)、中国台湾(1.7%)一季度 GDP 增速分别比上季度回落 1.3、0.7、0.6、0.5、0.1 个百分点。造币四国中,墨西哥(1.3%)和印尼(5.1%)分别下滑 0.4 和 0.1 个百分点,尼日利亚和土耳其经济走势堪忧。

二、主要经济领域运行情况

(一)世界工业生产增速回升

3 月份,世界工业生产同比增长 2.9%,增速比上月加快 1.1 个百分点,为五个月来最高增速。4 月份,主要发达经济体制造业 PMI 普遍回升,其中美国制造业 PMI 为 52.6,比上月上升 0.2 点;欧元区制造业 PMI 为 47.9,上升 0.4 点;德国制造业 PMI 为 44.4,上升 0.3 点;日本制造业 PMI 为 50.2,上升 1.0 点。

(二)世界贸易恶化程度有所缓解

新出口订单指数止跌回升。4 月份,全球制造业 PMI 新出口订单指数 49.0,比上月回升 0.1 点,是近四个月来首次上升。**BDI 指数低位回升。**4 月份,波罗的海干散货指数(BDI)摆脱今年以来的低迷走势,由月初的 689 点上升至月末的 1011 点,涨幅达 46.7%。**部分新兴经济体进出口增速转正或降幅收窄。**最新数据显示,韩国、巴西出口额降幅明显收窄,韩国进口额增速由负转正;越南、印度等进出口额增速明显加快。**但随着中美经贸摩擦的升级,贸易不确定性再次增大。**

(三)通胀压力有所上升

大宗商品价格持续上涨。4 月份,国际能源价格指数为 84.3(2010 年=100),环比上涨 5.4%;非能源价格指数为 82.8(2010 年=100),上涨 0.3%。其中,农产品价格上涨 0.2%,原材料价格下跌 0.1%,化肥价格上涨 0.5%,金属和矿产价格上涨 0.6%。**国际油价持续上涨。**4 月份,OPEC 一揽子原油平均价格为 70.78 美元/桶,环比上涨 6.6%。油价上涨的主要原因:一是 OPEC 组织继续执行减产计划;二是美国对伊朗加大制裁力度,令中东地区原油供应紧张;三是受美国制裁及电力故障影响,委内瑞拉原油产量处于历史低位,利比亚内战也令该国原油供应急剧减少。**全球消费价格涨幅扩大。**4 月份,全球消费价格同比上涨 2.8%,涨幅比上月扩大 0.8 个百分点,其中发达国家上涨 1.9%,扩大 0.4 个百分点;发展中国家上涨 3.2%,扩大 0.1 个百分点。

(四)国际金融市场不稳定性增加

债市低位震荡。近期,美、德、英、日等发达经济体十年期国债收益率均保持低位震荡。截至 5 月 10 日,美国十年期国债收益率较一季度末累计上涨 6 个基点,德国、英国、日本十年期国债收益率分别上涨 1.0、10.5 和 3.8 个基点。**汇市小幅波动。**4 月份以来,美元指数高位震荡,保持强势,但由于 5 月 5 日中美经贸关系再生变数使市场波动性加大。截至 5 月 10 日,美元指数较一季度末累计上涨 0.09%;其他主要货币兑美元方面,欧元升值 0.13%,日元升值 0.83%,英镑贬值 0.27%。**股市高位盘整**。美国三大股指中,道琼斯指数较一季度末上涨 0.05%,纳斯达克指数和标普 500 指数分别上涨 2.43%和 1.66%,德国和日本股指分别上涨 4.63%和 0.66%,英国富时 100 股指下跌 1.04%。受全球贸易摩擦升级影响,近期全球主要股指一度大幅下挫,后期趋势有待观察。

(执笔:释经组;成文于 2019 年 5 月)

世界经济承压下行 外部环境更趋严峻

——2019 年 5 月份世界经济形势分析

近期,全球实体经济萎靡不振,全球贸易持续低迷,国际金融市场动荡不安,世界经济增速放缓。随着特朗普政府关税及科技制裁程度的加深,全球贸易紧张局势进一步加剧,市场信心更加不足,对世界经济增长造成了明显的冲击,未来世界经济运行环境将更趋严峻。

一、主要经济体经济增速放缓

世界银行最新一期《全球经济展望》将 2019 年世界经济增速下调 0.3 个百分点至 2.6%,同时下调了欧元区、日本等主要发达经济体以及俄罗斯、巴西、南非等多数新兴经济体的经济增速。

(一)美国经济走势放缓

近期,美国工业生产、对外贸易等经济领域表现不佳,在经济下行压力加大的背景下,美联储表示将采取适当行动进行应对,降息的可能性进一步增加。

GDP 增速回落。亚特兰大联储 GDPNow 最新预测,美国二季度 GDP 环比折年率将增长 1.4%;纽约联储 GDPNowcast 最新预测,美国二季度 GDP 环比折年率将增长 1.0%,较一季度增速(3.1%)均有明显回落。

工业生产增速大幅下滑。4 月份,工业生产同比增长 0.7%,增速比上月回落 1.7 个百分点,为 2017 年 3 月以来最低增速,其中制造业生产下降 0.4%,是 30 个月来首次负增长;工业产能利用率 77.9%,一年来首次跌至 78%以下。

消费市场稳定增长。4 月份,零售额同比增长 5.0%,增速比上月加快 3.4 个百分点;个人消费支出增长 2.7%,回落 0.4 个百分点。

房地产市场价升量降。4 月份,现房销售量 519 万套(折年数),新房销售量67.3万套(折年数),均比上月略有减少。现房价格26.7万美元/套,创近九个月新高;新房价格34.2万美元/套,创2018年1月以来新高。

贸易增速大幅下滑。4月份,货物和服务贸易出口额同比下降1.0%,为2016年8月以来最大降幅;进口额增长0.2%,增速比上月回落2.2个百分点。

价格涨幅回落。5月份,消费价格同比上涨1.8%,涨幅比上月回落0.2个百分点,其中核心消费价格上涨2.0%,涨幅为2018年3月以来新低;生产者价格上涨1.8%,回落0.4个百分点,涨幅为2017年2月以来新低。

就业市场基本稳定。5月份,失业率3.6%,与上月持平,继续保持在历史低位;新增非农就业人数7.5万人,其中零售业就业人数已连续四个月负增长。

(二)欧元区经济仍显疲弱

近期,尽管欧元区消费平稳、劳动力市场稳定改善,但工业生产持续低迷、出口增速回落、通胀疲软,整体经济仍显疲弱。

工业生产持续低迷。3月份,工业生产同比下降0.6%,已连续5个月停滞或负增长;制造业生产增长0.3%,增速比上月回落0.5个百分点。

消费市场总体平稳。4月份,零售量同比增长2.2%(经三个月移动平均调整),增速比上月回落0.2个百分点;新车登记量下降0.2%,降幅较上月有所收窄。

对外贸易相对稳定。3月份,货物出口额同比增长3.1%,增速比上月回落3.1个百分点;进口额增长6.0%,加快0.8个百分点。5月份,制造业PMI新出口订单指数升至47.0,比上月回升1.1点。

价格涨幅回落。5月份,消费价格同比上涨1.2%,涨幅比上月回落0.5个百分点,其中核心消费价格上涨0.8%,回落0.5个百分点;4月份,生产者价格上涨2.6%,回落0.3个百分点。

就业市场稳定改善。4月份,失业率降至7.6%,为2008年9月以来最低水平;失业人数为1252.9万人,比上月减少6.4万人。

(三)日本经济低迷

近期,日本工业生产萎缩,消费需求疲弱,出口持续恶化,市场信心不振，经济增长缺乏动能。

工业生产持续萎缩。4月份，工业生产同比下降1.1%，已连续3个月负增长。

国内消费疲弱。4月份，零售额同比增长0.5%，增速比上月回落0.5个百分点；新车登记增长3.3%，增速由负转正。

房地产市场保持旺盛。4月份，新房开工量7.9万套，环比增长3.7%。其中，自有新房2.5万套，增长13.5%；因消费税带来的购房热逐渐降温，销售用新房2.3万套，下降7.5%。

出口持续恶化，进口继续回升。4月份，货物出口额同比下降2.4%，已连续五个月负增长；进口额增长6.5%，增速比上月加快5.3个百分点。其中，对美国货物出口额增长9.6%，加快5.2个百分点，创六个月以来新高；受中美经贸摩擦连带影响，对中国货物出口额下降6.3%。

价格水平持续回升。4月份，受原油价格上涨影响，消费价格同比上涨0.9%，涨幅比上月扩大0.4个百分点，其中核心消费价格上涨0.9%，扩大0.1个百分点；生产者价格上涨1.2%。

劳动力供给紧张。4月份，失业率2.4%，仍维持在近十年来的低位；求人倍率1.63，保持较高水平。

（四）主要新兴经济体经济增速持续放缓

一季度，金砖四国中，俄罗斯（0.5%）、南非（0.0%）、印度（5.8%）和巴西（0.5%）GDP增速均明显放缓，增速分别比上年四季度下滑2.2、1.1、0.8和0.6个百分点；亚洲经济体中，韩国（1.7%）、中国香港（0.6%）、越南（6.8%）、马来西亚（4.5%）、新加坡（1.2%）和中国台湾（1.7%）GDP增速分别下滑1.2、0.6、0.5、0.2、0.1和0.1个百分点；造币四国中，墨西哥（1.2%）、尼日利亚（2.0%）和印尼（5.1%）GDP增速分别下滑0.5、0.4和0.1个百分点，土耳其（-2.6%）经济进入技术性衰退。

二、主要经济领域运行更趋艰难

（一）世界工业生产增速大幅回落

4月份，世界工业生产同比增长1.2%，增速比上月回落1.7个百分点，为40个月来新低；5月份，全球制造业PMI为49.8，为2016年3月以来首次跌至50的荣枯线以下，其中美国制造业PMI为50.5，比上月下降2.1点，为2009年10月以来新低；欧元区制造业PMI为47.7，下降0.2点；德国制造业PMI为44.3，下降0.1点；日本制造业PMI为49.8，下降0.4点。

（二）世界贸易形势日趋严峻

贸易摩擦、制裁及反制裁范围扩大、程度加深。一方面，美国在贸易领域的制裁程度进一步加深，提高2000亿美元中国商品的关税税率、取消对土耳其和印度的普惠制待遇等一系列贸易霸凌行为严重干扰世界经济运行环境；另一方面，美国对部分国家的打压范围已经逐步由贸易领域向科技领域、人才领域延伸。**贸易景气指数加速下探。**2019年二季度，全球贸易景气指数（WTOI）为96.3，已连续三个季度低于100的基线值，并维持在2010年一季度以来的最低水平。**世界银行大幅下调2019年全球贸易量增速。**6月4日，世界银行最新一期《全球经济展望》将2019年世界贸易量增速下调1.0个百分点至2.6%，为近十年来的低点。**全球市场需求疲弱。**5月份，全球制造业PMI新出口订单指数49.0，连续9个月低于50的荣枯线。**中美经贸摩擦连带影响明显。**中美经贸摩擦升级给部分出口导向型经济体造成连带冲击，5月份，韩国半导体出口额同比下降30.5%，严重拖累经济增长。

（三）大宗商品价格普遍下跌

5月份，国际能源价格指数为81.8（2010年=100），环比下跌2.8%；非能源价格指数为81.3（2010年=100），下跌1.8%。其中，农产品价格下跌1.1%，原材料价格下跌1.0%，化肥价格下跌0.3%，金属和矿产价格下跌3.6%。**国际油价断崖式下跌。**5月20日至24日，国际油价累计下跌7.0%；5月30日当日油价下跌4.8%。油价下跌主要原因：一是受贸易紧张局势加剧的影响，市场需求疲弱；二是近期美国原油库存、出口量高企。IEA数据显示，截至5月17日当周美国原油库存量4.7亿桶，比去年同期高8.8%；原油出口量日均292.2万桶，比去年同期增加117.4万桶。未来，市场需求疲弱叠加美国原油供给过剩将继续令油价承压，而OPEC组织继续推行减产计划、美伊矛盾升级伊朗原油供给持续下滑又会对油价构成一定支撑，预期油价波动性将有所增大。

（四）全球消费价格涨幅适中

5月份，全球消费价格（中位数）同比上涨2.8%，涨幅比上月扩大0.6个百分点，其中发达国家上涨1.6%，回落0.1个百分点；发展中国家上涨3.4%，扩大0.3个百分点。

（五）国际金融市场剧烈波动

债市收益率大幅下跌。受避险情绪的影响，5月份，资本由股市退出进入债券市场，致使美、德、英、日等发达经济体十年期国债收益率均大幅走低。截至6月7日，美国十年期国债收益率较4月末累计下跌42个基点，德国、英国、日本十年期国债收益率分别下跌26、31、7个基点。**汇市小幅波动。**截至6月7日，美元指数较4月末下跌0.96%。其他主要货币兑美元方面，欧元升值1.06%，日元升值2.99%，英镑贬值2.27%。**股市集体下挫后有所反弹。**5月份，全球股指集体下挫，全球股市市值蒸发5万亿美元。国际金融协会5月31日发布报告显示，新兴市场股市5月份资金流出规模达到146亿美元，创6年来单月最高。**全球降息周期启动。**在世界经济承压下行的背景下，多国央行开始启动新一轮降息周期，2019年以来降息的央行已达14家。

从目前形势来看，贸易紧张局势不仅会给世界经济短期形势造成冲击，同时还会影响中长期增长，OECD于5月21日发布的报告称，中美之间互相加征关税将给未来2-3年全球GDP增速削弱至少0.6个百分点。现有贸易关系和基于多边规则的贸易体系所面临的挑战和遭受的不确定性极大削弱了市场和消费者信心。随着贸易紧张局势的持续，世界经济将继续低迷。各国政府需要相向而行，本着互相尊重、平等互利的精神，增进世界人民的福祉。

（执笔：释经组；成文于2019年6月）

世界经济持续下行
不稳定不确定性增多

——2019 年上半年世界经济形势分析

上半年,受保护主义单边主义持续蔓延的影响,世界经济承压下行,疲弱乏力。主要经济体经济增速放缓,主要经济领域乏善可陈。虽然近期中美可能重启贸易谈判,但不确定性仍存。受冲击的产业链价值链短期内难以恢复,全球需求疲弱,市场信心不足,世界经济前景堪忧。

一、主要经济体经济运行情况

(一)美国经济走势放缓

上半年,由于税改红利消退、关税措施负面影响显现,美国经济增速总体呈放缓态势,工业生产增速大幅下滑,对外贸易明显恶化且逆差进一步扩大,价格涨幅有所回落。在经济下行压力加大的背景下,下半年美联储降息的可能性进一步增大。

GDP 增速回落。亚特兰大联储 GDPNow 最新预测,美国二季度 GDP 环比折年率将增长 1.4%;纽约联储 GDPNowcast 最新预测,二季度 GDP 环比折年率将增长 1.5%,较一季度增速(3.1%)均有明显回落。

工业生产增速大幅下滑。1-5 月,工业生产同比增长 2.2%,增速较上年同期回落 1.6 个百分点;制造业生产增长 0.8%,回落 1.4 个百分点。

消费市场基本稳定。1-5 月,零售额同比增长 3.2%,4、5 月份增速出现较为明显的回升;个人消费支出增长 2.7%,增速较上年同期加快 0.3 个百分点。

现房市场保持活跃,新房市场总体稳定。现房销量明显回升,由年初的 493 万套上升至 5 月份的 534 万套;现房价格逐月上涨,5 月份已达

27.8万美元/套的历史高位。1-5月,新房销量月均66.5万套,为十年来同期最高水平,但近两个月销量有所回落;新房价格呈波动走势,由于20~30万美元新房销量占比增加,5月份新房价格中位数回落至30.8万美元/套。

对外贸易恶化。1-5月,货物出口额同比增长0.2%,增速较上年同期回落9.4个百分点,4、5月份均为负增长;进口额增长0.8%,回落8.1个百分点。5月份,货物贸易逆差扩大至761亿美元,创五个月新高。

价格涨幅回落。上半年,消费价格同比上涨1.7%,涨幅较上年同期回落0.8个百分点,其中核心消费价格上涨2.1%;生产者价格上涨1.9%,回落1.0个百分点。

劳动力市场基本稳定。上半年,失业率3.8%,较上年同期下降0.2个百分点,为1970年以来同期最低水平;新增非农就业总人数103.3万人,较上年同期减少37.8万人。

(二)欧元区经济持续低迷

上半年,欧元区消费平稳、劳动力市场稳定改善,但工业生产持续萎缩、消费价格明显回落、市场信心不断受到打击,整体经济呈持续低迷状态。由于内部政治风险长期存在、外部需求减弱,内外部风险交织将制约欧元区下半年经济增长。

GDP增速回落。据英国共识公司最新预测,二季度欧元区GDP环比增长0.3%,同比增长1.0%,较一季度均微幅回落。

工业生产持续萎缩。1-5月,工业生产同比下降0.4%,单月已连续7个月停滞或负增长。

消费市场总体平稳。1-5月,零售量同比增长2.0%,增速较上年同期加快0.3个百分点。5月份新车登记实现连续9个月下降后的首次正增长。

对外贸易稳定增长。1-4月,货物出口额同比增长4.2%,增速较上年同期加快0.6个百分点;进口额增长5.2%,加快1.5个百分点。

价格涨幅明显回落。上半年,消费价格同比上涨1.4%,涨幅较上年同期回落0.1个百分点,其中5、6月份1.2%的涨幅为一年多以来最低;核心消费价格上涨1.0%。生产者价格自2018年10月以来呈回落态势,5月份同比上涨1.6%,为2018年1月以来最低。

就业市场稳定改善。5 月份，失业率降至 7.5%，为 2008 年 5 月以来最低水平；失业人数降至 1234.8 万人，较上年末累计减少 51.6 万人。

（三）日本经济艰难运行

上半年，受全球需求疲弱及经贸摩擦影响，日本实体经济不振、对外贸易恶化，加上消费需求疲弱、通胀水平仍处低位，经济运行依然艰难。

GDP 增速回落。据英国共识公司最新预测，二季度日本 GDP 环比持平，同比增长 0.4%，较一季度均明显回落。

工业生产持续低迷。1-5 月，工业生产同比下降 1.6%，上年同期增长 2.0%。其中，5 月份工业生产下降 1.8%，已连续 4 个月负增长。

国内消费疲弱。1-5 月，零售额同比增长 0.8%，增速较上年同期回落 0.5 个百分点。受税收政策影响，新车登记年初低迷，但 4、5 月份恢复正常增长。

房地产市场由旺转淡。1-5 月，新房开工量月均 7.4 万套，同比下降 0.3%。5 月份，新房开工量 7.3 万套，同比下降 8.7%，连续两个月负增长。

对外贸易恶化。1-5 月，货物出口额同比下降 4.3%，单月连续 6 个月负增长，进口额下降 0.3%。其中，对美国货物出口额增长 5.3%；对中国、欧盟出口额分别下降 7.7%和 0.3%。

价格水平保持低位。1-5 月，消费价格同比上涨 0.5%，涨幅较上年同期回落 0.5 个百分点，其中核心消费价格上涨 0.8%；生产者价格上涨 1.0%，回落 1.4 个百分点。

劳动力供给紧张。5 月份，失业率 2.4%，仍维持在近十年来的低位；求人倍率 1.62，保持较高水平。

（四）主要新兴经济体经济增速明显放缓

上半年，除印度和越南经济稳定增长外，其他新兴经济体在进出口和制造业下滑的拖累下经济放缓明显。

二、主要经济领域运行情况

（一）世界工业生产增速持续回落

1-5 月，世界工业生产同比增长 2.1%，增速较上年同期回落 2.1 个百分点。6 月份，全球制造业 PMI 降至 49.4，连续 14 个月下降，为 2012

年11月以来最低水平。

(二)世界贸易形势日趋严峻

世界贸易量增速低缓。1-4月,世界货物贸易量同比增长0.4%,增速较上年同期回落4.0个百分点,为十年来同期最低。**世界贸易额持续负增长。**1-5月,世界货物出口额同比下降2.3%,货物进口额下降6.9%,而上年同期进、出口额同比均达到两位数增长。6月份,韩国、巴西、印尼等经济体进、出口贸易额均持续大幅下降。**贸易预警指数疲弱。**6月份,全球制造业PMI新出口订单指数48.8,连续10个月低于50的荣枯线,并创2013年7月以来新低。

(三)大宗商品价格低位波动

上半年,国际能源价格指数平均为78.4(2010年=100),同比下跌8.7%;非能源价格指数为82.2,下跌7.0%。其中,农产品价格下跌7.0%,原材料价格下跌3.9%,化肥价格上涨9.9%,金属和矿产价格下跌8.8%。**国际油价先涨后跌。**6月份,OPEC一揽子原油平均价格62.92美元/桶,较年初累计上涨10.5%。因OPEC及非OPEC国家执行减产计划、美国对伊朗原油制裁力度加大、委内瑞拉国内动荡等原因导致油价持续上涨;自5月份起,受贸易紧张局势加剧市场避险情绪升温、美国原油库存及出口量高企的影响,油价大跌;6月末,中美经贸摩擦有缓解迹象,油价有所回升。未来,美伊紧张局势、OPEC继续推行减产计划将增加原油供应压力,而经贸摩擦缓和将提振市场需求,此外随着美国年内降息可能性加大,美元指数的走弱或将一定程度提振油价。

(四)全球消费价格涨幅适中

上半年,全球消费价格(中位数)同比上涨2.0%,其中发达国家上涨1.4%,发展中国家上涨3.1%。

(五)国际金融市场动荡不安

债市收益率大幅下跌。上半年,对全球经济增长放缓及中美经贸摩擦的担忧导致市场信心不足、避险情绪升温,发达经济体十年期国债收益率大幅下跌,德国、法国、瑞典、荷兰、瑞士、比利时、日本等国十年期国债均为负收益率,英国、西班牙、葡萄牙也开始接近零收益率。**股市整体震荡上行。**截至7月5日,美国道琼斯、纳斯达克和标普500分别较年初上涨15.41%、23.01%和19.29%,并于7月3日涨至历史最高;德国、英国和日本股指分别上涨 19.03%、12.26%和 8.65%；新兴市场股指波动更大，累计上涨 9.35%。国际金融协会 6 月 28 日发布报告显示，在贸易紧张局势不断加剧的背景下，第二季度流入中国以外新兴市场的资金非常强劲，达到 230 亿美元，仅略低于第一季度的 310 亿美元。

三、世界经济运行中的主要问题

（一）保护主义单边主义持续蔓延

贸易保护性措施增加。6 月 24 日 WTO 发布贸易监测报告显示，2018 年 10 月至 2019 年 5 月，G20 经济体共实施包括加征关税、实施进口禁令以及出口海关程序等 20 项新的贸易限制措施，涉及总值 3359 亿美元的货物贸易，限制规模创下历史第 2 高，是自 2012 年 5 月实施该统计以来平均值的 3.5 倍以上。**全球产业链价值链继续受到冲击。**国际金融危机之后，发达国家试图在具备比较优势的领域提高竞争力，吸引资本回流制造业，而新兴经济体则试图突破传统国际分工对发展空间的束缚。当前的经贸摩擦实际上是全球产业重组和产业链布局调整在贸易领域的延伸，短期内，全球产业链的重建将在大国博弈下历经动荡，难以平静。

（二）全球市场信心受到打击

上半年，美国、欧元区和日本消费者信心指数持续回落，其中 6 月份日本消费者信心指数降至 38.9，创 2015 年以来新低；美国、欧元区、日本、德国等发达经济体投资信心指数保持低位，呈持续下降趋势。

（三）经济政策调控空间有限

积极的财政政策面临更多掣肘。国际清算银行 6 月 4 日发布最新数据显示，2018 年四季度，多国政府部门杠杆率进一步提高，其中日本政府部门债务占 GDP 比重达 202.5%，比三季度上升 1.5 个百分点；美国比重达 98.7%，上升 0.8 个百分点。**低利率限制货币政策进一步宽松。**当前，多数经济体的货币政策调控空间十分有限，欧元区零利率，日本负利率，美国（2.50%）、澳大利亚（1.00%）、新西兰（1.50%）、韩国（1.75%）等经济体利率水平基本处于历史低位。今年至少已有 16 个经济体进行了 19 次降息，虽然美国、欧元区等主要央行还未降息，但对降息持开放态度。

（四）地缘冲突与政治博弈加剧

美伊紧张关系骤然升级，美国采取外交围堵、经济制裁、军事威慑等

"极限施压"手段引发伊朗反制，对峙进入"白热化"阶段；美俄相继暂停履行《中导条约》将导致核大国间毫无军控约束，冷战时代或将重新开启；叙利亚成为美、俄、以、伊等国家利益博弈的角斗场，多国间持续的博弈与对抗令叙利亚战乱旷日持久。中东战云密布，全球军备竞赛愈演愈烈，对世界的和平与稳定构成严重威胁，给本就岌岌可危的国际安全形势蒙上新的阴影。

四、国际组织对2019年世界经济运行的初步预测

G20大阪峰会期间中美两国领导人会晤后表示不再加征新的关税，且重启经贸磋商，在一定程度上给世界经济注入了"强心剂"，但深层次矛盾和经贸摩擦的影响短期内无法解决，世界经济未来仍充满不确定性。因此，主要国际组织继续下调2019年世界经济及贸易增长预期。近期，OECD将2019年世界经济增速下调0.1个百分点至3.2%；世界银行将2019年世界经济增速下调0.3个百分点至2.6%，将世界贸易量增速下调1.0个百分点至2.6%；英国共识公司将2019年世界经济增速下调0.1个百分点至2.7%。

表 1　世界经济主要指标的年度预测(%)

单位:%

指标	预测机构	2018	2019	2020	指标	预测机构	2018	2019	2020
经济增长率	国际货币基金组织				通货膨胀率	国际货币基金组织			
	世　界	3.6	3.3	3.6		发达国家	2.0	1.6	2.1
	发达国家	2.2	1.8	1.7		发展中国家	4.8	4.9	4.7
	美　国	2.9	2.3	1.9		英国共识公司			
	欧元区	1.8	1.3	1.5		世　界	2.9	2.6	2.6
	日　本	0.8	1.0	0.5		美　国	2.4	1.9	2.1
	发展中国家	4.5	4.4	4.8		欧元区	1.7	1.3	1.4
	经济合作与发展组织					日　本	1.0	0.6	0.9
	世　界	3.5	3.2	3.4	货物贸易量增速	世界贸易组织			
	美　国	2.9	2.8	2.3		世　界	3.0	2.6	3.0
	欧元区	1.8	1.2	1.4		发达国家			
	日　本	0.8	0.7	0.6		出　口	2.1	2.1	2.5
	印　度	7.0	7.2	7.4		进　口	2.5	1.9	1.9
	世界银行					发展中国家			
	世　界	3.0	2.6	2.7		出　口	3.5	3.4	3.7
	美　国	2.9	2.5	1.7		进　口	4.1	3.6	3.9
	欧元区	1.8	1.2	1.4		国际货币基金组织			
	日　本	0.8	0.8	0.7		世　界	3.9	3.3	3.9
	印　度	7.2	7.5	7.5					
	美联储								
	美　国	2.9	2.1	2.0					

注:2019 年、2020 年为预测值;国际货币基金组织经济增长率为购买力平价法 GDP 加权汇总。

资料来源:国际货币基金组织《世界经济展望》(4 月);英国共识公司《共识预测》(6 月);经济合作与发展组织《经济展望》(5 月);世界银行《全球经济展望》(6 月);世界贸易组织《贸易统计与展望》(4 月);美联储《经济预测》(6 月)。

(执笔:释经组;成文于 2019 年 7 月)

世界经济下行风险积聚
众多经济体降息应对

——2019 年 7 月份世界经济形势分析

近期，世界经济继续下行。主要经济体经济增速放缓，全球实体经济萎缩，贸易、投资活动持续低迷，国际金融市场动荡加剧。为抵御经济下行压力，全球新一轮降息周期已经启动，但以美国为首的发达国家围绕关税和科技制裁程度不断加深、反复无常，世界经济面临的下行压力进一步增大。我国应高度关注，妥善应对。

一、主要经济体经济运行情况

（一）美国经济增长放慢

美国于近期公布的二季度 GDP 增速较上季度有较为明显的回落，为预防可能存在的衰退风险，美联储启动近十年来的首次降息。但在贸易摩擦带来的风险难以缓解、减税和政府支出刺激作用逐渐消退的背景下，下半年美联储仍有较大概率继续降息。

GDP 增速放慢。二季度，美国 GDP 环比折年率增长 2.1%，增速比上季度回落 1.0 个百分点；同比增长 2.3%，回落 0.4 个百分点，为 2017 年三季度以来最低增速。分项目看，个人消费支出对环比折年率增长贡献达 2.85 个百分点，为主要拉动项；私人库存由上季度拉动 0.53 个百分点转为拖累 0.86 个百分点。

工业生产增速下滑，非制造业 PMI 创近年来新低。6 月份，美国工业生产同比增长 1.2%，增速比上月回落 0.8 个百分点，为近两年来次低增速；制造业生产增长 0.3%，回落 0.3 个百分点。近期，美国实体经济的疲弱开始有向其他行业蔓延的趋势,7 月份,美国 ISM 非制造业 PMI 为 53.7,创 2016 年 9 月以来新低,并且已低于 2008 年金融危机爆发前的水平。

消费增速有所回落。6 月份,美国个人消费支出同比增长 2.5%,增速连续 3 个月回落;零售额增长 1.8%,增速比上月回落 1.4 个百分点。

出口额持续负增长,进口额增速明显放缓。6 月份,美国贸易出口额同比下降 2.2%,降幅比上月扩大 1.0 个百分点,已连续 3 个月负增长;进口额增长 1.2%,增速回落 2.0 个百分点;贸易逆差 552 亿美元,仍为今年以来的较高水平。

价格温和上涨。6 月份,美国消费价格同比上涨 1.6%,涨幅比上月回落 0.2 个百分点;受能源产品价格回升影响,7 月份,生产者价格环比上涨 0.2%,同比上涨 1.7%,剔除食品和能源后,核心生产者价格环比下滑 0.1%,为近四年来首次环比下滑。

就业市场保持稳定。7 月份,美国失业率维持 3.7%的历史低位;新增非农就业人数 16.4 万人,比上年同月减少 1.4 万人。

(二)欧元区经济增长继续放缓

近期,欧元区外贸和劳动力市场较为稳定、消费有所改善,但在全球贸易紧张形势加剧的背景下,外需不振持续拖累工业生产,导致欧元区经济增长继续放缓。

GDP 增速回落。二季度,欧元区 GDP 环比增长 0.2%,增速比上季度回落 0.2 个百分点;同比增长 1.1%,回落 0.1 个百分点,为五年半以来最低水平。

工业生产继续萎缩。受德国等主要经济体实体经济表现低迷的影响,欧元区工业生产继续萎缩。5 月份,欧元区工业生产同比下降 0.5%,已连续 7 个月停滞或负增长;制造业生产下降 0.6%,降幅比上月扩大 0.1 个百分点。

消费有所改善。6 月份,欧元区零售量同比增长 2.6%,增速比上月加快 1.6 个百分点。

对外贸易基本稳定。5 月份,欧元区货物出口额同比增长 7.1%,增速比上月加快 1.8 个百分点;进口额增长 4.3%,回落 2.3 个百分点。

价格涨幅回落。7 月份,欧元区消费价格同比上涨 1.1%,涨幅比上月回落 0.2 个百分点,其中核心消费价格上涨 0.9%;6 月份,生产者价格上涨0.7%，回落0.9个百分点。

就业市场稳定改善。6月份，欧元区失业率降至7.5%，为2008年5月以来最低水平；失业人数降至1237.7万人，比上月减少4.5万人。

（三）日本经济低速增长

近期，受全球经济增长放缓、需求疲弱的影响，日本实体经济持续萎缩、国内消费疲弱，加上全球贸易紧张局势加剧导致对外贸易进一步恶化，市场信心愈发不足，日本经济维持低速增长。

GDP低速增长。二季度，日本GDP环比增长0.4%，增速比上季度回落0.3个百分点；同比增长1.2%，加快0.2个百分点。

工业生产持续萎缩。6月份，日本工业生产同比下降4.1%，降幅比上月扩大2.0个百分点，已连续5个月负增长。

国内消费疲弱。6月份，日本零售额同比增长0.5%，增速比上月回落0.8个百分点；新车登记下降2.2%，增速由正转负。

对外贸易进一步恶化。6月份，日本货物出口额同比下降6.6%，连续7个月负增长；进口额下降5.2%，降幅比上月扩大3.8个百分点。

价格涨幅保持低位。6月份，日本消费价格同比上涨0.7%，涨幅与上月持平，其中核心消费价格上涨0.6%；受国内需求疲弱和工业、制造业产出萎缩的影响，生产者价格下降0.1%，为2017年以来首次负增长。

劳动力供给紧张。6月份，日本失业率为2.3%，仍维持在近十年来的低位；求人倍率1.61，保持较高水平。

（四）多数新兴经济体经济增速明显放缓

二季度，亚洲新兴经济体中，新加坡GDP同比增长0.1%，增速比上季度下滑1.0个百分点，越南（6.7%）下滑0.1个百分点，中国香港（0.6%）维持一季度的较低增速，中国台湾（2.4%）和韩国（2.1%）经济比上季度有所提振，分别加快0.7和0.5个百分点。造币四国中，墨西哥（-0.7%）经济大幅滑坡，比一季度下滑1.9个百分点，印尼（5.05%）下滑0.02百分点，土耳其和尼日利亚二季度经济难有改善。

二、主要经济领域运行情况

（一）世界工业生产增长缓慢

6月份，世界工业生产同比增长1.8%，其中发达经济体下降0.5%，为 2016 年 10 月以来首次负增长;7 月份,全球制造业 PMI 降至 49.3,连续 15 个月下降,为 2012 年 11 月以来最低水平,从经济体看,在主要发达经济体延续今年以来疲弱态势的同时,新兴经济体制造业 PMI 近期表现也较为低迷(表 1)。

表 1　7 月份部分经济体制造业 PMI

经济体	PMI	趋势描述	经济体	PMI	趋势描述
美　国	50.4	2009 年 10 月以来新低	东　盟	49.5	连续 2 个月低于 50
英　国	48.0	2013 年 3 月以来新低	韩　国	47.3	近 5 个月最低水平
德　国	43.2	近 7 年最低水平	印　尼	49.6	6 个月来首次低于 50
意大利	48.5	连续 10 个月低于 50	巴　西	49.9	1 年来首次低于 50
法　国	49.7	2016 年 9 月以来最低值	墨西哥	49.8	连续 2 个月低于 50
日　本	49.4	连续 3 个月低于 50	中国台湾	48.1	6 月份创下近 8 年新低

(二)世界贸易形势依旧严峻

世界贸易量增速低缓。荷兰经济政策分析局数据显示,5 月份世界货物贸易量同比下降 0.4%,为今年以来最大降幅。7 月份,IMF 将 2019 年全球贸易量增速下调 0.9 个百分点至 2.5%,比经济增速低 0.7 个百分点。**世界贸易额持续负增长**。6 月份,全球货物进口额同比下降 6.5%,连续 6 个月负增长;出口额下降 4.0%,为近四个月最大降幅。**贸易先行指标持续下滑**。7 月份,全球制造业 PMI 新出口订单指数 48.3,连续 11 个月低于 50 的荣枯线,并创 2012 年 11 月以来新低。

(三)大宗商品价格总体走弱

7 月份,国际能源价格指数为 74.8(2010 年 = 100),环比上涨 2.4%;非能源价格指数为 82.8(2010 年 = 100),下跌 0.2%。其中,农产品价格下跌 1.5%,原材料价格下跌 2.9%,化肥价格下跌 3.2%。**国际油价低位波动**。7 月份,OPEC 一揽子原油平均价格 64.71 美元/桶,环比上涨 2.8%。月初,因 OPEC+决定将减产计划延期、G20 峰会中美就重启经贸磋商达成共识等原因,油价小幅上涨。但月中,受墨西哥湾热带风暴对油产影响不及预期、OPEC 和 IEA 先后下调全球原油需求增速的影响,油价震荡下跌。8 月 2 日,特朗普宣布将对中国 3000 亿美元输美产品加征 10%的关税,当日油价下跌 2.8%。未来,受美伊、英伊及中东地区紧张局势、中美经贸摩擦带来的不确定性影响,油价或将继续呈震荡走势。

(四)国际金融市场动荡加剧

债市收益率继续走低。截至8月5日,美国十年期国债收益率较6月末下跌25个基点,跌至2016年以来最低水平;三个月和十年期美债收益率倒挂利差达30个基点,为2007年4月以来最大差值。德国、英国、日本等发达经济体十年期国债收益率均明显下跌。**汇市大幅波动。**7月以来,美元指数持续上涨,截至8月5日,美元指数较6月末上涨1.37%;其他主要货币兑美元方面,欧元贬值1.49%,英镑贬值4.36%,日元升值1.74%。**股市先涨后跌。**截至8月5日,明晟全球股指较6月末下跌3.53%;美国道琼斯、纳斯达克和标普500指数分别下跌3.32%、3.50%和3.30%;德国、英国和日本股指分别下跌9.57%、2.72%和2.61%;新兴市场股指下跌5.84%。

三、世界经济运行中的主要风险

(一)全球贸易摩擦再度升级

美国启动第四轮对华商品关税。8月2日,美国总统特朗普表示,将在9月1日对约3000亿美元中国商品征收10%的关税。根据美国经济分析局公布的数据,2018年美国从中国进口5395亿美元商品,如果启动第四轮关税,将使加征关税总规模达到5500亿美元,意味着除稀土等部分商品之外,几乎全部产品都将成为征税对象。**日韩贸易摩擦不断升级。**7月1日,日本政府宣布将对出口韩国的半导体工业材料加强审查和管制,并于8月初决定将韩国从贸易"白名单"中删除,日韩贸易摩擦升级使韩国对外贸易进一步承压。被喻为世界经济"金丝雀"的韩国出口额7月份同比下降10.9%,其中占出口比重约20%的半导体出口额降幅达28.1%。

(二)金融风险持续累积

美联储启动降息。7月31日,美联储宣布降息25个基点,将联邦基金利率目标区间下调至2.00%-2.25%,这是金融危机十年后的首次降息。8月12日,芝加哥商品交易所(CME)的美联储观察(FedWatch)显示,市场预计美联储9月降息概率为100%,其中降息25个基点的概率为88.1%,降息50个基点的概率为11.9%。为应对经济下行,多国央行开始启动新一轮降息周期。截至 8 月 9 日,2019 年以来已有 30 个经济体进行了 41 次降息,其中印度和牙买加已分别降息 4 次和 3 次。**市场避险情绪升温**。由于美联储降息程度不及预期以及美国举起贸易保护主义和汇率两大武器,令市场避险情绪在近期急剧升温,黄金价格大幅上涨,8 月 7 日,黄金—原油价格比为 29.48,创今年以来新高,远高于 16.2 的历史平均水平,预示全球经济衰退风险正在积聚。

(三)地缘冲突与政治博弈不断加剧

近期,全球地缘政治冲突多点爆发,世界经济风险因素和不确定性加速累积。美国正式退出《中导条约》,美俄军控约束已处于危险边缘;印巴冲突加剧演化,双方就军备竞赛、军力部署愈演愈烈,战争风险不断升级;英伊紧张局势依然存在,英伊油轮事件上升至军事对峙,海湾局势更趋复杂;以叙利亚为主的中东地区成为大国角力的主要区域,更是使全球经济增长前景充满不确定性与挑战。

(执笔:释经组;成文于 2019 年 8 月)

世界经济继续走弱　外部风险明显增多

——2019年8月份世界经济形势分析

近期，世界经济延续今年以来疲弱态势。继发达经济体表现不佳后，印度、墨西哥等新兴经济体二季度经济增速出现明显下滑；主要经济领域更趋恶化，全球工业生产、货物贸易增速均现十年新低；大宗商品价格普跌，特别是国际原油价格下跌比较明显；一些先行指标明显回落，全球货物贸易先行指标和部分主要经济体PMI在继续下滑；加之近期贸易环境和地缘因素动荡加剧，世界经济下行压力进一步加大，风险挑战增多。

一、主要经济体经济增速回落

（一）美国经济进一步承压

近期，美国经济供需两端均表现不佳。生产方面，工业生产增速继续下滑，制造业PMI创十年新低；需求方面，进口增速跌至低点，消费者信心指数创多年最大月度跌幅，一系列指标显示美国经济进一步承压。8月末，美联储自2014年10月停止量化宽松政策以来首次增持美国国债，预示或将采取更为宽松的货币政策以缓解经济下行压力。

GDP增速放慢。8月29日，美国二季度GDP环比折年率增速下修0.1个百分点至2.0%，增速比上季度回落1.1个百分点；同比增长2.3%，回落0.4个百分点。9月4日，亚特兰大联储GDPNow预测，三季度美国GDP环比折年率增速为1.5%。

工业生产增速创新低，制造业生产负增长。7月份，美国工业生产同比增长0.4%，增速比上月回落0.7个百分点，为2017年1月以来最低增速；制造业生产下降0.6%，近四个月来第二次负增长。

零售增速有所加快。7月份，零售额同比增长4.8%，增速比上月加快3.2个百分点，其中机动车零售额同比增长5.0%，增速比上月加快

4.1 个百分点。

进出口贸易双双负增长。7 月份，货物贸易出口额同比下降 1.3%，连续四个月负增长；进口额下降 1.1%，为 2016 年 9 月以来最大降幅。货物贸易逆差 737 亿美元，比上月收窄 16 亿美元。从对主要贸易伙伴出口看，美国对墨西哥、加拿大和中国出口额分别下降 3.2%、1.5%和 13.8%。

价格温和上涨。7 月份，消费价格同比上涨 1.8%，涨幅比上月扩大 0.2 个百分点；核心消费价格上涨 2.2%，扩大 0.1 个百分点。8 月份，生产者价格上涨 1.8%，扩大 0.1 个百分点。

新增非农就业略有下降。8 月份，失业率 3.7%，与上月持平；新增非农就业人数 13.0 万人，比上月减少 2.9 万人。

美联储大概率继续降息。9 月 9 日，芝加哥商品交易所（CME）的美联储观察（FedWatch）显示，市场预计美联储 9 月份降息 25 个基点的概率为 91.2%，维持目前利率不变的概率为 8.8%。

（二）欧元区经济疲弱不振

近期，欧元区工业生产继续萎缩、内外贸易双双恶化、通胀疲软，加上英国脱欧久拖不决，欧元区经济面临巨大冲击，欧洲央行降息应对。

工业生产继续萎缩。受德国等主要经济体实体经济表现低迷影响，欧元区工业生产继续萎缩。6 月份，工业生产同比下降 2.6%，降幅比上月扩大 1.8 个百分点，并连续 8 个月负增长；制造业生产下降 2.8%，扩大 2.0 个百分点，近 8 个月中有 6 个月负增长。

消费基本稳定。7 月份，零售量同比增长 2.2%，增速比上月回落 0.6 个百分点。6 月份，新车登记同比下降 5.6%。

对外贸易受挫。6 月份，货物出口额同比下降 4.7%，进口额下降 4.2%，增速均由正转负。其中，对美国货物出口额同比增长 1.2%，对中国出口额下降 3.4%。此外，占欧元区总出口额一半以上的区内货物贸易额下降 6.6%，为 2016 年 8 月以来的最差表现。8 月份，制造业 PMI 新出口订单指数升至 45.8，比上月回升 1.6 点，连续 11 个月低于 50 的荣枯线。

通胀疲软，央行降息应对。8 月份，消费价格同比上涨 1.0%，为 2016 年 11 月以来最低涨幅；核心消费价格上涨 0.9%。7 月份，生产者价格同比上涨 0.2%，连续第 5 个月回落，为 2016 年 11 月以来最低水平。9 月

12 日,欧洲央行宣布降息 10 个基点,下调隔夜存款利率至-0.50%。

就业市场稳定改善。7 月份,失业率 7.5%,为 2008 年 5 月以来最低水平;失业人数降至 1232.2 万人,比上月减少 1.6 万人。

(三)日本经济依然低迷

近期,日本国内消费疲弱、消费者信心持续下滑,加之日韩贸易摩擦令对外贸易进一步恶化,日本经济依然低迷。

工业生产停止下跌。7 月份,工业生产同比增长 0.7%,增速在连续下降五个月后停止下跌。

国内消费疲弱。7 月份,零售额同比下降 2.0%,增速由正转负,创 2016 年 9 月以来新低;新车登记增长 2.9%。

房地产市场低迷。7 月份,新房开工量 7.9 万套,同比下降 4.1%。其中,自有新房同比增长 3.3%,比上月回落 9.6 个百分点;销售用新房增长 5.1%,回落 2.7 个百分点。

对外贸易恶化。7 月份,货物出口额同比下降 1.5%,连续 8 个月负增长;进口额下降 1.2%,连续 3 个月负增长。分国家看,对美国货物出口额同比增长 8.4%,对欧盟出口额增长 2.2%,对中国出口额下降 9.3%。受与韩国贸易摩擦影响,对韩国出口额下降 6.9%,其中半导体等制造设备出口额下降 41.6%。

通缩压力加大。7 月份,消费价格同比上涨 0.5%,涨幅比上月回落 0.2 个百分点;核心消费价格上涨 0.6%。生产者价格下降 0.6%,降幅比上月扩大 0.5 个百分点,创 2017 年 1 月以来新低。

劳动力供给紧张。7 月份,失业率 2.2%,为近 27 年来新低;求人倍率 1.59,保持较高水平。

(四)多数新兴经济体经济低速徘徊

二季度,金砖四国中,南非(0.9%)、巴西(1.0%)和俄罗斯(0.9%)经济低速徘徊,印度(5.0%)经济增速较上季度大幅下滑 0.8 个百分点,创 2013 年二季度以来新低;亚洲经济体中,除中国台湾(2.4%)、韩国(2.1%)经济增速较上季度有所提振外,中国香港(0.5%)、越南(6.7%)均下滑 0.1 个百分点,新加坡(0.1%)大幅下滑 1.0 个百分点;造币四国中,印尼(5.05%)、尼日利亚(1.94%)增速较上季度分别下滑 0.02 和 0.16 个百分点,墨西哥(-0.8%)经济出现大幅滑坡,土耳其(-1.5%)仍处于负增长。

二、主要经济领域疲弱动荡

（一）世界工业生产增速创十年新低

7月份，世界工业生产同比增长0.6%，为2009年11月以来最低增速；8月份，全球制造业PMI为49.5，连续4个月低于50的荣枯线。分经济体看，英国（47.4）、德国（43.5）和意大利（48.7）等多数发达经济体制造业PMI延续疲弱态势，中国香港（40.8）、南非（45.7）、马来西亚（47.4）等15个主要新兴经济体中有11个处于荣枯线下方。

表1 传统工业七国8月份制造业PMI

经济体	PMI	趋势描述
美 国	50.3	2009年9月以来新低
英 国	47.4	2012年7月以来新低
德 国	43.5	连续8个月低于50
意大利	48.7	连续11个月低于50
法 国	51.1	比上月回升1.4点
日 本	49.3	近5个月最低值
加拿大	49.1	2015年12月以来最低值

（二）世界贸易形势更趋严峻

世界贸易量增速创十年新低。7月份，全球货物贸易量同比下降1.4%，为2009年11月以来最大降幅。**世界贸易额持续负增长。**7月份，全球货物出口额同比下降1.2%，进口额下降1.3%，均延续今年以来的负增长态势。**贸易先行指标继续下滑。**8月份，全球制造业PMI新出口订单指数47.5，已连续12个月低于50的荣枯线，并创2012年11月以来新低。**货物贸易晴雨表预示全球贸易将更趋疲弱。**8月份，世界贸易组织发布的货物贸易晴雨表指数（Goods Trade Barometer）为95.7，已连续四个季度低于100的趋势水平，表明未来全球货物贸易将更趋疲弱。

（三）大宗商品价格普遍下跌

8月份，国际能源价格指数为70.3（2010年=100），环比下跌6.1%；国际非能源价格指数为79.5（2010年=100），环比下跌3.9%。其中，农产品价格下跌3.0%，原材料价格下跌2.9%，化肥价格下跌1.8%，金属和矿产价格下跌6.1%。**国际油价下跌**。8月份，OPEC一揽子原油平均价格59.62美元/桶，环比下跌7.9%。主要原因：一是全球经济增速放缓，贸易关系的不确定性，令原油需求疲弱；二是7月底美联储降息以来，美元快速走高，油价下行空间加大；三是近期美国原油产量创新高，截至8月23日，美国原油日产量增至1250万桶，较上年同期增加150万桶。未来，OPEC超额执行减产计划、沙特两大重要产油设施被袭将对油价起到一定支撑，但9月1日中国对包含原油在内的第一批750亿美元美国进口产品加征5%-10%的关税，受中美经贸摩擦在美国反复的态度中再度升级，油价下行压力仍然较大。**国际金价持续走高**。9月4日，纽约商品交易所每盎司黄金期货价格上涨4.50美元，收盘价达1560.40美元/盎司，创2013年4月以来的新高。受中美经贸摩擦不断升级、英国脱欧前景的不确定性以及越来越多经济指标预示世界经济衰退风险正在积累等因素影响，市场避险情绪继续升温，黄金作为避险资产价格持续走高，未来，国际政治经济风险并未消散，避险需求和宽松的货币政策将继续支持金价保持高位。

（四）全球消费价格表现分化

8月份，全球消费价格（中位数）同比上涨2.3%，涨幅比上月扩大0.3个百分点，其中发达国家上涨1.0%，回落0.5个百分点；发展中国家上涨3.5%，扩大0.9个百分点。

（五）国际金融市场仍不稳定

债市收益率继续走低。截至9月3日，美国十年期国债收益率较7月末下跌42个基点，一度跌至2016年7月以来最低水平；两年期和十年期美债收益率自8月27日起出现倒挂，为2007年以来首次。德国、英国、日本十年期国债收益率也均延续下跌态势。**汇市保持波动**。8月以来，美元指数波动上涨，8月30日一度突破99，创2017年5月15日以来新高，9月2日最高触及99.3339。截至9月3日，美元指数较7月末上涨0.39%；其他主要货币兑美元方面，欧元贬值0.92%，英镑贬值0.58%，日元升值2.61%。**股市宽幅震荡**。截至9月3日，明晟全球股票指数较7月末下跌2.72%；道琼斯、纳斯达克和标普500分别下跌2.78%、3.68%和2.49%；德国、英国和日本股指分别下跌2.28%、4.20%

和 2.61%；新兴市场股指下跌 3.58%。

综合来看，世界经济正在发生深刻变化，下行压力明显加大，我国外部环境面临的不确定性增加，风险加剧，对此需要高度关注。

（执笔：释经组；成文于 2019 年 9 月）

世界经济持续下行　全年预期不断下调

——2019 年三季度世界经济形势分析及全年预测

三季度,美欧日等主要经济体经济增长明显放缓,发展中经济体表现乏善可陈;从主要经济领域看,工业生产大幅下滑,贸易摩擦持续,市场信心不振,美国和欧元区引领多国货币政策进一步宽松,全球利率水平下移,金融领域脆弱性上升。鉴于实体疲弱、贸易摩擦曲折反复、地缘政治危机频发,未来经济下行趋势难以扭转,国际机构不断下调全年世界经济增长预期。

一、主要经济体经济同步放缓

(一)美国经济面临下行压力

三季度,受就业市场稳定运行的支撑,美国国内消费有所改善,但在外部经贸环境和内部不确定性等不利因素的影响下,工业增速低缓,投资持续低迷,进出口贸易呈负增长态势,收益曲线出现倒挂,显示美国经济面临衰退风险。10 月 9 日亚特兰大联储 GDPNow 预测,三季度美国 GDP 环比折年率增长 1. 7%,在二季度增长 2. 0%的基础上进一步回落。在此背景下,市场对美联储 10 月份进行年内第三次降息的预期再度升温,10 月 25 日,芝加哥商品交易所(CME)的美联储观察(FedWatch)显示,市场预计美联储 10 月份降息 25 个基点的概率为 94. 1%,维持目前利率不变的概率为 5. 9%。

(二)欧元区经济更趋疲弱

三季度,英国脱欧和贸易不确定性导致欧元区外部需求继续减弱,不仅拖累生产、出口和投资,市场信心也急剧恶化,整体经济继续减速,并从外围向核心国家蔓延。此外,由于政治风险难以消退、贸易摩擦风波再起,欧元区全年经济增长难有起色。据英国共识公司最新预测,三季度欧元区 GDP 环比增长 0.1%，同比增长 1.1%，增速均继续回落。德国作为欧元区核心国家，三季度 GDP 预期环比持平，同比增长 0.5%，仍将严重拖累欧元区经济表现。

（三）日本经济依然艰难

三季度，受全球经济增速放缓、日元升值等因素影响，日本工业生产、对外贸易双双不振，预警指标持续下滑，经济运行艰难。今年 10 月 1 日，日本正式上调消费税将对国内消费需求造成较大冲击，或令通胀水平进一步走弱，对未来经济增长构成挑战。据英国共识公司最新预测，三季度日本 GDP 环比增长 0.3%，增速与二季度持平；同比增长 1.6%，仍保持低速增长。

（四）多数新兴经济体经济弱势增长

据英国共识公司预测，三季度，除印度 GDP 增速预期（5.8%）较上季度有所加快、印尼（5.1%）与上季度持平外，马来西亚（4.7%）、中国台湾（2.3%）将分别回落 0.2 和 0.1 个百分点；中国香港经济将跌至负增长区间（-0.6%）。

二、主要经济领域疲弱下滑

（一）世界工业生产继续放缓

8 月份，世界工业生产同比增长 1.2%，增速较上月回落 0.6 个百分点；9 月份，全球制造业 PMI 为 49.7%，较上月小幅回升 0.2 个百分点，但仍处于荣枯线下方。

（二）世界贸易持续下滑

世界贸易额持续负增长。8 月份，全球货物出口额同比下降 3.7%，进口额下降 4.9%，均延续今年以来的负增长态势。**贸易先行指标继续位于收缩区间。**9 月份，全球制造业 PMI 新出口订单指数 48.0%，已连续 13 个月低于 50%的荣枯线。

（三）国际大宗商品价格普遍下跌

三季度，国际能源价格指数平均为 73.0（2010 年 = 100），同比下跌 8.4%；非能源价格指数为 80.6，下跌 1.9%。其中，农产品价格下跌 1.8%，原材料价格下跌 4.1%，化肥价格下跌 4.2%，金属和矿产价格下跌 1.8%。**国际油价剧烈波动。**9 月 15 日，沙特两大重要产油设备遭袭，令国际油价迅速大幅走高，16 日当日油价暴涨 9.6%，创近四年来最大涨幅。9 月份 OPEC 一揽子原油平均价格 62.36 美元/桶，环比上涨 4.6%。

全球消费价格涨幅适中。

三季度，全球消费价格（中位数）同比上涨1.9%，其中发达国家上涨1.4%，发展中国家上涨2.5%。

（四）国际金融市场动荡

债市收益率低位波动。截至9月30日，美国十年期国债收益率较6月末下跌32个基点，9月3日一度跌至2016年7月以来最低水平1.47%；德国累计下跌44.17个基点，英国下跌26个基点，日本下跌5个基点。**美元持续走强。**6月份以来，美元指数波动上涨，8月30日一度突破99，9月30日最高触及99.4721，刷新2017年4月以来新高。截至9月30日，美元指数较6月末上涨3.34%；其他主要货币兑美元方面，欧元贬值4.16%，英镑贬值3.14%，日元升值0.22%。**股市宽幅震荡，略有分化。**三季度，明晟全球股票指数累计上涨0.59%；道琼斯和标普500累计均上涨1.19%，纳斯达克下跌0.09%；德国和日本股指分别上涨0.24%和2.26%，英国股指下跌0.23%；新兴市场股指下跌2.95%。

（五）全球市场信心严重不足

三季度，美国、欧元区、日本等发达经济体的投资者信心指数和消费者信心指数均呈下滑趋势或位于悲观区间。**多国制造业PMI继续走低，疲弱态势逐渐向服务业蔓延。**9月份，全球制造业PMI为49.7%，连续5个月低于荣枯线。分经济体看，发达经济体为48.6%，较上月下跌0.2个百分点；新兴经济体为51.0%，保持低位；部分发达国家如德国、日本等，新兴经济体如越南、俄罗斯等已降至多年新低（表1）。

表1 传统工业国家及部分新兴经济体9月份制造业PMI（%）

经济体	PMI	趋势描述	经济体	PMI	趋势描述
美国	51.1↑	比上月回升0.8个百分点	韩国	48.0↓	比上月下滑1.0个百分点
欧元区	45.7↓	2012年10月以来新低	俄罗斯	46.3↓	2009年5月以来新低
日本	48.9↓	2016年6月以来最低值	越南	50.5↓	2016年2月以来新低
英国	48.3↑	连续5个月低于荣枯值	印度	51.4--	与上月持平
德国	41.7↓	2009年6月以来新低	印尼	49.1↑	连续3个月低于荣枯值
意大利	47.8↓	今年3月以来新低	东盟	49.1↑	连续4个月低于荣枯值
法国	50.1↓	比上月下滑1.0个百分点	巴西	53.4↑	今年以来最高值

数据来源：Markit公司。

贸易摩擦导致的制造业放缓显示出进一步蔓延至服务业的迹象。9月份,欧元区、德国等服务业 PMI 降至阶段新低,英国则降至 49.5%,为2016 年脱欧公投以来次低(图 1)。

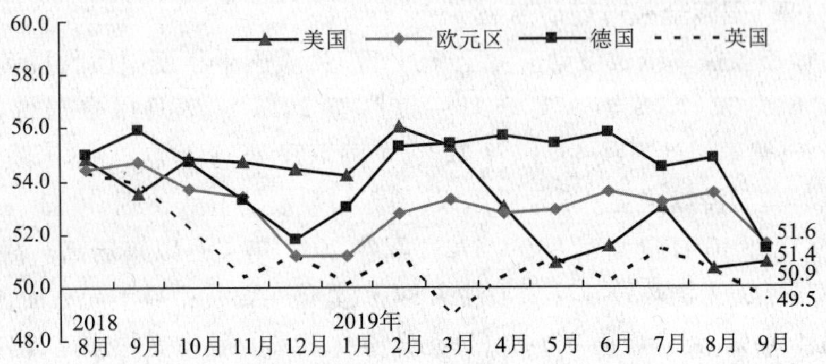

图 1　主要发达经济体服务业 PMI(%)

数据来源:Markit 公司。

(六)地缘政治风险持续发酵

英国脱欧曲折。英国议会不作为和欧盟的冷淡态度导致脱欧协议短期内无法达成,脱欧大限恐再遭推迟。**国内政局不稳。**美国总统特朗普因"电话门"事件遭众议院弹劾,弹劾调查给本已严重的党派分歧火上浇油;韩国总统因法务部长官任命案引发在野党、民众、社会团体强烈不满,党派政治斗争围绕人事任命案愈发针锋相对。**军事冲突不断。**沙特原油设施遭袭,美国和沙特将矛头共同指向伊朗,海湾紧张局势加剧;巴基斯坦边境部队多次跨越印巴边境,印巴边境对峙氛围愈发紧张;土耳其再向叙利亚北部发动军事行动,叙利亚战乱旷日持久。

三、全年世界经济增长预期再度下调

近期,多个国际机构和组织纷纷下调世界经济全年增长预期(表 2)。9 月 19 日,**经济合作与发展组织**(OECD)发布《经济展望报告》指出,全球经济增长已经下跌至金融危机以来最低水平,并将 2019 年世界经济增长预期下调 0.3 个百分点至 2.9%。9 月 25 日,**联合国贸易和发展会议**(UNCTAD)发布《2019 年贸易和发展报告》,预计 2019 年世界经济增速将从 2018 年的 3.0%降至 2.3%,一些新兴经济体将陷入衰退,一些发达经济体距离衰退也仅一步之遥。10 月 1 日,**世贸组织**(WTO)将 2019 年全球贸易增速预期下调1.4个百分点至1.2%，为近十年来最低增速。10月9日，**世界银行**将2019年世界经济增速预期从2.6%下调至2.5%。10月15日，**国际货币基金组织**（IMF）公布《世界经济展望报告》再次下调2019和2020年经济增长预期，分别下调0.2和0.1个百分点至3.0%和3.4%，为今年以来第三次、连续第四次下调。

表2 世界经济主要指标的年度预测（%）

指标	预测机构	2018	2019	2020
经济增长率	**国际货币基金组织**			
	世 界	3.6	3.0	3.4
	发达国家	2.3	1.7	1.7
	美 国	2.9	2.4	2.1
	欧元区	1.9	1.2	1.4
	日 本	0.8	0.9	0.5
	发展中国家	4.5	3.9	4.6
	经济合作与发展组织			
	世 界	3.6	2.9	3.0
	美 国	2.9	2.4	2.0
	欧元区	1.9	1.1	1.0
	日 本	0.8	1.0	0.6
	印 度	6.8	5.9	6.3
	联合国贸发会议			
	世 界	3.0	2.3	
	美 国	2.9	2.2	
	欧元区	1.8	1.1	
	日 本	0.8	0.8	
	印 度	7.2	6.0	

指标	预测机构	2018	2019	2020
通货膨胀率	**国际货币基金组织**			
	发达国家	2.0	1.5	1.8
	发展中国家	4.8	4.7	4.8
	英国共识公司			
	世 界	2.9	2.6	2.6
	美 国	2.4	1.8	2.1
	欧元区	1.8	1.3	1.3
	日 本	1.0	0.6	0.8
货物贸易量增速	**世界贸易组织**			
	世 界	3.0	1.2	2.7
	发达国家			
	出 口	2.1	0.4	2.2
	进 口	2.5	1.6	1.2
	发展中国家			
	出 口	3.5	2.1	3.4
	进 口	4.1	1.1	4.3
	国际货币基金组织			
	世 界	3.9	2.5	3.7

另外，为应对全球经济放缓挑战和对冲本国经济放缓压力，多国货币政策转向宽松。三季度由美欧引领的全球降息范围和程度继续扩大，共有27个经济体进行40次降息。截至10月24日，2019年以来已至少有36个经济体进行了68次降息。其中，印度降息次数最多，共降息5次，累计135个基点；土耳其降息幅度最大，累计达750个基点，共降息2次。

（执笔：释经组；成文于2019年10月）

世界经济依然疲弱　下行压力持续加大

——2019 年 10 月份世界经济形势分析

近期世界经济仍呈疲弱态势。美欧日等主要发达经济体经济进一步放缓，多数新兴经济体经济增长也出现放慢迹象。分领域看，世界工业增长低缓，贸易表现低迷，影响世界经济增长的不确定因素依然较多，下行压力持续加大。

一、主要经济体经济继续放缓

(一) 美国经济增长步伐放慢

最新数据显示，美国工业生产更为低迷，对外贸易降幅明显，但消费和就业市场仍处于健康水平，为未来经济增长提供一定支持。随着中美经贸摩擦暂时缓解和相对健康的通胀和就业指标，美联储连续三次降息之后，于近期释放未来暂缓降息的信号。

GDP 增速继续放缓。三季度，美国 GDP 环比折年率增长 1.9%，增速比上季度回落 0.1 个百分点；同比增长 2.0%，回落 0.3 个百分点，为 2017 年以来最低同比增速。

工业和制造业双双负增长。9 月份，工业生产同比下降 0.2%，为 2016 年 11 月以来首次负增长；制造业生产同比下降 1.0%，连续三个月负增长。

消费增速有所回落。9 月份，零售额同比增长 3.8%，增速比上月回落 0.7 个百分点。其中，汽车及零部件零售额增长 5.0%，回落 1.9 个百分点。

进出口贸易降幅明显扩大。9 月份，货物贸易出口额同比下降 2.8%，进口额下降 4.3%，降幅均明显扩大；受进口大幅下降影响，货物贸易逆差 717 亿美元，比上月收窄 27 亿美元。

CPI温和上涨,PPI涨幅收窄。9月份,消费价格同比上涨1.7%,核心消费价格上涨2.4%,涨幅均与上月持平;生产者价格同比上涨1.4%,涨幅收窄0.4个百分点,为2016年11月以来最低涨幅。

就业市场保持稳定。10月份,失业率3.6%,比上月小幅回升0.1个百分点;新增非农就业人数12.8万人。

(二)欧元区经济继续走弱

近期,欧元区GDP增速继续回落,工业生产萎缩、贸易增速回落、价格水平走低,但消费和就业基本稳定。

GDP增速持续回落。三季度,欧元区GDP环比增长0.2%,增速与上季度持平;同比增长1.1%,回落0.1个百分点,为2014年以来最低水平。

工业生产继续萎缩。8月份,工业生产同比下降2.8%,连续10个月负增长;制造业生产下降2.7%,连续5个月负增长。

消费稳定增长。9月份,零售量同比增长3.1%,是两年来较快增速。

贸易增速波动回落。8月份,货物出口额同比下降2.2%,进口额下降4.0%,区内贸易额下降5.5%,增速均由正转负。

价格水平保持低位。10月份,消费价格同比上涨0.7%,为2016年11月以来最低水平;核心消费价格上涨1.1%,保持在近半年的波动区间内;9月份,生产者价格同比下降1.2%,比上月扩大0.4个百分点,为2016年9月以来最大降幅。

就业市场保持稳定。9月份,失业率持平于7.5%,保持2008年5月以来最低水平。

(三)日本经济低速增长

近期,日本工业生产有改善迹象,国内消费受临时因素影响出现反弹。但消费税上调或令通缩压力加大,并为进一步深化负利率埋下伏笔。

工业生产低速增长。9月份,工业生产同比增长1.1%,增速由负转正,并创今年以来最快月度增速。

国内消费反弹。9月份,零售额同比增长9.1%,增速比上月加快7.3个百分点;其中汽车零售额增长16.9%,加快14.7个百分点。

对外贸易继续下滑。9月份,货物出口额同比下降5.2%,降幅比上月收窄3.0个百分点;进口额下降1.5%,连续5个月负增长。分国家看,对美国、中国、欧盟出口额分别下降7.9%、6.7%、0.5%;受与韩国贸易摩擦影响,对韩国出口额下降15.9%,降幅比上月扩大6.5个百分点。

价格水平继续走低。 9月份,消费价格同比上涨0.2%,涨幅比上月回落0.1个百分点;核心消费价格上涨0.3%,回落0.2个百分点。生产者价格下降1.1%,降幅扩大0.2个百分点。

劳动力供给紧张。 9月份,失业率2.4%,保持低位;求人倍率1.57,保持历史较高水平。

(四)多数新兴经济体经济增速放缓

从最新公布三季度经济增速的经济体看,多数新兴经济体经济增长继续呈现放缓迹象。其中,印尼三季度GDP同比增长5.0%,增速比上季度回落0.1个百分点;墨西哥(-0.4%)已连续两个季度负增长;中国香港(-2.9%)经济大幅滑坡,为十年来首次负增长;韩国(2.0%)、新加坡(0.1%)增速与上季度持平;越南GDP增长7.3%,加快0.6个百分点。

二、主要经济领域动能不足

(一)世界工业生产增长低缓

9月份,世界工业生产同比增长1.8%,继续保持低速增长;10月份,全球制造业PMI为49.8%,比上月小幅回升0.1个百分点,但仍处于荣枯线下方。分经济体看,德国、英国等部分发达经济体制造业PMI出现小幅回升,但仍连续多月低于荣枯值;越南、印尼等新兴经济体创下多年来新低。

表1 10月份部分经济体制造业PMI

经济体	PMI	趋势描述	经济体	PMI	趋势描述
美国	51.3	比上月回升0.2个百分点	韩国	48.4	连续6个月低于荣枯值
欧元区	45.9	连续9个月低于荣枯值	俄罗斯	47.2	连续6个月低于荣枯值
日本	48.4	2016年6月以来最低值	越南	50.0	2015年11月以来新低
英国	49.6	连续6个月低于荣枯值	印度	50.6	2017年10月以来新低
德国	42.1	连续10个月低于荣枯值	印尼	47.7	2015年11月以来新低
意大利	47.7	今年3月以来新低	南非	49.4	连续6个月低于荣枯值
法国	50.7	比上月回升0.6个百分点	巴西	52.2	比上月下滑1.2个百分点

（二）世界贸易低迷

全球贸易额持续负增长。9 月份，全球货物出口额同比下降 2.7%，延续今年以来的负增长态势；受去年同期高基数影响，进口额下降 15.4%，为 2009 年 8 月以来最大降幅。**多数经济体出口额陷负增长**。世界银行最新月度数据显示，全球 80 个主要经济体中，有 58 个经济体出口同比增速（以美元计）处于负增长区间，其中被视为世界经济预警指标的韩国出口额同比下降 14.7%，连续 11 个月下滑。

（三）大宗商品价格基本平稳

10 月份，国际能源价格指数为 70.9（2010 年 = 100），环比下跌 3.7%；非能源价格指数为 80.5（2010 年 = 100），上涨 0.9%。其中，农产品价格上涨 2.0%，原材料价格上涨 0.7%，化肥价格下跌 0.1%，金属和矿产价格下跌 1.1%。**国际油价低位波动**。截至 11 月 4 日，OPEC 一揽子原油平均价格 62.00 美元/桶，较 10 月初低位上涨 6.9%。油价上涨的主要原因，一是 OPEC 等产油国释放减产信号；二是中美经贸摩擦有所缓和，市场乐观情绪升温；三是近期美国石油活跃钻井数持续减少。

（四）国际金融市场信心有所回升

债市收益率低位回升。截至 11 月 4 日，美国十年期国债收益率较 9 月末上涨 11 个基点；德国十年期国债收益率累计上涨 20 个基点，英国上涨 14.38 个基点，日本上涨 6.7 个基点。**美元指数高位回落**。截至 11 月 4 日，美元指数较 9 月末下跌 1.87%；其他主要货币兑美元来看，欧元升值 2.10%，英镑升值 4.78%，日元贬值 0.46%。**股市反弹**。截至 11 月 7 日，明晟全球股票指数较 9 月末上涨 3.87%；美国三大股指再创历史新高，道琼斯、纳斯达克和标普 500 较 9 月末分别上涨 2.03%、5.42% 和 3.41%；德国和日本股指分别上涨 5.70% 和 6.88%，英国股指下跌 0.52%；新兴市场股指上涨 5.90%。

近期，全球贸易紧张局势出现缓和，但实体经济仍陷困局，经济增长动能减弱，世界经济并未摆脱衰退风险。此外，英国脱欧一拖再拖、美弹劾调查升级、美伊紧张关系加剧等风险事件持续发酵，世界经济增长前景依旧黯淡。

（执笔：释经组；成文于 2019 年 11 月）

世界经济继续承压 不确定性依然较大

——2019 年 11 月份世界经济形势分析

近期，部分经济体经济增速好于预期，一些国家制造业 PMI 出现回升，世界经济似乎出现了一丝企稳回暖的迹象。但从最新数据看，多数经济体经济增长依然疲弱，全球工业、贸易持续下滑，世界经济下行趋势并未得到扭转，不确定因素依然较多，经济增长仍面临诸多困难。

一、多数经济体经济增长依然疲弱

(一)美国经济温和增长

近期，尽管美国工业生产和对外贸易继续下降，但经济增速相对平稳，国内消费稳定增长，劳动力市场强劲，通胀水平总体健康。美联储最新报告指出，美国经济总体处于温和增长态势，近期不需要继续降息。

GDP 增速相对稳定。11 月 27 日，美国三季度 GDP 环比折年率增速从 1.9%上修至 2.1%；同比增速从 2.0%上修至 2.1%。12 月 6 日，亚特兰大联储预测，四季度环比折年率增速为 2.0%。

工业生产降幅扩大。10 月份，工业生产同比下降 1.1%，降幅比上月扩大 1.0 个百分点。其中，制造业生产下降 1.5%，为 2016 年 5 月以来最大降幅。

消费稳定增长。10 月份，零售额同比增长 3.7%，增速比上月回落 0.1 个百分点，其中汽车零售额增长 5.3%，加快 0.6 个百分点。据市场研究机构测算，11 月 28 日感恩节当天，美国在线销售额同比增长 14.5%，达到 42 亿美元，规模创历史新高。

对外贸易降幅进一步扩大。10 月份，货物贸易出口额同比下降 3.6%，进口额下降 6.7%，均为近三年来最大降幅。受进口大幅下滑影响，货物贸易逆差收窄至 668 亿美元，创一年半以来新低。

价格温和上涨。11月份,消费价格同比上涨2.1%,涨幅比上月扩大0.3个百分点,为今年以来最高涨幅;核心消费价格上涨2.3%,涨幅与上月持平。生产者价格同比上涨1.1%,涨幅与上月持平。

就业市场强劲。11月份,失业率为3.5%,比上月下降0.1个百分点,为50年来最低水平;新增非农就业人数26.6万人,大幅好于市场预期。

(二)欧元区经济依旧疲软

近期,欧元区工业生产继续萎缩,消费增速回落,价格水平保持低位,贸易增速在波动中由负转正,就业略有改善。

GDP低速增长。三季度,欧元区GDP环比增长0.2%,同比增长1.2%,均为2014年以来最低水平。英国共识公司最新预测,四季度欧元区GDP同比增速为1.0%。

工业生产继续萎缩。10月份,工业生产同比下降2.2%,连续12个月位于负增长区间。其中,制造业下降2.3%,连续7个月位于负增长区间。

消费增速回落。10月份,零售量同比增长1.4%,增速比上月回落1.3个百分点。

贸易波动增长。9月份,货物出口额同比增长5.2%,进口额增长2.1%,区内贸易额增长0.9%。

价格水平保持低位。11月份,消费价格同比上涨1.0%,核心消费价格上涨1.3%;10月份,生产者价格同比下降1.9%,降幅比上月扩大0.7个百分点,为2016年7月以来最低水平。

就业市场继续改善。10月份,失业率降至7.5%,为2008年5月以来最低水平;失业人数降至1233.4万人。

(三)日本经济依然疲弱

近期,受台风灾害影响,日本工业生产、贸易大幅下滑;消费税上调令国内消费骤降。面对疲弱的经济数据,日本政府正式推出13.2万亿日元财政刺激方案,以防经济出现衰退。

GDP低速增长。三季度,日本GDP环比增长0.4%,增速比上季度回落0.1个百分点;受上年低基数影响,同比增长1.7%。英国共识公司最新预测,四季度日本GDP同比增速为0.6%。

工业生产大幅下滑。10月份,工业生产同比下降7.4%,为2013年2月以来最大降幅。全部15个行业中,13个行业同比下降,其中通用机械工业、汽车工业降幅分别达到17.3%和11.6%。

国内消费骤降。10月份,零售额同比下降7.1%,为2015年3月以来最大降幅;11月份,新车登记大幅下降11.6%,连续两个月呈两位数负增长。

对外贸易继续恶化。10月份,货物出口额同比下降9.2%,降幅比上月扩大4.0个百分点;进口额下降14.8%,扩大13.3个百分点,均为2016年10月以来新低。

价格水平保持低位。10月份,消费价格同比上涨0.2%,涨幅与上月持平;核心消费价格上涨0.4%,扩大0.1个百分点。11月份,生产者价格同比上涨0.1%。

劳动力供给紧张。10月份,失业率为2.4%,保持低位;求人倍率1.57,维持在历史较高水平。

(四)多数新兴经济体经济仍然低迷

三季度,**金砖国家中**,印度(4.5%)经济增速下滑0.5个百分点,为2013年一季度以来最低水平;南非(0.1%)经济增速回落0.8个百分点;俄罗斯和巴西经济增速分别为1.7%和1.2%。**亚洲经济体中**,中国香港(-2.9%)经济大幅萎缩,为十年来首次同比下滑;韩国(2.0%)增速与上季度持平;新加坡(0.5%)加快0.3个百分点;中国台湾(2.9%)加快0.5个百分点;马来西亚(4.4%)增速回落0.5个百分点;越南经济增长7.3%,加快0.6个百分点。**造币四国中**,墨西哥(-0.3%)连续两个季度出现负增长;土耳其(0.9%)连续三个季度负增长后首次出现好转;印尼(5.0%)增速与上一季度基本持平;尼日利亚(2.3%)增速加快0.2个百分点。

二、主要经济领域继续下行

(一)世界工业生产低迷

10月份,世界工业生产同比零增长,为2009年10月以来最低水平。11月份,多个经济体制造业PMI出现小幅回升,但多数仍处于荣枯线下方(表1)。

表1 11月份部分经济体制造业PMI

经济体	PMI	趋势描述	经济体	PMI	趋势描述
美　国	52.6	近7个月新高	韩　国	49.4	近7个月新高
欧元区	46.9	连续2个月回升	俄罗斯	45.6	近十年半以来新低
日　本	48.9	比上月回升0.5个百分点	越　南	51.0	比上月回升1.0个百分点
英　国	48.9	比上月下滑0.7个百分点	印　度	51.2	比上月回升0.6个百分点
德　国	44.1	近5个月新高	印　尼	48.2	比上月回升0.5个百分点
意大利	47.6	近8个月新高	南　非	49.4	比上月回升0.2个百分点
法　国	51.7	近5个月新高	巴　西	52.9	比上月回升0.7个百分点

(二)全球贸易大幅下滑

全球贸易额持续负增长。10月份,全球货物出口额同比下降4.4%,连续三个月负增长;进口额下降12.6%,为十年来次低点。**先行指标继续低于趋势线。**11月份,世界贸易组织(WTO)发布的最新货物贸易晴雨表指数为96.6,连续五个季度低于100的长期趋势。**BDI指数明显下跌。**11月份,被视为全球航运晴雨表的波罗的海干散货指数(BDI)一度连跌7天,较9月份的年内高点下跌39.3%,反映全球贸易活跃程度依然较低。**贸易限制规模进一步扩大。**根据WTO11月份报告,G20经济体在今年5月中旬至10月中旬新设了28项贸易壁垒,涵盖贸易总额为4604亿美元,较上一监测期(2018年10月中旬-2019年5月中旬)高出37%。**贸易不确定性再度上升。**12月以来,美国政府表示将对巴西、阿根廷、法国等商品加征关税,并研究是否对奥地利、意大利和土耳其三国进行"301调查"。

(三)大宗商品价格普遍上涨

11月份,国际能源价格指数为74.6(2010年=100),环比上涨5.3%;非能源价格指数为82.3(2010年=100),上涨2.3%。其中,农产品价格上涨3.7%,原材料价格上涨1.7%。**国际油价震荡上行。**截至12月4日,OPEC一揽子原油平均价格63.39美元/桶,较11月初累计上涨5.3%,推动油价上涨的主要原因是OPEC及其他产油国考虑进一步延长减产协议至2020年年中。

(四)全球消费价格表现分化

11月份,全球消费价格(中位数)同比上涨2.2%,涨幅比上月扩大

0.4个百分点。其中,发达经济体上涨1.0%,回落0.1个百分点;发展中经济体上涨3.3%,扩大0.9个百分点。

(五)国际金融市场相对平稳

债市收益率低位波动。截至12月4日,美国十年期国债收益率较10月末上涨8个基点,德国上涨9个基点,英国上涨13个基点,日本上涨11个基点。**美元小幅震荡。**截至12月4日,美元指数较10月末上涨0.31%;其他主要货币兑美元来看,欧元和日元分别贬值0.68%和0.78%,受英国大选利好消息影响,英镑升值1.25%。**美股再创新高。**11月27日,美国三大股指均创历史新高,但随后小幅回落,截至12月5日,道琼斯、纳斯达克和标普500较10月末分别上涨2.34%、3.36%和2.63%;德国和日本股指分别上涨1.46%和1.63%,英国股指下跌1.52%;新兴市场股指较10月末上涨0.74%。

总的来看,世界经济持续疲弱,下行压力依然较大。进入12月份,美国再次在全球范围内挑起贸易争端,11日WTO上诉机构正式停摆,多边机制受到挑战,世界经济不确定性仍然较大,我国面临的外部环境依然严峻复杂。

(执笔:释经组;成文于2019年12月)

世界经济年度分析

世界经济同步放缓 衰退风险不容忽视

——2019年世界经济形势回顾及2020年展望

2019年，世界经济总体下行，美国贸易霸凌放大悲观预期，加大了世界经济下行压力。IMF预计全年世界经济增速为2.9%，创下2008年金融危机以来的最低水平。进入2020年，新冠肺炎疫情使得全球经济脱离原有的运行轨道，快速进入下滑区间，本就增长疲弱的世界经济再添风险因素，多个国际组织已经指出，世界经济将陷入衰退。

一、主要经济体经济增长同步放缓

（一）美国经济增速放缓

2019年，受益于强劲的劳动力市场和不断走高的股市，美国国内消费稳定增长，但持续走弱的制造业和对外贸易使经济不断承压。面对逐渐加大的经济下行压力，美联储货币政策一改上年"加息—缩表"为"降息—扩表"。2020年，在新冠肺炎疫情影响下，美国经济需求端、供给端受到全方位冲击，就业形势在短期内迅速恶化，经济衰退风险明显加大。

GDP增速回落。2019年，美国GDP增长2.3%，增速比上年回落0.6个百分点。分季度看，四个季度环比折年率增速分别为3.1%、2.0%、2.1%和2.1%，呈现出高开低走的特点。

工业增速大幅下行。2019年，美国工业生产增长0.8%，为近三年来最低增速。其中，制造业生产下降0.2%，为近三年首次负增长。

零售额稳定增长。2019年，美国零售额比上年增长3.6%，增速回落1.3个百分点，但仍处于近五年来的平均水平。其中，网络零售较快增长，电子购物和邮购零售增长14.1%，占零售总额比重达到11.0%，为历史最高水平。

外贸增速明显下滑。2019年，美国对外贸易进出口总额56163亿美元,比上年下降 0.2%。其中,出口额下降 0.1%,进口额下降 0.4%。全年贸易逆差 6168 亿美元,比上年下降 1.7%,为 2013 年以来首次收窄。

价格温和上涨。2019 年,美国消费价格上涨 1.8%,涨幅比上年回落 0.6 个百分点。其中,扣除食品和能源价格的核心消费价格上涨 2.2%。生产者价格上涨 1.7%,涨幅收窄 1.2 个百分点。

就业市场依然强劲。2019 年,美国失业率为 3.7%,较上年下降 0.2 个百分点,为近 50 年来最低水平;新增非农就业人数 210.8 万人。

(二)欧元区经济更趋疲弱

2019 年,受全球经济下行、贸易不确定性和英国脱欧等多重因素影响,欧元区经济增速延续 2018 年的回落态势。尽管消费与就业表现稳定,但外部需求持续减弱进一步传导到制造业、贸易与投资,导致各成员国经济增速同步下行,欧元区整体更趋疲弱。展望 2020 年,由于内外部形势复杂多变,政治经济风险交织,尤其受新冠肺炎疫情影响,欧元区前景黯淡,经济复苏将面临更为严峻的挑战。

GDP 增速加速回落。2019 年,欧元区 GDP 增长 1.2%,增速比上年大幅回落 0.7 个百分点,为 2013 年以来最低。季度增速呈回落态势,GDP 环比增速由一季度的 0.5%回落至四季度的 0.1%;同比增速由一季度的 1.4%回落至四季度的 1.0%。

工业生产持续萎缩。2019 年,欧元区工业与制造业生产均比上年下降 1.5%,为七年最大降幅;月度降幅呈现扩大态势,年末降幅分别达到 3.6%和 3.8%,均为 2009 年 12 月以来最大降幅。

消费市场稳定增长。2019 年,欧元区商品零售量增长 2.3%,增速比上年加快 0.7 个百分点。

贸易活跃程度下降。2019 年,欧元区货物贸易进出口总额为 44651.7 亿欧元,比上年仅增长 2.2%。其中,出口额增速由上年的 4.1%回落至 2.7%,进口额增速由 7.0%回落至 1.5%。

通胀疲软。2019 年,消费价格上涨 1.2%,涨幅比上年回落 0.6 个百分点;核心消费价格上涨 1.1%,扩大 0.1 个百分点。生产者价格涨幅由上年的 3.2%大幅回落至 0.7%。

就业市场继续改善。2019 年,欧元区失业率为 7.6%,比上年回落 0.6 个百分点,为 2008 年以来最低水平;月度失业率保持下降趋势,年末

7.4%已低于金融危机前平均水平(7.5%);失业人数持续减少,全年累计减少 51.4 万人。

(三)日本经济依然低迷

2019 年,日本经济增速有所回升,但仍处于较低水平。工业生产持续萎缩,对外贸易恶化,国内消费也因四季度上调消费税影响而转弱,消费者信心低迷。2020 年,在新冠肺炎疫情对世界经济产生全面冲击以及内部政策实施难度加大、债务负担加剧、老龄化等问题未有明显缓解的情况下,日本经济前景面临的困难较多,未来风险与挑战加大。

GDP 低速增长。2019 年,日本 GDP 增长 0.7%,增速比上年加快 0.4 个百分点。分季度看,前三季度经济维持低速增长,其中一、二季度 GDP 环比分别增长 0.6%和 0.5%。四季度受消费税上调叠加自然灾害影响,消费支出、企业投资和生产供应链遭受冲击,GDP 环比下降 1.8%,为 2014 年二季度以来新低。

工业生产持续萎缩。2019 年,日本工业生产比上年下降 2.9%,增速由正转负,为 2009 年以来新低。其中,四季度受台风、暴雨影响,工业生产大幅下降 6.3%,为 2013 年一季度以来新低。

国内消费仍显疲弱。2019 年,受上调消费税影响,日本消费需求冲高回落,全年零售额仅增长 0.1%,比上年回落 1.6 个百分点,新车登记数下降 2.1%。

对外贸易持续恶化。2019 年,日本出口额下降 5.0%,进口额下降 5.6%,增速双双由正转负,均为 2016 年以来最低水平。

通胀水平维持低位。2019 年,日本消费价格上涨 0.5%,涨幅比上年回落 0.5 个百分点。其中,核心消费价格上涨 0.6%,回落 0.3 个百分点。生产者价格上涨 0.2%,涨幅比上年回落 2.4 个百分点。

劳动力供给长期紧张。2019 年,日本失业率 2.4%,与上年持平,仍为 37 年来的最低水平。有效求人倍率为 1.60,维持在较高水平,反映出劳动力长期供给不足。

(四)多数新兴经济体经济整体放缓

金砖国家中,2019 年印度、俄罗斯、巴西和南非 GDP 增速分别为 5.3%、1.3%、1.1%和 0.2%,较上年均有所回落,其中印度和俄罗斯降幅较大。**亚洲经济体中,**韩国、中国台湾、新加坡、中国香港 GDP 增速分别为2.0%、2.7%、0.7%和-1.2%，普遍低于上年。越南全年GDP增长7.0%，其中四季度增长7.0%，较三季度略有回落。**造币四国中，**墨西哥、印尼、尼日利亚、土耳其GDP增速分别为-0.1%、5.0%、2.3%和0.9%。

二、主要经济领域继续下行

（一）世界工业表现疲弱

2019年，世界工业生产增长1.5%，增速比上年回落2.1个百分点，为十年来最低增速。其中，发达经济体下降0.8%，为十年来首次下降；新兴和发展中经济体增长3.8%，增速回落1.5个百分点。全球制造业PMI明显下滑，年中一度跌至49.3%的多年新低。12月份，美国制造业PMI为52.4%；欧元区制造业PMI为46.3%，连续11个月低于荣枯线，其中德国、意大利、法国制造业PMI分别为43.7%、46.2%和50.4%；日本制造业PMI降至48.4%；印度、巴西制造业PMI下半年开始有所回升，12月份分别为52.7%和50.2%；俄罗斯、南非则表现不佳，年末已分别降至47.5%和48.4%。

（二）世界贸易明显恶化

2019年，单边主义和保护主义势头削弱多边贸易体制，美国在全球范围内挑起的贸易争端拖累世界贸易增长，与全球贸易密切相关的诸多指标在2019年均明显恶化。**一是全球贸易景气程度持续走弱。**2019年四季度，WTO货物贸易晴雨表指数为96.6，已连续5个季度低于100的趋势水平，个别分项指数接近或跌破金融危机以来最低水平。**二是货物贸易量额齐跌。**据荷兰经济政策分析局数据测算，2019年全球贸易量比上年下降0.4%，为近十年来首次出现负增长；世界银行数据显示，全年贸易额下降5.3%，其中进口额下降7.1%，出口额下降2.3%。**三是贸易保护措施规模明显增加。**WTO数据显示，2019年5月中旬到10月中旬，G20国家共实施了包括提高关税、实现进口禁令在内的28项贸易限制措施，估计涉及商品价值为4604亿美元，目前全球非关税措施已激增至5万多个，影响90%的世界贸易，已成为全球贸易谈判的中心问题。

（三）大宗商品价格普遍下降

2019年，国际大宗商品价格总体下降，并呈低位波动态势，全年国际能源价格下降12.7%；非能源价格下降4.1%。其中，农产品价格下降

3.8%，原材料价格下降3.8%，化肥价格下降1.3%，金属和矿产价格下降5.0%。**国际油价低位震荡**。2019年，OPEC一揽子原油平均价格比上年下跌8.2%。一季度在美伊紧张局势加剧、委内瑞拉局势动荡、利比亚内战等中东地缘政治事件影响下，价格出现短暂回升，4月份OPEC一揽子原油价格70.78美元/桶，较年初上涨20.5%，此后，全球经济增速预期转弱、贸易摩擦反复令市场需求不振，油价震荡下跌，8月份OPEC一揽子原油价格跌至年内低点，达到59.62美元/桶。四季度，贸易利好消息助推油价低位回升，12月份OPEC一揽子原油价格为66.48美元/桶，年内低点回升11.5%。

（四）国际金融市场仍不稳定

2019年，国际金融市场整体表现仍不稳定，随着全球经济前景、贸易局势变化及多国央行货币政策转向等因素起伏波动，呈现明显的阶段性特征。**债市收益率整体下行，略有分化**。2019年，美国十年期国债收益率下跌74个基点，德国下跌39个基点，英国下跌37个基点，日本上涨8个基点。**汇市宽幅震荡**。2019年末，由于贸易紧张局势的缓解，投资者对美元作为避险资产的需求减弱，美元指数在12月份下跌，全年累计上涨0.34%；其他主要货币兑美元来看，欧元和日元分别贬值2.02%和0.84%；英国首相约翰逊于2019年8月首次明确表示将避免“无协议脱欧”后，英镑不断走强，全年累计升值3.88%。**股市整体走高**。2019年，全球主要股指集体上涨。德意志银行数据显示，2019年全球股票的价值从年初开始的不到70万亿美元，上涨至逾85万亿美元，总市值增加超过17万亿美元。明晟全球股票指数全年累计上涨23.7%；明晟新兴市场股指上涨22.3%。分国家看，美国三大股票指数创历史新高，全年纳斯达克指数上涨35.2%，道琼斯指数上涨22.3%，标普500指数上涨28.9%；英国富时100指数上涨12.1%，创3年来最大年度涨幅；法国CAC40指数上涨26.4%，创20年来最佳年度表现；德国DAX指数上涨25.5%，创6年来最大涨幅。

（五）全球外商直接投资（FDI）继续下滑

联合国贸易与发展会议《全球投资趋势监测报告》显示，受世界经济增长疲弱和贸易摩擦等因素影响，2019年全球FDI下降1%，从上年的1.41万亿美元降至1.39万亿美元，连续第四年呈下降趋势。其中，发达国家 FDI 流入量 6430 亿美元，比上年减少 6%，继续处于近年来的历史低位；发展中国家 FDI 流入量 6950 亿美元，与上年基本持平。分国家看，美国为 FDI 流入量最多的国家，流入量为 2510 亿美元，比上年下降 1%；中国流入量 1400 亿美元，与上年持平，位列全球第二；新加坡流入量 1100 亿美元，比上年大幅增加 42%，为流入量第三多的国家。

三、2020 年世界经济或将陷入衰退

（一）新冠肺炎疫情对世界经济造成的冲击

2020 年初，新冠肺炎疫情在全球范围内出现大面积暴发，据世界卫生组织数据，截至中欧时间 4 月 9 日 10 时，全球已有 212 个国家和地区累计确诊 1436198 例新冠肺炎，累计死亡 85522 例。在疫情迅速扩散后，世界经济几乎所有领域均受到了全方位的冲击：**一是全球贸易投资需求大幅下滑。**WTO 发布《全球贸易数据与展望》报告预计，2020 年全球货物贸易量将下降 12.9%-31.9%，下滑幅度可能超过金融危机时期，几乎所有地区贸易降幅都将达到两位数以上；联合国贸易和发展会议预测，受新冠肺炎疫情影响，全球 FDI 在未来一年内下降幅度最大可能达到 40%，创过去近二十年的新低。**二是主要行业受到较大冲击。**3 月份，全球制造业 PMI 为 47.6%，其中美国（48.5%）、欧元区（44.5%）、日本（44.8%）等主要经济体均创下多年来的新低；全球服务业更是进入"至暗时刻"，3 月份，美国（39.8%）、欧元区（26.4%）、日本（33.8%）服务业 PMI 均大幅低于荣枯线，意大利服务业 PMI 更是跌至 17.4%。**三是全球主要资产价格全面下跌。**包括美股在内全球共有超过 30 国股市进入"技术性熊市"，美股更是在一个月内四次触发熔断机制；在疫情冲击和主要产油国价格战的双重影响下，国际原油价格出现断崖式下跌，一季度，美油累积下跌了超 66%，创下历史最大季度跌幅，美油和布油均跌至每桶 20 美元上方。联合国、IMF 等主要国际组织已经表示，2020 年世界经济将面临金融危机以来最严重的下滑，全球经济几乎肯定会发生衰退，并有可能达到创纪录的规模。

（二）全球贸易形势仍不明朗

2019 年，全球贸易保护主义继续抬头，贸易摩擦不断加剧，这些争端已经延伸至技术领域，冲击到全球供应链。尽管中美已经签署第一阶段

经贸协议,但不排除这是在特朗普竞选压力和美国经济下行压力加大等背景下的短期缓和,未来全球贸易走势仍具有较高不确定性,主要表现在以下三个方面的影响:**一是美国贸易政策的不确定。**2019 年,美国继续在全球范围内挑起贸易争端,除中美经贸关系曲折反复外,美国还取消印度、土耳其最惠国待遇,对欧盟、法国商品加征关税,对越南钢铁制品征收最高 456%的关税等。当前,美国贸易政策仍具有较高的不确定性,2019年 12 月美国贸易政策不确定性指数为 884.0,远高于 105.9 的历史平均水平。**二是多边贸易体制改革的方向不明朗。**二战后,世界市场的开放主要依靠多边机制(GATT/WTO)推动,2019 年 WTO 上诉机构正式停摆,WTO 以及多边贸易体制的多边谈判功能陷入困局。从目前的改革方案来看,主要成员国的观点分歧较大,未来 WTO 和多边体制对于全球范围内的贸易摩擦的协调作用将基本消失,全球经贸关系将会处于更加动荡和不确定的状态。**三是区域贸易协定所能发挥的作用。**尽管当前贸易全球化趋势有所受阻,但区域性开放潮流势头不减,持续 7 年的区域全面经济伙伴关系(RCEP)谈判取得重大进展、中日韩自贸区谈判稳步推进、非洲大陆自贸区建设正式启动、美日达成新贸易协定、欧盟与越南签署自贸协定等,但过多的区域贸易协定可能会出现部分经济发展良好的国家被纳入其中,而那些不具有竞争优势、条件不好的国家却被排除在外的现象,这有悖于自由贸易的非歧视原则。

(三)宽松货币政策负面影响不容忽视

2019 年,全球央行央行启动新一轮降息潮,美联储在下半年连续降息三次,并重启扩表;欧洲央行 9 月份进行 2016 年以来首次降息,并宣布重启资产购买计划。据统计,全年至少有 40 个经济体进行了 89 次降息,其中印度、俄罗斯、冰岛降息次数最多,均降息 5 次;土耳其降息幅度最大,累计达 1200 个基点,共降息 4 次。2020 年 3 月份,美联储在短期内连续紧急降息,将联邦基金目标利率水平下调至 0%—0.25%,并引领全球新一轮降息潮。宽松的货币环境固然能在一定程度上应对经济增长动能减弱或实现通胀目标,但货币环境的长期宽松同样存在负面影响,主要表现为:一是全球企业部门债务负担加剧,美国历史数据显示,在历次经济衰退前企业部门杠杆基本都经历了企业杠杆的快速攀升,宽松货币政策会加剧企业金融的脆弱性;二是新兴经济体债务危机发生概率提高,近年来新兴经济体已多次由于过高的外债比重问题发生经济危机；三是宽松货币政策效果存疑，与金融危机时期相比，当前诸多经济体货币政策应对空间显著收窄，如金融危机前美国和欧元区政策利率在4%以上，日本政策利率也为正；但目前欧、日政策利率已多年为零甚至负利率，美国政策利率一再下降后也已触及零利率水平。从政策实施效果来看，近年来宽松货币政策作用已明显减弱，如印度于2019年进行5次降息，但尚未能扭转GDP增速大幅下滑的趋势；瑞典央行担心超低利率带来的资产泡沫风险，已于年末成为率先结束负利率政策的国家，因此不能过于教条认为宽松货币政策能够扭转经济下行的趋势。

（四）积极的财政政策推动杠杆率持续走高

面对疫情的冲击，包括美国、日本在内的多国政府选择以历史级别的财政刺激来应对经济下行。3月27日，美国出台总额约为2万亿美元的财政刺激计划，其规模相当于美国国内生产总值的10%左右，这一数字也远超2008年国际金融危机时期美国推出的7000多亿美元刺激计划；4月6日，日本通过历史最大规模经济刺激计划，总额达108万亿日元。然而，金融危机以后，以美欧日为代表的发达经济体持续通过政府部门加杠杆刺激经济，使得当前多个经济体的政府部门杠杆率已经上升至历史高位，国际清算银行最新数据显示，2019年三季度美国、欧元区和日本政府部门的杠杆率已经分别达到103.5%、100.6%和218.4%，较金融危机前分别提高42.8、33.7和72.9个百分点。新兴经济体方面，中国政府杠杆率处于国际中等水平，但地方政府隐性债务规模庞大；巴西、阿根廷、印度等国政府杠杆已经处于较高的风险区域。世界银行在最新一期《全球经济展望》指出，过去50年有过四次债务积累浪潮，最近一次债务浪潮开始于2010年，是这四次中规模最大、增速最快和范围最广泛的一次。虽然低利率缓解了高债务带来的部分风险，但前三次范围广泛的债务狂潮都以金融危机告终，过高的债务水平使发生债务危机的可能性进一步提高。

（五）地区动荡带来的政治不确定性有增无减

2020年，全球地缘政治将继续动荡，调整与重塑的特征更为明显。中东、东北亚、南美洲等地区都存在地缘冲突升级的可能性，美国在其中扮演着重要角色，受年初美伊紧张局势影响，由美联储经济学家卡尔达拉等人编制的地缘政治风险指数已飙升至 547. 97,为 1985 年有记录以来的最高值,未来美伊矛盾或将持续紧张,可能扰乱全球石油供给,挫伤市场情绪。欧洲方面,民粹主义力量与主流政治力量激烈博弈,当前民粹主义政党直接控制或者通过执政联盟方式间接控制着 11 个欧盟国家的政府;英国脱欧虽已于 2020 年初暂告段落,但英欧需就未来关系展开全面谈判,包括贸易谈判在内的相关谈判被认为比脱欧谈判更为复杂,难度更大。此外,2020 年还是多国大选之年,民意分裂加剧的美国、陷入政治僵局的以色列、社会运动不断的法国、国内局势不稳的玻利维亚和委内瑞拉,以及韩国、斯里兰卡等国都将迎来大选,而其中美国大选已被视为英国脱欧后最大的地缘政治扰动因素,全球著名金融机构美银美林 2020 年初的一项调查显示,美国大选的结果已经成为世界经济当前最大的风险之一。

近年来,国际环境复杂严峻、贸易保护主义蔓延、政策不确定性增加等已使世界经济增长缺乏足够动力,新冠肺炎疫情使本就增长疲弱的世界经济再添风险因素,其对世界经济产生的冲击可能不亚于国际金融危机,部分国家经济衰退几乎已不可避免。在疫情快速扩散的情况下,多家国际组织再度调低 2020 年世界经济增长预期,IMF 最新预测指出,2020 年世界经济将出现 20 世纪 30 年代“大萧条”以来最大衰退,170 多个国家的居民收入将出现负增长;WTO 指出受全球贸易大幅萎缩影响,全年世界经济增速可能介于-8. 8%—-2. 5%之间;国际金融协会(IIF)发布预测称,2020 年世界经济增速为-1. 5%,为 2009 年以来首次出现负增长,其中发达国家的增长率为-3. 3%,新兴市场国家的增长率为 1. 1%。

世界经济主要指标的年度预测(%)

指标	预测机构	2018	2019估计值	2020预测值
经济增长率	国际货币基金组织[1]			
	世界	3.6	2.9	-3.0
	发达国家	2.2	1.7	-6.1
	美国	2.9	2.3	-5.9
	欧元区	1.9	1.2	-7.5
	日本	0.3	0.7	-5.2
	发展中国家	4.5	3.7	-1.0
	国际金融协会			
	世界	3.1	2.6	-1.5
	发达国家	2.2	1.6	-3.3
	发展中国家	4.5	3.8	1.1
	英国共识公司			
	世界	3.1	2.5	-2.1
	美国	2.9	2.3	-4.0
	欧元区	1.9	1.2	-5.7
	日本	0.3	0.7	-3.3
	印度	6.1	4.7	2.7
	世界贸易组织[2]			
	世界	2.9	2.3	-2.5

指标	预测机构	2018	2019估计值	2020预测值
通货膨胀率	国际货币基金组织			
	发达国家	2.0	1.4	0.5
	发展中国家	4.8	5.0	4.6
	英国共识公司			
	世界	2.9	2.7	2.1
	美国	2.4	1.8	0.8
	欧元区	1.8	1.2	0.4
	日本	1.0	0.5	-0.1
货物贸易量增速	世界贸易组织[2]			
	世界	2.9	-0.1	-12.9
	出口			
	北美	3.8	1.0	-17.1
	中南美	0.1	-2.2	-12.9
	欧洲	2.0	0.1	-12.2
	亚洲	3.7	0.9	-13.5
	其他	0.7	-2.9	-8.0
	国际货币基金组织[3]			
	世界	3.8	0.9	-11.0

注:1. 购买力平价法 GDP 加权汇总;2. 为 WTO 乐观情景下的预测;3. 包括货物和服务贸易。

资料来源:国际货币基金组织《世界经济展望》(2020 年 4 月);英国共识公司《共识预测》(2020 年 4 月);世界贸易组织《全球贸易数据与展望》(2020 年 4 月);国际金融协会《全球衰退》报告(2020 年 3 月)。

(执笔:释经组;成文于 2020 年 4 月)

美国经济温和增长 疫情加大衰退风险

——2019 年美国经济形势回顾及 2020 年展望

2019 年,美国经济总体表现出温和扩张的态势,但主要经济指标有所分化,呈现就业强、消费稳、工业和贸易弱的特点,随着前期税改红利等财政刺激效应的减弱及贸易保护主义负面影响的显现,全年经济增速有所放缓。面对逐渐加大的经济下行压力,美联储货币政策由上年的"加息—缩表"转向"降息—扩表"。展望 2020 年,新冠肺炎疫情发展形势的不确定性将成为美国经济增长面临的最主要风险,而持续疲软的制造业生产以及与多国仍然存在的贸易摩擦等因素将继续对经济增长形成拖累,多家国际组织机构预计美国经济将在年内出现衰退。

一、2019 年美国主要经济指标情况

(一)经济增速有所放缓,逐渐趋于潜在水平

2019 年,美国国内生产总值 21.43 万亿美元,按可比价格计算,比上年增长 2.3%,增速虽比 2018 年下滑 0.6 个百分点,但在世界经济同步放缓的背景下,仍明显高于日本、德国等多数发达经济体增速。分季度看,四个季度环比折年率增速分别为 3.1%、2.0%、2.1% 和 2.1%,逐渐向美国国会预算办公室测算的潜在增速 2.1%靠近。按照美国国家经济研究局(NBER)对经济周期阶段的划分,此轮已经是美国历史上最长的经济扩张期,从 2009 年经济衰退结束以来持续 126 个月,超过了自 1991 年 3 月至 2001 年 3 月 120 个月的扩张周期。从 6 个季度移动平均的长期趋势来看,尽管美国经济仍处于扩张阶段,但本轮小周期的高点已于 2018 年下半年出现,2019 年美国经济整体已处于下行通道。

从需求端看,2019 年消费仍是美国经济增长最主要因素,但其拉动作用明显减弱,全年个人消费支出拉动经济增长 1.76 个百分点,为近六

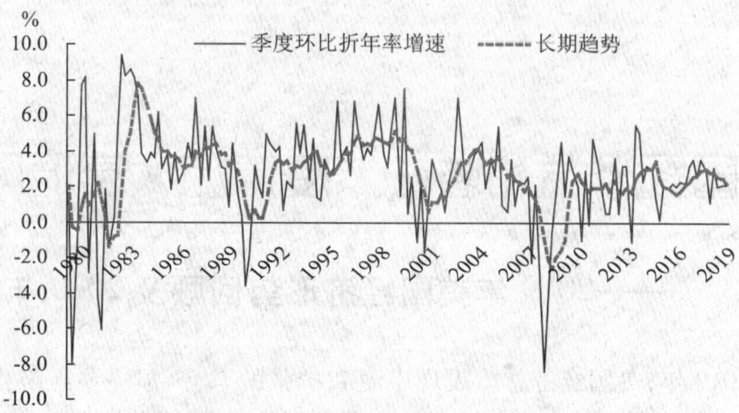

图 1　美国 GDP 环比折年率增速及其长期趋势

资料来源：美国经济分析局。

年来最低水平；受积极财政政策刺激，政府消费与投资对经济增长的贡献明显增强，全年拉动经济增长 0.41 个百分点；私人投资拉动 0.32 个百分点，其中固定资产投资拉动 0.23 个百分点，私人存货变动拉动 0.09 个百分点；净出口对经济拉动效果波动较大，受进口增速大幅下滑影响，一季度和四季度拉动作用较为明显，其中四季度拉动 1.48 个百分点，创金融危机结束以来新高。

表 1　美国年度及季度 GDP 增长率

指　标	2017 年	2018 年	2019 年	2019 年			
				一季度	二季度	三季度	四季度
GDP 及其构成增长率（季度数据为经季节调整折年率，%）							
国内生产总值	2.4	2.9	2.3	3.1	2.0	2.1	2.1
个人消费支出	2.6	3.0	2.6	1.1	4.6	3.2	1.8
政府消费与投资	0.7	1.7	2.3	2.9	4.8	1.7	2.7
私人投资	4.4	5.1	1.8	6.2	-6.3	-1.0	-6.1
出口	3.5	3.0	0.0	4.1	-5.7	1.0	1.4
进口	4.7	4.4	1.0	-1.5	0.0	1.8	-8.7
GDP 构成对经济增长的拉动（百分点）							
个人消费支出	1.78	2.05	1.76	0.78	3.03	2.12	1.20
政府消费与投资	0.12	0.30	0.41	0.50	0.82	0.30	0.47
私人投资	0.75	0.87	0.32	1.09	-1.16	-0.17	-1.08
净出口	-0.28	-0.29	-0.16	0.73	-0.68	-0.14	1.48

资料来源：美国经济分析局。

(二)工业增速大幅下滑,服务业增长总体稳定

2019 年,美国工业产值比上年增长 0.8%,增速下滑 3.1 个百分点,其中制造业产值下降 0.2%,为近三年来首次负增长。分行业看,机动车及其零部件作为工业重要组成部分,在全球汽车市场表现低迷的情况下出现明显衰退,全年产值下降 2.2%,为金融危机结束以来的最低水平。作为反映行业整体活跃程度的 ISM 制造业采购经理人指数(PMI)持续下滑,连续创下近十年来新低,2019 年 12 月,制造业 PMI 已跌至 47.2。整体而言,美国制造业从生产指标到景气度指标均表现疲软。与工业增速大幅下滑相比,美国服务业增长总体稳定。ISM 服务业 PMI 全年介于 52.6—59.7 之间,12 月份为 55.0,明显高于 50 的荣枯值。最新数据显示,2019 年三季度零售业、信息业、专业和商业服务业等服务行业保持较快增长,环比折年率增速分别为 8.2%、5.6%和 5.5%。

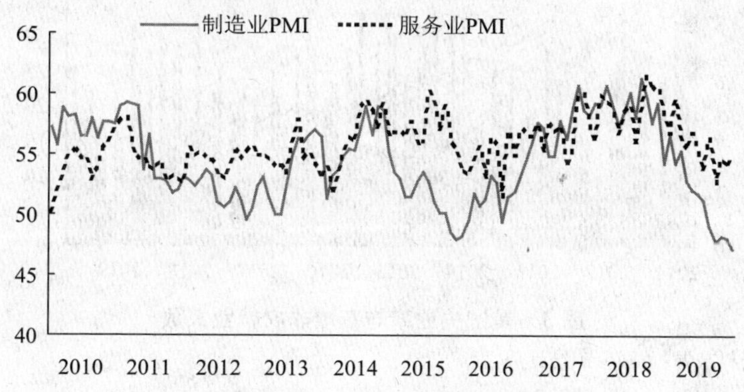

图 2 美国 ISM 制造业与服务业 PMI 走势

资料来源:美国供应管理协会。

(三)市场销售稳定增长,线上占比明显提高

2019 年,美国零售总额 62376 亿美元,比上年增长 3.6%,增速回落 1.3 个百分点,但仍处于近五年来的平均水平。全年美国线下零售和线上零售表现出明显的分化走势,市场机构 Coresight Research 监测数据显示,2019 年美国线下零售商关闭店面超过 9300 家,是该机构自 2012 年开始追踪相关数据以来的最高值;与线下销售不景气相对应的是线上零售的走强,美国商务部数据显示,2019 年,美国电子购物和邮购零售额为 6889 亿美元,比上年增长 14.1%,占零售总额比重达到 11.0%,为历史最

高水平。

(四)劳动力市场保持强劲,失业率处于历史低位

2019 年,美国就业市场在上年基础上进一步改善,三大就业指标均表现亮眼。一是失业率处于历史低位。2019 年,3.7%的全年失业率创下 1969 年以来的新低,其中 11、12 月份均保持在 3.5%的历史低位。二是非农就业人数稳定增长。2019 年,新增非农就业人数 210.8 万人,其中教育和健康服务业、休闲和酒店业为主要增加行业,分别增加 64.7 万人和 38.8 万人。三是劳动参与率创多年新高。2019 年,劳动参与率 63.1%,为 2014 年以来新高,结合全年 3.2%的时薪增速和较低的失业率水平,当前美国劳动力市场处于相对紧俏的状态。

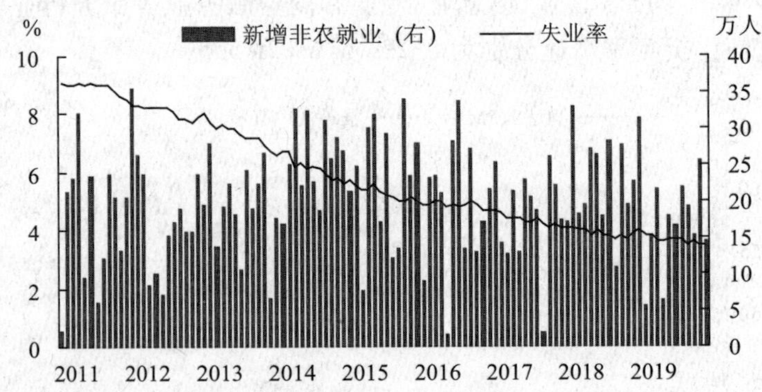

图 3　美国失业率与新增非农就业人数

资料来源:美国劳工统计局。

(五)消费者价格涨势温和,生产者价格涨幅回落

2019 年,美国 CPI 比上年上涨 1.8%,涨幅回落 0.6 个百分点。分类别看,食品和饮料价格上涨 1.8%,居住上涨 2.9%,衣着下降 1.3%,交通下降 0.3%,医疗上涨 2.8%,娱乐上涨 1.3%,教育和通信上涨 0.7%,其他用品和服务上涨 2.0%。扣除食品和能源价格的核心 CPI 全年上涨 2.2%,涨幅比上年扩大 0.1 个百分点。12 月份,CPI 同比上涨 2.3%,涨幅为一年来新高。全年 PPI 上涨 1.7%,涨幅比上年回落 1.2 个百分点。

(六)外贸增速明显下滑,贸易逆差略有收窄

2019 年,美国对外贸易进出口总额 56163 亿美元,比上年下降 0.2%。其中,出口 24998 亿美元,下降 0.1%;进口 31165 美元,下降

0.4%。全年贸易逆差6168亿美元,比上年下降1.7%,为2013年以来首次下降。分类别看,货物贸易总额41721亿美元,比上年下降1.5%;服务贸易总额14442亿美元,增长3.6%。分国别看,2019年美国主要贸易伙伴位次发生变化,墨西哥成为美国最大贸易伙伴,全年双边贸易额6145亿美元,增长0.5%;对加拿大进出口6124亿美元,下降1.0%;对中国进出口5589亿美元,下降15.3%,由上年最大的贸易伙伴降至第三大贸易伙伴。

二、2020年美国经济形势展望

(一)支撑美国经济继续增长的主要因素

1. 量化宽松政策对经济的刺激。美联储货币政策的两大基准目标是最大化就业和维持物价稳定,2019年美联储连续三次降息,在一定程度上对冲了经济下行压力的同时,使就业和价格指标已处于健康水平。2020年初,受新冠肺炎疫情冲击,美联储两度晋级大幅下调联邦基金利率:3月3日,美联储为应对新冠肺炎疫情给经济活动带来的风险,将联邦基金利率下调50个基点至1.00%—1.25%,这是美国自2008年10月以来首次在非例行议息会议时间紧急降息;3月15日,美联储紧急宣布将联邦基金利率大幅下调100个基点至0%—0.25%,并启动一项规模达7000亿美元的大规模量化宽松计划,以应对新冠病毒对美国经济造成的影响。超低的利率水平将有助于降低商业和个人借贷成本,促进经济发展,使金融市场尽可能稳定。

2. 房地产市场有望继续改善。房地产市场作为典型的利率敏感性行业,其运行状况受到美联储货币政策较大的影响,历史经验表明,贷款利率水平是房地产市场重要的先行指标(图4)。2019年美联储三度降息,住房市场受到了来自抵押贷款利率下降的支撑。根据抵押融资机构房地美数据,美国30年期固定抵押贷款利率已从2018年11月的峰值4.94%降至2019年末的3.74%,与之相对应的是房地产市场出现明显改善,具体表现在以下三个方面:一是房屋销量不断提高。占美国房屋销售90%左右的现房销量在2019年明显提升,季调折年销量由2019年1月份的493万套增加至12月份的554万套,为2018年2月以来的最高水平。二是房地产市场信心明显增强。美国住宅建筑商协会数据显示,

2019年12月—2020年1月,反映房屋建筑商信心的住房市场指数达到1999年以来双月度最高值,进一步说明房屋建筑商认为销售前景的持续改善。2020年,美联储货币政策总体大概率仍将偏向宽松,从而有利于贷款利率保持低位。最近数据显示,美国30年期固定抵押贷款利率于2020年1月末进一步降至3.51%,较低的利率水平有助于房地产市场的进一步改善,当期先行指标预示美国房地产市场有望在2020年进入新一轮上涨周期,如2019年12月经季节调整后的新房开工量折年数为160.8万套,为2006年12月份以来新高;2019年10—12月新房开工许可连续三个月高于140万套(季调折年数),为金融危机以来的首次。

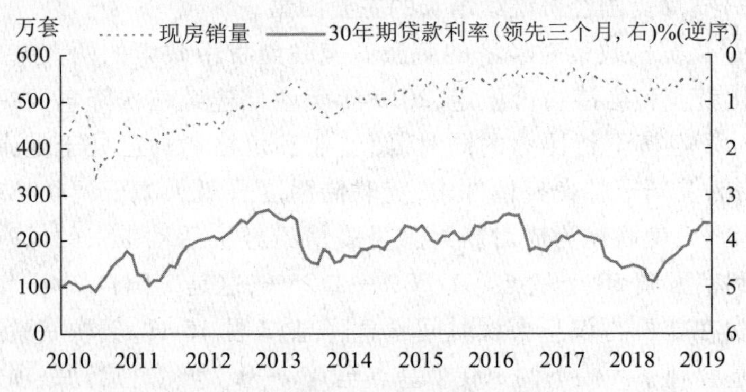

图4　美国现房销量与贷款利率

资料来源:全美地产经纪商协会、房地美。

(二)美国经济主要面临的下行压力

1. 新冠肺炎疫情对经济造成的冲击。据世界卫生组织统计数据,截至中欧时间4月11日10时,美国新冠肺炎累计确诊病例461275例,累计死亡病例16596例,已成为全球累计确诊病例最多的国家。在新冠肺炎疫情的冲击下,美国历史上首次50个州全部进入"灾难状态",前期一度有所好转的美国经济形势在短期内急剧恶化,经济衰退风险迅速升高。疫情对美国经济的下行压力主要体现在以下三个方面:**一是对服务业的影响**。美国服务业占GDP比重超过80%,一旦新冠肺炎疫情快速蔓延,将对服务行业产生严重冲击。3月份,美国服务业PMI为39.8%,大幅低于荣枯线。分行业看,旅游、餐饮等主要服务业均遭受重创,如美国航空运输协会(A4A)数据显示,3月29日当周,美国未来7天机票净预定量同比减少 99.5%,净预订收入减少 102.6%;美国知名订餐平台 OpenTable 数据显示,从 3 月 21 日开始,该平台每日订餐量同比增速均为-100%,这与美国疫情大幅增加的拐点较为接近。**二是对就业市场的影响**。3 月份,美国非农就业人数减少 70.1 人,为 2010 年 9 月以来首次负增长;失业率从上月的 3.5%大幅上升至 4.4%,但受到调查时间、方法等因素影响,即便是 4.4%的失业率也无法反映美国真实的就业状况,4 月 4 日美国单周申请失业金人数高达 660.6 万,连续两周超过 600 万人,自特朗普 3 月 13 日宣布"国家紧急状态"以来,已有至少 1600 万美国人申请失业救济。圣路易斯联储预计,美国失业率将达到 30%,将超越大萧条时期的水平。就业形势在短期内的急剧恶化,将直接导致居民消费支出的减少,作为美国经济增长最主要需求因素的居民消费支出一旦出现大幅下滑,将对美国经济增长形成严重拖累。**三是对金融市场的影响**。在新冠肺炎疫情的影响下,美国股市出现断崖式下跌,2 月最后一周,美国三大股指当周跌幅均超过 10%,创金融危机以来最大周跌幅;此后更是在短短一个月之内四次触发熔断机制,如果以从近期高点下跌 20%以上作为判断标准,美国股市已经由牛转熊。疫情暴发主要从三个方面对美国金融市场产生影响:一是疫情本身在美国的大暴发加上美国政府未能在第一时间采取及时有效的防控措施,造成市场恐慌;二是美联储早期政策也进一步加剧了市场的慌乱情绪,例如在 3 月 15 日大幅紧急降息 100 个基点后,美国股指期货反而大幅下跌,触及 5%的最大跌幅限制;三是疫情暴发引起的石油价格暴跌最终导致沙特等 OPEC 国家与俄罗斯展开了石油价格战,对美国金融市场更是雪上加霜。从历史经验看,美国历史上多次经济、金融危机的爆发均伴随着美股暴跌,股市短期内的迅速下滑将加大美国经济衰退的风险。

2. 财政政策发力空间有限。从需求端看,2019 年美国个人消费支出、私人投资、进出口等指标增速较上年均出现较为明显的回落,只有政府消费与投资比上年增长 2.3%,增速加快 0.6 个百分点。政府支出快速增长的背后,是美国联邦政府进一步加大了在国防领域的财政支出,2019 年美国联邦政府在国防领域支出比上年增长 4.9%,为近十年来最快增速。美国国会预算办公室数据显示,尽管 2019 年美国财政收入上升至 3.46 万亿美元,但财政支出大幅增加至 4.45 万亿美元,财政赤字高达

0.98 万亿美元，相当于 GDP 的 4.6%，明显高于 2018 年的 4.1%。而在疫情期间，美国更是通过了史上最大的经济救助议案，批准拨款 2.2 万亿美元用于对抗新冠肺炎疫情，这项庞大的经济救助计划已经消耗了美国联邦 4 万亿美元预算的一半。财政问题历来是两党博弈的焦点，民主党历来反对特朗普的财政刺激方案，如特朗普 2017 年《减税与就业法案》在参众两院受到了全体民主党议员的一致反对，在当前众议院被民主党控制的情况下，两党在财政政策上的分歧或将影响美国扩张财政支出的持续性。

3. 制造业或将继续拖累经济增长。重振美国制造业是特朗普当初的竞选誓言，然而美国制造业近年来却表现不佳，2019 年美国制造业经历了增速和占比的“双下降”，美国商务部数据显示，2019 年二、三季度美国制造业增加值占 GDP 比重均为 11%，降至 72 年来新低。尽管经济所占份额相对较低，但制造业走弱除了直接拖累经济产出之外，对于经济整体环境同样有多方面影响，例如会对行业就业形势产生冲击，2019 年美国制造业新增就业仅为 4.6 万人，比上年大幅减少 21.8 万人；此外，物流、仓储、维修和保养设备等服务业的发展也依赖于制造业的运行情况。在 2019 年 12 月的议息会议上，美联储表示制造业已经成为拖累美国经济增长的一个重要因素。进入 2020 年，部分重大事件已经对美国制造业产生影响，如波音飞机从 2020 年 1 月开始暂停生产 737 MAX，考虑到 737 MAX 是该公司最重要的飞机，年销售额达数百亿美元，暂停生产的决定将对美国经济产生冲击，波音公司最新数据显示，2020 年 1 月份公司没有接到新的飞机订单，这是自 1962 年以来首次在 1 月无新增订单，美国财政部部长姆努钦表示，受到波音飞机停产影响，2020 年美国 GDP 增速将下滑 0.5 个百分点。美国经济研究网站 Capital Spectator 预计，2020 年美国制造业降幅较 2019 年末将有所收窄，但仍将拖累经济增长。

4. 贸易政策不确定性引发的外需走弱。2019 年，美国出口近三年来首次出现负增长，出口下降一方面是由于全球经济增长的同步放缓，另一方面是由于美国继续在全球范围内挑起贸易争端。从双边贸易关系看，除中美经贸关系曲折反复外，美国还取消印度、土耳其最惠国待遇，对 75 亿美元欧盟产品加征关税，对法国商品加征惩罚性关税，对越南征收高达 456%的关税等等。数据已经显示，由美国自身产业结构、消费结构等特征决定的贸易收支情况不但没有改善,反而在贸易增速上出现明显下滑。未来,美国的贸易再平衡政策将继续推进,中美经贸摩擦短期缓和但长期不确定性仍存,美欧贸易摩擦间歇性发生,美英贸易谈判刚刚起步,美国贸易政策的不确定性仍将是影响世界经济和美国经济走势最重要的变量之一,2019 年 12 月美国贸易政策不确定性指数为 884.0,远高于 105.9 的历史平均水平。

(三)通过历史比较观察美国经济衰退的可能性

2019 年,美国经济下行不断加大,包括长短期收益率曲线倒挂在内的多个指标一度预示美国将陷入经济衰退,本部分将通过比较历次美国经济衰退前后主要指标走势分析 2020 年美国经济出现衰退的可能。目前国际上关于经济衰退的定义主要有两种,一种是 GDP 连续两个季度环比负增长,也称之为“技术性衰退”;另一种是美国国家经济研究局(NBER)的定义,NBER 将经济衰退定义为经济活动持续数月全面大幅降温,并综合考察了 GDP、国内总收入以及其他月度美国经济指标。根据美国经济历史走势来看,可以从以下三类指标来初步判断未来美国经济出现衰退的可能性。

第一类是传统经济学理论指标。根据国民收入决定理论,潜在 GDP 和实际 GDP 之间的差距被称为 GDP 产出缺口,当产出缺口的由负转正时,意味着经济的实际产出超出潜在产出,经济进入过热的状态,经济在未来出现衰退的风险随之加大。图 5 显示,除 1981—1982 年经济衰退与上一次经济衰退时间间隔较短之外,1950 年以来的其余历次美国经济出现衰退前均经历了产出缺口由负转正的现象。从产出缺口转正到发生经济衰退的时间间隔多在两年以上,其中最长的接近 6 年(1964 年一季度产出缺口转正,1969 年 12 月经济出现衰退)。因此,产出缺口转正某种程度上只能作为经济衰退的早期预警信号。根据美国国会预算办公室的最新数据,2018 年二季度,美国产出缺口自金融危机以来首次转正,占 GDP 比重为 0.1%,2019 年四季度产出正缺口占 GDP 比重预计将达到 0.7%,这说明当前美国经济实际产出高于潜在产出,经济一定程度上存在过热现象。

第二类是经济综合先行指标。相较于 GDP 而言,不同研究机构发布的经济先行指标一方面主要由经济周期循环中的领先指标构成,具有较

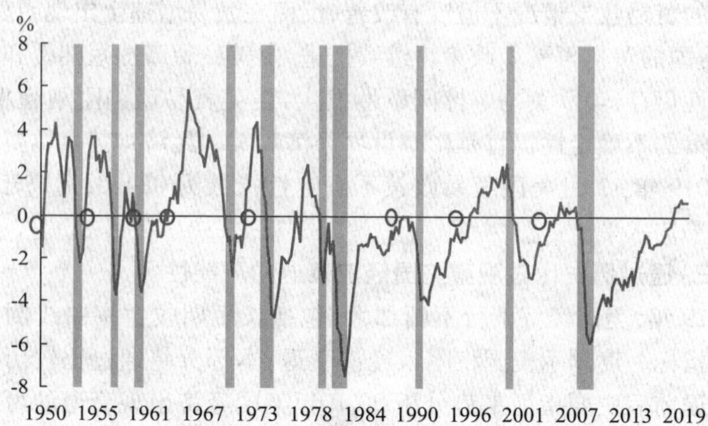

图 5　美国产出缺口历史走势

资料来源：美国经济分析局。

注：阴影部分为美国国家经济研究局（NBER）定义的美国经济衰退期，下同。

好的前瞻性；另一方面发布周期多为月度或者周度，较 GDP 数据而言具有更好的高频性。目前 OECD、美国经济周期研究所、美国经济咨商局、美联储等机构均编制了较为权威的美国经济综合先行指标，历史经验表明上述指标在预测经济衰退方面具有较高的准确性。图 6 显示，在历次经济衰退之前，美国经济周期研究所（ECRI）周度领先指标同比增速均出现明显下降，除 1981—1982 年衰退外其余在发生经济衰退前增速均陷入负增长；费城联储编制的月度领先指标也均在历次衰退之前出现明显由

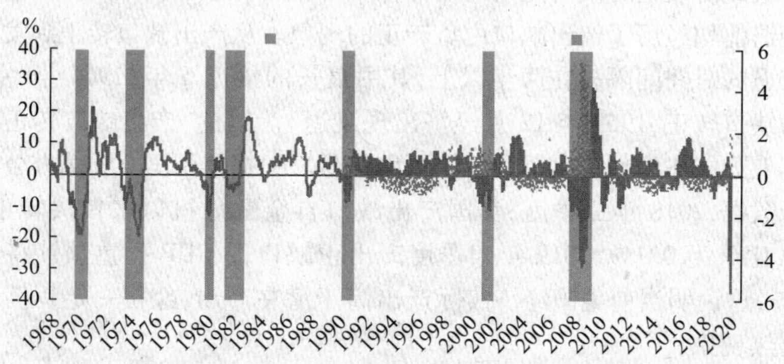

图 6　美国经济领先指标

资料来源：美国经济周期研究所、堪萨斯联储。

升转降的拐点。2020 年初,多数先行指标均达到警戒标准,如 4 月份 ECRI 同比增速降至-37.2%,并长期处于负增长区间;堪萨斯金融压力指数在 2020 年年初同样达到 2.07 的金融危机后新高。先行指标已经显示,美国经济衰退已成大概率事件。

第三类是主要经济领域相关指标。根据 NBER 的定义,20 世纪 90 年代以来,美国经济一共经历了三次衰退,分别为 90 年代的银行业危机(1990 年 7 月—1991 年 3 月)、21 世纪初互联网泡沫(2001 年 3 月—2001 年 11 月)和 2008 年国际金融危机(2007 年 12 月—2009 年 6 月)。本部分通过比较历次经济衰退美国制造业 PMI、消费者信心指数、新增非农就业人数等发现,上述经济指标的分化是经济晚周期的重要特征,而当前美国经济表现出的制造业弱、就业强、消费稳特点,与最近三次经济衰退前夕经济指标表现较为类似,基本可以判断当前美国正处于本轮经济扩张的晚期阶段。

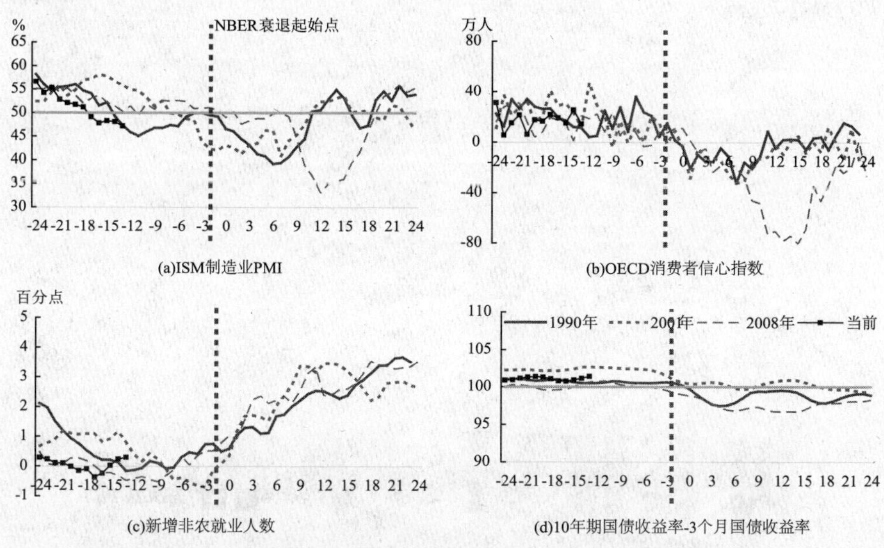

图 7 各经济领域指标在历次金融危机前后的走势比较

资料来源:ISM、OECD、美国劳工统计局、圣路易斯联储。

综合上述分析,在新冠肺炎暴发前,美国经济虽然没有明显的衰退风险,但总的来看,经济已经处于本轮扩张的晚期阶段,而疫情的暴发则加速了经济衰退的到来。结合美国商业经济学家协会于 2 月末发布的调查显示，四分之三的经济学家认为2020年美国经济将陷入衰退。

三、主要国际机构对2020年美国经济的预测

尽管2019年美国经济出现下行趋势，部分指标明显恶化，但美国经济仍以较强的韧性保持温和增长的态势。2020年，随着新冠肺炎疫情在美国的快速蔓延，美国经济下行压力迅速加大，衰退风险明显上升，再加上贸易摩擦、美国大选等本已存在的诸多不确定性因素，多家国际组织预期2020年美国经济将大概率陷入衰退：国际金融协会预计美国全年增速将下滑至-2.8%；英国共识公司预计增速为-4.0%；摩根大通预计增速为-5.3%；IHS Markit预计增速为-5.4%；国际货币基金组织预计增速为-5.9%；彼得森国际经济研究所预计增速为-8.0%。

（执笔：胡晨沛；成文于2020年4月）

专栏

2018年我国人均国内生产总值提升至世界第72位

2019年4月,国际货币基金组织(IMF)发布《世界经济展望春季报告》。报告显示,2018年世界经济从下半年起呈现疲弱态势,我国经济保持了稳中有进的发展态势,经济增长6.6%,国内生产总值达到13.4万亿美元,人均国内生产总值为9608美元,在参与排名的192个国家和地区中位居第72位,较上年提升4位。

一、经济增长率远高于世界平均水平

2018年,我国经济增长6.6%,远高于世界3.6%、发达国家2.2%和发展中国家4.5%的平均水平,仍是经济增长较快的国家,继续成为世界经济的“稳定器”和“加速器”。IMF初步预计,2019年,我国经济将增长6.3%,继续保持较快增速。

表1 世界主要国家经济增长率

单位:%

国家	2010年	2014年	2015年	2016年	2017年	2018年	2019年①
世界	5.4	3.6	3.4	3.4	3.8	3.6	3.3
发达国家	3.1	2.1	2.3	1.7	2.4	2.2	1.8
美国	2.6	2.5	2.9	1.6	2.2	2.9	2.3
日本	4.2	0.4	1.2	0.6	1.9	0.8	1.0
英国	1.7	2.9	2.3	1.8	1.8	1.4	1.2
法国	1.9	1.0	1.1	1.2	2.2	1.5	1.3
德国	3.9	2.2	1.5	2.2	2.5	1.5	0.8
意大利	1.7	0.1	0.9	1.1	1.6	0.9	0.1
加拿大	3.1	2.9	0.7	1.1	3.0	1.8	1.5
发展中国家	7.4	4.7	4.3	4.6	4.8	4.5	4.4
中国	10.6	7.3	6.9	6.7	6.8	6.6	6.3
巴西	7.5	0.5	-3.5	-3.3	1.1	1.1	2.1
俄罗斯	4.5	0.7	-2.5	0.3	1.6	2.3	1.6
印度	10.3	7.4	8.0	8.2	7.2	7.1	7.3
南非	3.0	1.8	1.2	0.4	1.4	0.8	1.2

注:世界和地区按购买力平价法计算,国家按不变价本币计算。①预测数。

资料来源:国际货币基金组织WEO数据库。

二、国内生产总值达到134074亿美元，占世界比重进一步提高

2018年，我国国内生产总值达到134074亿美元，比上年增加13451亿美元，仍居世界第2位。占世界比重为15.8%，比上年提高0.7个百分点；相当于美国的65.4%，比上年的61.9%提高3.5个百分点，与美国的差距进一步缩小。

表2 2017-2018年国内生产总值居世界前十位国家

单位：亿美元

位次	国家	2018年		国家	2017年	
		数值	占世界比重（%）		数值	占世界比重（%）
	世界	847403	100	世界	801446	100
1	美国	204941	24.2	美国	194854	24.3
2	中国	134074	15.8	中国	120623	15.1
3	日本	49719	5.9	日本	48600	6.1
4	德国	40004	4.7	德国	37006	4.6
5	英国	28286	3.3	印度	26522	3.3
6	法国	27753	3.3	英国	26400	3.3
7	印度	27167	3.2	法国	25877	3.2
8	意大利	20722	2.4	巴西	20532	2.6
9	巴西	18682	2.2	意大利	19469	2.4
10	加拿大	17114	2	加拿大	16502	2.1

资料来源：国际货币基金组织WEO数据库。

三、人均国内生产总值为9608美元，提升至世界第72位

2018年，我国人均国内生产总值为9608美元，比上年增加931美元，在参与排名的192个国家和地区中位居第72位，较上年提升4位，仍属中等偏上收入水平。2018年，我国人均国内生产总值仅相当于卢森堡的8.4%、瑞士的11.6%、挪威的11.8%和美国的15.3%，与发达国家相比仍有较大差距。

表 3　2017-2018 年人均国内生产总值居世界前十位国家和地区

单位:美元

位次	国家或地区	2018 年	国家或地区	2017 年
1	卢森堡	114234	卢森堡	105713
2	瑞　士	82950	瑞　士	80643
3	中国澳门	82388	中国澳门	77415
4	挪　威	81695	挪　威	75514
5	爱尔兰	76099	冰　岛	72390
6	冰　岛	74278	爱尔兰	68723
7	卡塔尔	70780	卡塔尔	62826
8	新加坡	64041	新加坡	59990
9	美　国	62606	美　国	59895
10	丹　麦	60692	丹　麦	57380
	中　国	9608(72)	中　国	8677(76)

注:括号中的数据为中国的位次。

资料来源:国际货币基金组织 WEO 数据库。

(执笔:郭义民;成文于 2019 年 5 月)

经济更趋疲弱 复苏前景黯淡

——2019 年欧元区经济形势回顾及 2020 年展望

2019 年,受全球经济下行、贸易不确定性和英国脱欧等多重因素影响,欧元区经济增速延续 2018 年的回落态势。尽管消费与就业表现稳定,但外部需求持续减弱进一步传导到制造业、贸易与投资,导致各成员国经济增速同步下行,欧元区整体更趋疲弱。展望 2020 年,由于内外部形势复杂多变,政治经济风险交织,尤其受新冠肺炎疫情影响,欧元区前景黯淡,经济复苏将面临更为严峻的挑战。

一、2019 年欧元区经济增长继续放缓

(一) GDP 增速加速回落

2019 年,欧元区 GDP(国内生产总值)增长 1.2%,增速较上年大幅回落 0.7 个百分点,为 2013 年以来最低。季度增速呈回落态势,GDP 环比增速由一季度的 0.5%回落至四季度的 0.1%;同比增速由一季度的 1.4%回落至四季度的 1.0%。

从经济体看,欧元区经济增长引擎德国遭受严重冲击,增速回落 0.9 个百分点至 0.6%;受国内结构性改革措施红利和经济结构持续优化的影响,法国和西班牙经济表现相对稳定,增速分别为 1.3%和 2.0%,均回落 0.4 个百分点;意大利继续面临经济下行与债务高企双重压力,回落 0.5 个百分点至 0.3%,接近停滞;荷兰回落 0.9 个百分点至 1.7%;希腊彻底摆脱债务危机,保持 2008 年以来最快增速 1.9%(图 1)。总体来看,欧元区整体经济继续减速,外围与核心国家风险互相传导、负面影响外溢,各成员国由表现分化转向同步放缓,核心国家动能减弱更为明显。

从 GDP 支出构成看,2019 年,内需为拉动欧元区 GDP 增长的主要力量,其中,固定资本形成总额对经济的拉动作用明显提升,拉动经济增长

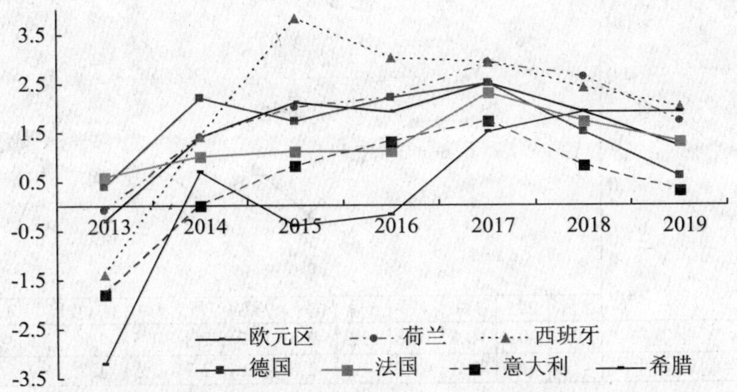

图 1　欧元区和部分成员国 GDP 年度增长率(%)

数据来源:欧盟统计局。

1.2 个百分点,个人消费支出拉动经济增长 0.7 个百分点;出口对经济的拉动作用明显下降,导致净出口成为拖累 GDP 增长的主要原因(表 1)。

表 1　2019 年欧元区三大需求对 GDP 增长的拉动(百分点)

	GDP增长率	最终消费支出		资本形成总额		净出口		
		个人消费支出	政府消费支出	固定资本形成总额	库存变化		出口	进口
一季度	1.4	0.6	0.3	0.8	-0.3	0.0	1.5	-1.5
二季度	1.2	0.6	0.3	1.7	-0.3	-1.1	1.1	-2.2
三季度	1.3	0.8	0.4	0.7	-0.7	0.2	1.3	-1.1
四季度	1.0	0.7	0.4	1.3	-0.6	-0.7	1.0	-1.7
2019 年	1.2	0.7	0.3	1.2	-0.5	-0.5	1.2	-1.7

数据来源:欧盟统计局。

(二)工业生产持续萎靡,汽车生产行业萧条

2019 年,欧元区工业与制造业生产均较上年下跌 1.5%,为七年最大降幅;月度降幅呈现扩大态势,年末降幅分别达到 3.6%和 3.8%,均为 2009 年 12 月以来最大降幅(图 2)。

汽车行业的萧条状况是拖累制造业的重要原因。欧元区和德国汽车生产较上年分别下降 12.5%和 14.8%,均为十年最大降幅。

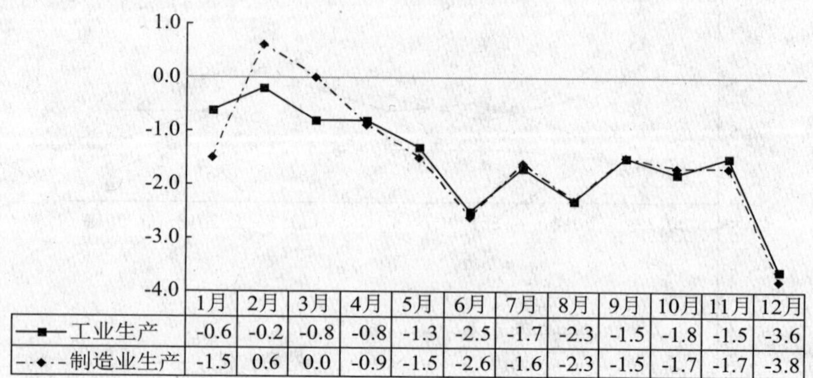

	1月	2月	3月	4月	5月	6月	7月	8月	9月	10月	11月	12月
工业生产	-0.6	-0.2	-0.8	-0.8	-1.3	-2.5	-1.7	-2.3	-1.5	-1.8	-1.5	-3.6
制造业生产	-1.5	0.6	0.0	-0.9	-1.5	-2.6	-1.6	-2.3	-1.5	-1.7	-1.7	-3.8

图 2　2019 年欧元区工业与制造业生产同比增长率(%)

数据来源:欧盟统计局。

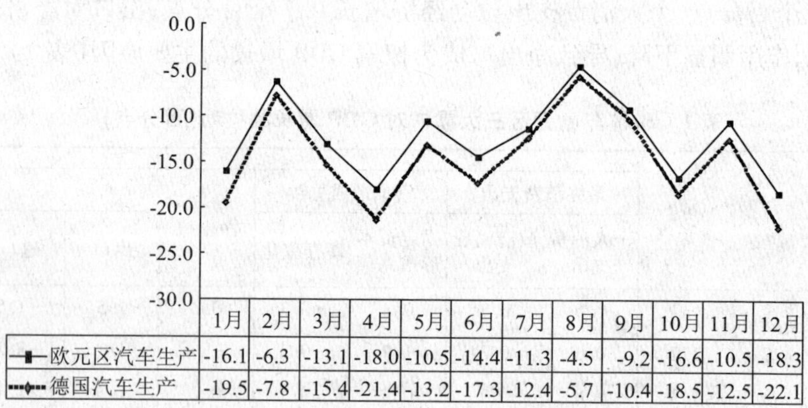

	1月	2月	3月	4月	5月	6月	7月	8月	9月	10月	11月	12月
欧元区汽车生产	-16.1	-6.3	-13.1	-18.0	-10.5	-14.4	-11.3	-4.5	-9.2	-16.6	-10.5	-18.3
德国汽车生产	-19.5	-7.8	-15.4	-21.4	-13.2	-17.3	-12.4	-5.7	-10.4	-18.5	-12.5	-22.1

图 3　2019 年欧元区和德国汽车生产同比增长率(%)

数据来源:欧盟统计局。

(三)消费市场增长稳定

2019 年,欧元区商品零售量增长 2.3%,增速较上年加快 0.7 个百分点。其中,通过邮购或网购的零售以及计算机、外围设备和软件类专门性商店的零售增速最快,分别达到 9.4%和 4.4%,增速均较上年加快 2.6 个百分点(图 4)。

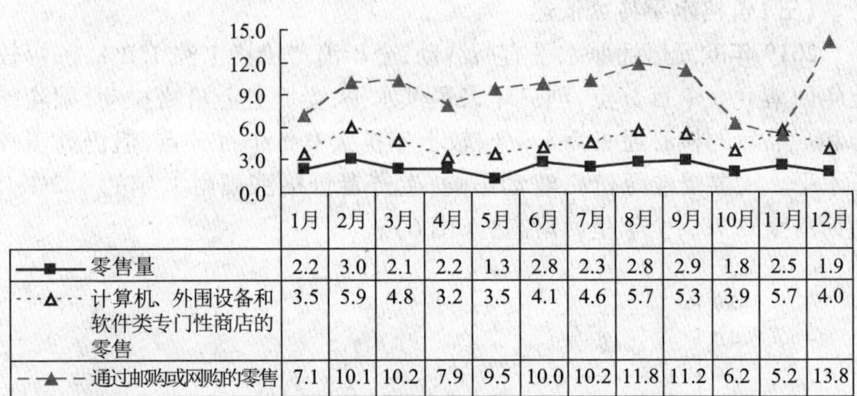

	1月	2月	3月	4月	5月	6月	7月	8月	9月	10月	11月	12月
零售量	2.2	3.0	2.1	2.2	1.3	2.8	2.3	2.8	2.9	1.8	2.5	1.9
计算机、外围设备和软件类专门性商店的零售	3.5	5.9	4.8	3.2	3.5	4.1	4.6	5.7	5.3	3.9	5.7	4.0
通过邮购或网购的零售	7.1	10.1	10.2	7.9	9.5	10.0	10.2	11.8	11.2	6.2	5.2	13.8

图 4　2019 年欧元区零售量与新车登记数同比增长率(%)

数据来源:欧盟统计局。

(四)贸易活跃程度下降

对贸易局势的担忧、经济增长放缓、以及英国脱欧等地缘政治问题导致贸易活跃程度下降,2019 年欧元区货物贸易进出口总额为 44651.7 亿欧元,较上年仅增长 2.2%。其中,货物出口额为 23454.2 亿欧元,增速由上年的 4.1%回落至 2.7%;进口额为 21197.5 亿欧元,增速由 7.0%回落至 1.5%(图 5)。

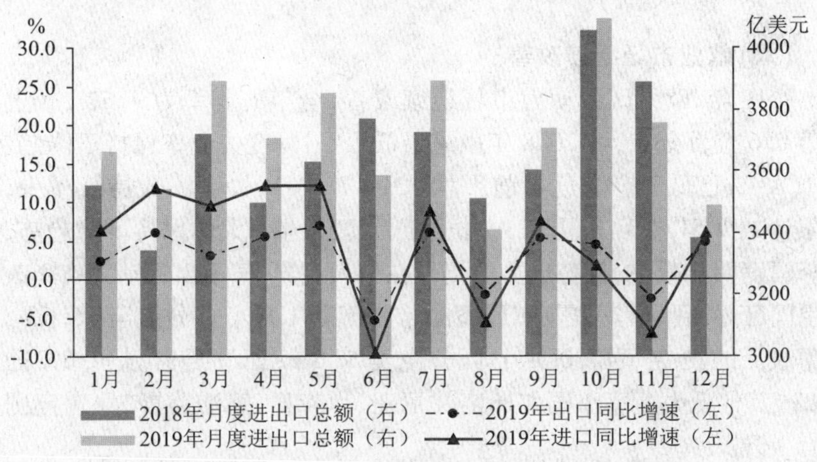

图 5　2018 年与 2019 年欧元区进出口情况对比

数据来源:欧盟统计局。

(五)价格水平持续低迷

2019 年欧元区通胀水平有所波动,全年消费价格上涨 1.2%,涨幅较上年回落 0.6 个百分点,创三年来最低水平;受服务业价格拉动,剔除能源和食品后的核心通胀为 1.1%,较上年扩大 0.1 个百分点,但仍处于较低水平。主要受能源价格波动影响,生产者价格涨幅由上年的 3.2%大幅回落至 0.7%,全年呈回落态势(图 6)。

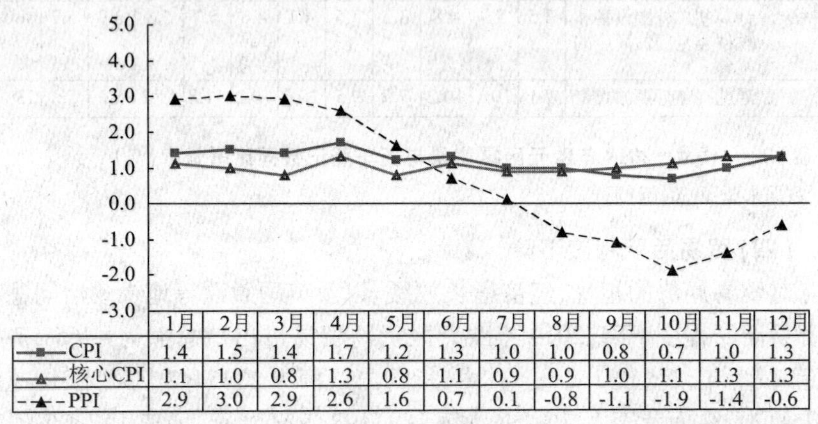

	1月	2月	3月	4月	5月	6月	7月	8月	9月	10月	11月	12月
CPI	1.4	1.5	1.4	1.7	1.2	1.3	1.0	1.0	0.8	0.7	1.0	1.3
核心CPI	1.1	1.0	0.8	1.3	0.8	1.1	0.9	0.9	1.0	1.1	1.3	1.3
PPI	2.9	3.0	2.9	2.6	1.6	0.7	0.1	-0.8	-1.1	-1.9	-1.4	-0.6

图 6　2019 年欧元区消费价格和生产者价格同比涨幅(%)

数据来源:欧盟统计局。

(六)就业市场继续改善

2019 年,欧元区劳动力市场继续改善,全年失业率为 7.6%,较上年回落 0.6 个百分点,为 2008 年以来最低水平;月度失业率保持下降趋势,年末 7.4%已低于金融危机前平均水平(7.5%);失业人数持续减少,全年累计减少 51.4 万人(图 7)。虽然欧元区失业率大体保持下降趋势,但下降幅度明显减小,且各成员国仍存在较大差异,显示出劳动力市场改善的空间已逐渐收窄。失业率最高的希腊下降 1.9 个百分点至 16.6%,失业率最低的捷克下降 0.1 个百分点至 2.0%;而葡萄牙从 6.6%升至 6.9%,其他低失业率小国如斯洛文尼亚、卢森堡、塞浦路斯、立陶宛则也略有上升。

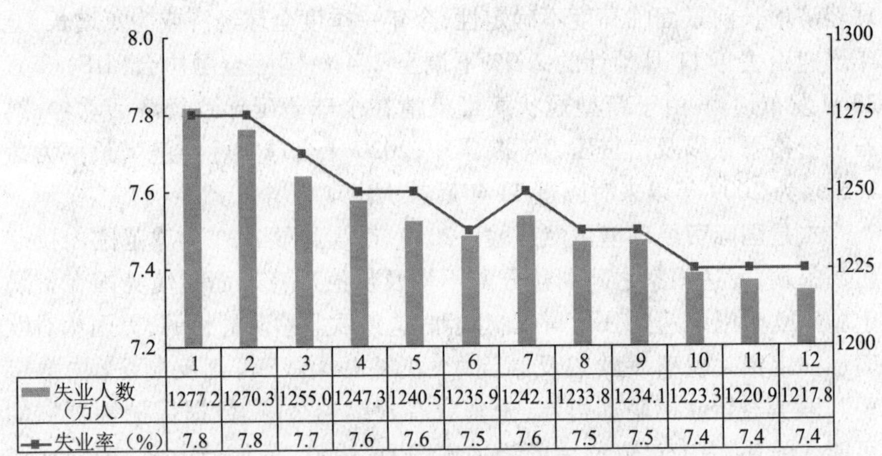

	1	2	3	4	5	6	7	8	9	10	11	12
失业人数（万人）	1277.2	1270.3	1255.0	1247.3	1240.5	1235.9	1242.1	1233.8	1234.1	1223.3	1220.9	1217.8
失业率（%）	7.8	7.8	7.7	7.6	7.6	7.5	7.6	7.5	7.5	7.4	7.4	7.4

图 7　2019 年欧元区失业人数和失业率

数据来源：欧盟统计局。

（七）景气指标持续走低，市场信心难有改善

2019 年，欧元区制造业 PMI 从 1 月份的 50.5 降至 12 月份的 45.9，全年有 11 个月位于收缩区间；服务业 PMI 指数从 51.2 波动回升至 52.4。消费者信心指数继续恶化，由 1 月份的-7.4 降至 12 月份的-8.1。

二、2020 年欧元区经济前景黯淡

展望 2020 年，在全球新冠肺炎疫情蔓延的影响下，贸易摩擦已不再成为市场关注的焦点，英国脱欧过渡期也可能因此延后，而欧盟多国实施各类限制措施、各自为政，欧元区原本长期面临的国际协作失调、经济财政结构失衡等问题在疫情冲击下雪上加霜，由于缺乏有效应对危机的政策工具，欧元区经济增长将面临更加严峻的挑战。

（一）外部风险因素

一是新冠肺炎疫情严重冲击全球经济。今年以来，新冠肺炎疫情在世界范围内快速蔓延，全球制造业、旅游业及金融市场等均受到巨大冲击，使本就增长疲弱的世界经济受到严重拖累，多个国际组织已经指出，世界经济正处于金融危机以来最严峻的时期。OECD 于 3 月 2 日发布最新经济展望报告《新冠病毒：全球经济临危》指出，新冠病毒对投资者信心、金融市场和旅游业造成较为严重的冲击，且沉重打击全球供应链，全

球经济增长前景面临高度不确定性，今年一季度全球经济或为负增长，全年增速由去年 11 月预计的 2.9%下调至 2.4%；国际金融协会（IIF）3 月 23 日发布预测，由于新型冠状病毒疫情在全球蔓延导致经济活动停滞，石油价格暴跌以及信贷压力不断累积，2020 年全球实际经济增长率为负 1.5%，为 2009 年以来时隔近 11 年后首次出现负增长。

二是国际贸易环境依然严峻。2019 年，美国再次在全球范围内挑起贸易争端，发达国家之间利益分配不均及价值观背道而驰使美国在贸易上施压欧盟以期达到分化与压制欧洲、迫使欧盟站队的目的，美国从对欧盟加征钢铝关税引发欧盟反制到"飞机补贴大战"再到反制法国"数字税"，欧美经贸摩擦硝烟再起，未来或有延续到金融、数据保护等领域的可能。此外，中美双边贸易形势进入"边谈边打"的僵持方式；美国甚至对 WTO 出手，连续动用 29 次"一票否决权"，导致 12 月 11 日 WTO 上诉机构正式停摆，多边机制受到挑战。除了美国战线，日韩贸易摩擦也愈演愈烈。从目前局势看，主要经济体之间的贸易摩擦因疫情而暂停，但实际分歧并未有效化解，新冠肺炎疫情过后或将卷土重来。因此，2020 年，以美国为首的全球经济贸易政策仍具高度不确定性，美国贸易政策仍将是影响世界经济走势的重要变量之一。

三是英国脱欧的负面影响持续，仍面临无协议脱欧的风险。英国脱欧历时数年，对政治、经济、社会等多方面都造成严重冲击和影响，拖累经济前景。虽然 2020 年 1 月 31 日英国正式脱欧，但需要在一年的脱欧过渡期内与欧盟达成脱欧协议，否则英国将重新回到 WTO 的框架下与欧盟进行贸易，相互征收与其他国家相同的进出口关税，实施相同的双边贸易限制，将导致贸易锐减、供应链断裂、企业经营成本上升，并波及投资和劳动力市场；金融市场也会引发震荡，人员不能自由流动导致服务行业受限，出现物资短缺短缺、公共秩序混乱等紧急状况，使欧盟和英国经济遭受重创。目前，鉴于英欧双方在贸易谈判中尚存在严重分歧，过渡期内达成贸易协议的可能性较低，即使因新冠肺炎疫情推迟谈判进程或将造成脱欧过渡期被迫延长，英国面临的无协议脱欧风险仍将为欧元区重要的不确定性来源。

（二）内部风险因素

一是通胀水平始终未能达标，货币政策空间有限。始终未能达标的通胀水平、低位徘徊的核心 CPI 以及持续疲弱的经济表现和经济下行风险增添了欧元区经济前景面临的不确定性。因此,欧洲央行于 2019 年 9 月 12 日宣布降息 10 个基点,下调隔夜存款利率至-0.50%,并重启资产购买计划,以强化宽松力度。为应对新冠肺炎疫情对经济和市场的冲击,欧洲央行再次加码经济刺激,于 3 月 18 日宣布 7500 亿欧元紧急资产购买计划。虽然欧洲央行能够通过降息和加大资产购买来释放资本流动性,在一定程度上降低融资利率,刺激消费和投资,带动经济增长,但当前欧洲多国继续采用零利率或负利率政策,在低利率环境下,各国也面临宏观政策操作空间日益缩小的困境。此外,在当前全球债务高企、资本市场高位运行的背景下,宽松货币政策将导致资本泡沫积久难消,金融机构盈利能力被削弱,或将进一步推高政府债务水平。特别是在油价大幅下跌的情况下,通胀更难以达到欧洲央行的目标水平,一旦因疫情造成的经济危机进一步发酵,欧元区或将陷入通缩的风险。

二是长期低迷的制造业再受严重冲击。欧元区制造业整体长期低迷特别是汽车行业的萧条是欧元区经济增长不振的主要原因,而疫情的快速蔓延导致多家欧洲制造业企业订单取消、工厂关闭,为抑制疫情大范围流行所采取的措施造成全球供应链中断,使欧洲制造业更加雪上加霜。欧洲各国经济的外部依存度较高,尤其是拥有较大规模的制造业的德国和意大利,在全球经济下行的环境中受到的影响更大,其经济的恢复程度取决于世界投资和贸易的恢复水平。

三是服务业及劳动力市场急剧恶化。疫情引发欧洲的城市和边境封锁,导致旅游业、酒店业、交通业及娱乐业受到致命冲击,欧洲服务业活动崩溃速度远超金融危机最严重时期。随着停业和封锁措施范围扩大、实施力度增强,欧元区第三产业的严重萎缩将不可避免。目前,欧元区前四大经济体德、法、意、西仍处于疫情集中暴发期,表明疫情或将持续较长时间,短期内难以见到改善迹象。同时,疫情造成经济停摆将逆转 2019 年劳动力市场的向好趋势,进一步影响家庭消费支出、企业投资等方面,造成经济恶性循环。

三、主要国际机构对欧元区经济预测

世界卫生组织 3 月 13 日表示,欧洲已成为新冠肺炎“大流行”的“震中”,其报告的确诊和死亡病例超过中国以外其他国家和地区的总和,每天报告的病例比中国疫情流行高峰时还要多。由于欧洲疫情日趋严重,欧盟多国实施各类限制措施,甚至出现截留医疗物资现象并爆发外交摩擦。欧盟边境自由流动政策名存实亡,欧元区已切实陷入“至暗时刻”。欧盟警告各成员国,新冠肺炎疫情有可能使法国和意大利陷入衰退,而该疫情的长期流行则可能波及该区域金融市场,并造成“主权-银行恶性循环”。

综合短期风险因素影响,近期多数国际机构对欧元区经济的增长预期已转为“大幅萎缩”。1月份,世界银行预测2020年欧元区经济将增长1.0%,低于此前(2019年6月)预测的1.4%。3月份,OECD预测欧元区经济将增长0.8%,低于2019年11月预测的1.1%。4月份,英国共识公司预测欧元区经济将下跌5.7%,低于3月份预测的0.6%;IMF预测欧元区经济将下降7.5%,低于此前(2020年1月)预测的1.3%(表2)。

表2 主要国际组织对欧元区经济的预测

单位:%

	2019年	2020年预测值	2021年预测值
IMF	1.2	-7.5	4.7
世界银行	1.1	1.0	1.3
OECD	1.2	0.8	1.2
摩根大通	1.2	-3.4	4.7
英国共识公司	1.2	-5.7	5.4
HSBC	1.0	-6.4	6.1
穆迪	1.1	-6.5	5.2

数据来源:世界银行《全球经济展望》(2020年1月),经合组织《经济展望预测》(2020年3月),英国共识公司《共识预测》(2020年4月),国际货币基金组织《世界经济展望》(2020年4月)。

(执笔:李婧婧;成文于2020年4月)

日本经济低速增长 未来风险挑战加大

——2019 年日本经济形势回顾及 2020 年展望

2019 年,日本经济延续上年低迷态势,在全球经济增速放缓、贸易摩擦持续的影响下,工业生产持续萎缩,对外贸易恶化,国内消费也因四季度上调消费税影响而转弱,全年经济表现出低增长、低通胀、低失业的"三低"状态。展望 2020 年,尽管新一轮经济刺激政策或将对经济有所支撑,但在新冠肺炎疫情对世界经济产生全面冲击,叠加内部政策实施难度加大、债务负担加剧、老龄化等问题未有明显缓解,经济前景面临的困难较多,未来风险与挑战加大。

一、2019 年日本经济低速增长

(一)经济低速增长

2019 年,日本经济延续上年低迷态势,国内生产总值达 536.10 万亿日元,增长 0.7%,增幅比上年小幅扩大 0.4 个百分点。分季度看,前三季度经济维持低速增长,其中一、二季度 GDP 环比分别增长 0.6%和 0.5%。四季度受消费税上调叠加自然灾害影响,消费支出、企业投资和生产供应链遭受冲击,GDP 环比下降 1.8%,为 2014 年二季度以来新低(图 1)。

从 GDP 构成看,内需依然是拉动 GDP 增长的主要力量,全年拉动增长 0.8 个百分点。受益于国内宽松的货币环境,充裕流动性为企业提供良好资金支持,企业设备投资拉动 0.1 个百分点。出口为经济增长的主要拖累项,拉低 0.3 个百分点。分季度看,前三季度个人消费表现旺盛,其中二、三季度均拉动了 0.3 个百分点,四季度个人消费、企业设备投资大幅降温,分别拖累经济 1.5 和 0.7 个百分点。(表 1)

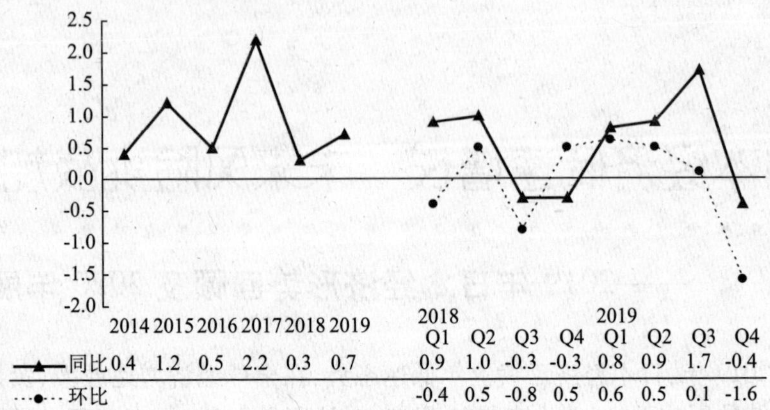

图 1　日本年度和季度 GDP 增长速度（%）

资料来源：日本内阁府。

表 1　日本国内生产总值构成对经济增长的拉动（%）

	2019 年				
		一季度	二季度	三季度	四季度
国内生产总值	0.7	0.5	0.6	0.0	−1.8
国内需求	0.8	0.1	0.8	0.3	−2.3
个人需求	0.3	0.1	0.4	0.1	−2.4
个人消费	0.1	0.0	0.3	0.3	−1.5
个人住宅投资	0.1	0.0	0.0	0.0	−0.1
个人企业设备投资	0.1	−0.1	0.1	0.0	−0.7
个人存货变化	0.1	0.1	0.0	−0.2	0.0
政府需求	0.5	0.0	0.4	0.2	0.1
政府消费	0.4	−0.1	0.3	0.1	0.0
政府投资	0.1	0.1	0.1	0.1	0.0
政府存货变化	0.0	0.0	0.0	0.0	0.0
净出口	−0.2	0.5	−0.3	−0.3	0.5
出口	−0.3	−0.4	0.1	−0.1	0.0
进口	0.1	0.8	−0.4	−0.1	0.5

注：环比贡献。

资料来源：日本内阁府。

根据日本内阁府发布的景气指数看，对经济具有一定预测性的先行指数在 2019 年持续下行，12 月份先行指数 91.6，为近十年来最低水平

(图 2)。同时反映经济现状的一致指数也在 2019 年下半年呈现加速下行态势,以此判断当前乃至 2020 年日本经济面临的下行压力仍然较大。

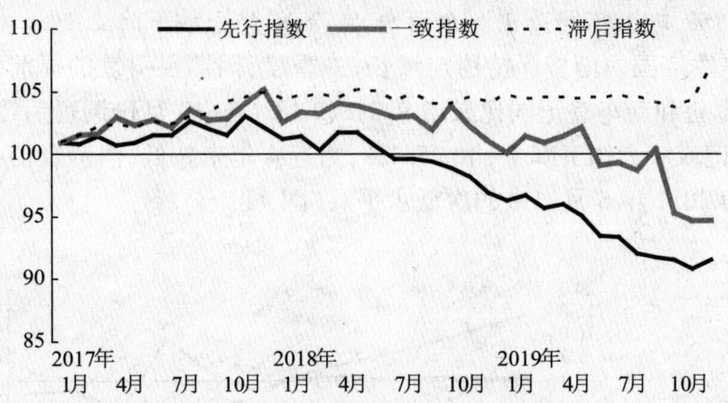

图 2 日本经济景气动向指数

资料来源:日本内阁府。

(二)工业生产持续萎缩

2019 年,日本工业生产较上年下降 2.9%,增速由正转负,为 2009 年以来新低。其中,四季度受台风、暴雨影响,工业生产大幅下降 6.3%,为 2013 年一季度以来新低。分行业看,15 个工业大类中,14 个行业转增为降,其中生产用机械工业、电子元器件工业降幅较大,较上年分别下降 7.7%和 7.8%。(图 3)

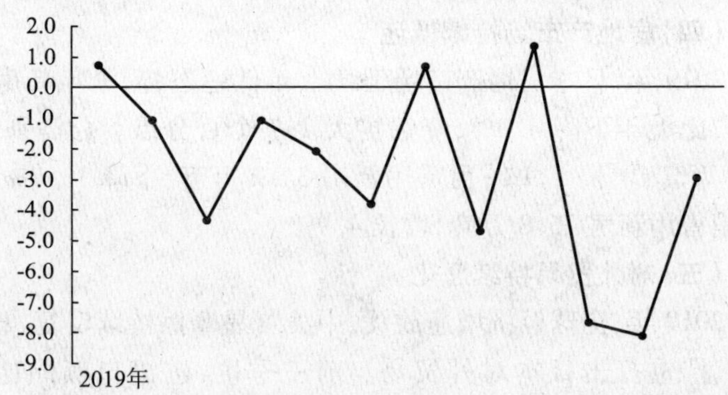

图 3 2019 年日本工业生产同比增速(%)

资料来源:日本产业经济省。

(三)消费需求冲高回落

2019 年,受上调消费税影响,日本消费需求冲高回落,全年零售额仅增长 0. 1%,较上年回落 1. 6 个百分点,新车登记数下降 2. 1%。分季度看,前三季度国内消费保持稳定增长;三季度,因调税引发的提前消费令 9 月份零售和新车登记同比激增 9. 2%和 13. 6%,10 月份调税后零售额、新车登记双双大幅下降 7%和 25. 1%,为近 4 年来新低,消费者信心降至 36. 3,为 2011 年 6 月以来的次低水平。(图 4)

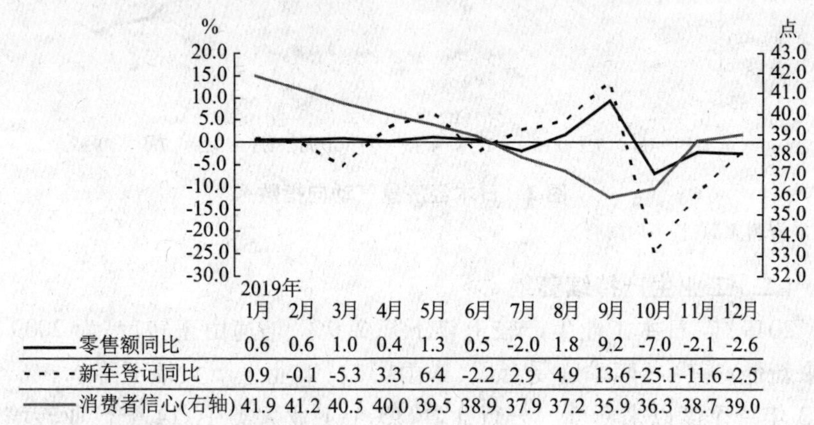

	1月	2月	3月	4月	5月	6月	7月	8月	9月	10月	11月	12月
零售额同比	0.6	0.6	1.0	0.4	1.3	0.5	-2.0	1.8	9.2	-7.0	-2.1	-2.6
新车登记同比	0.9	-0.1	-5.3	3.3	6.4	-2.2	2.9	4.9	13.6	-25.1	-11.6	-2.5
消费者信心(右轴)	41.9	41.2	40.5	40.0	39.5	38.9	37.9	37.2	35.9	36.3	38.7	39.0

图 4　2019 年日本消费市场情况

资料来源:日本产业经济省、日本央行、日本内阁府。

(四)房地产市场持续低迷

2019 年,日本房地产市场延续上年低迷态势,全年新房开工量 90. 5 万套,比上年下降 4. 0%,降幅扩大 1. 7 个百分点。分类别看,自有新房 28. 9 万套,增长 1. 9%;租赁用新房 34. 2 万套,下降 13. 7%,为主要拖累项;销售用新房 26. 8 万套,增长 4. 9%。

(五)对外贸易持续恶化

2019 年,全球经济增速放缓,中美贸易摩擦持续反复、日韩贸易冲突加剧,严重打击日本对外贸易。前三季度,进出口额同比下降 4. 8%、2. 4%,四季度台风、暴雨灾害天气令本就萎缩的对外贸易雪上加霜,全年出口额下降 5. 0%,进口额下降 5. 6%,双双由正转负,均为 2016 年以来最低增速。(图 5)

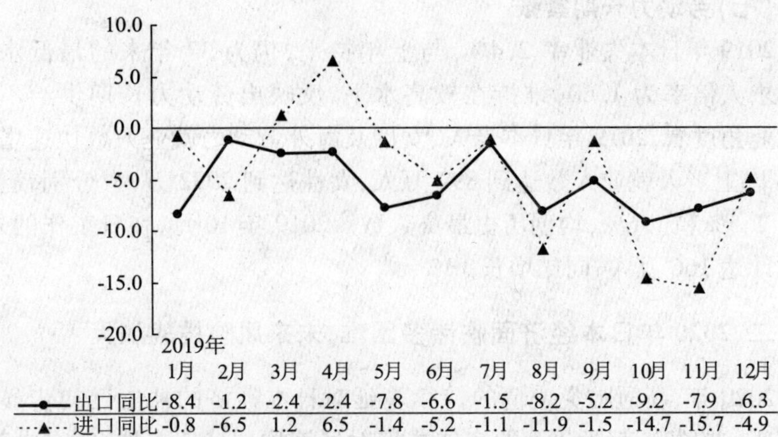

图5　2019年日本出口额和进口额同比增长率(%)

资料来源:日本财务省。

(六)消费价格低位徘徊

2019年,日本消费价格上涨0.5%,增速较上年回落0.5个百分点。其中,核心消费价格上涨0.6%,回落0.3个百分点。当前通胀水平与日本央行设定的2%目标仍有较大差距。生产者价格上涨0.2%,回落2.4个百分点,生产者价格涨幅的大幅下降也反映出工业生产的萎缩态势。(图6)

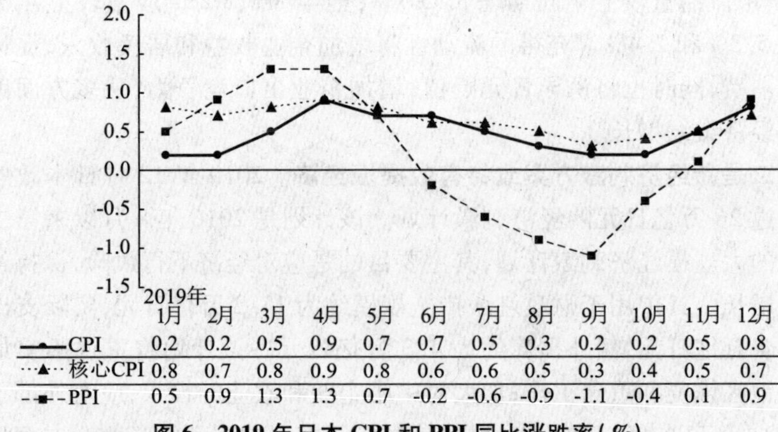

图6　2019年日本CPI和PPI同比涨跌率(%)

资料来源:日本统计局和日本央行。

(七)劳动力长期紧张

2019年日本失业率2.4%,与上年持平,仍为37年来的最低水平。有效求人倍率为1.60,维持在较高水平,反映出劳动力长期供给不足。从就业角度看,2019年日本老人、女性及海外劳动力就业人数快速增长,65岁以上老人就业人数达到892万人,女性达到2992万人,分别较上年增长2.5%和1.6%,均创历史最高人数。2019年10月,在日工作的外国人累计达166万人,同比增长13%。

二、2020年日本经济面临诸多困难,未来风险挑战加大

2020年,新冠肺炎疫情的持续蔓延对日本经济的冲击已初步显现。尽管新一轮经济刺激政策的实施或将对经济构成一定支撑,但在内部政策实施难度加大、债务高企、劳动力不足等结构性问题已令经济困难重重,国内疫情又不断恶化的形势下,日本经济前景将更趋黯淡,面临的风险挑战显著加大。

(一)支撑日本经济增长的主要因素

一是超宽松货币政策维持不变。在2020年1月21日最新货币政策会议上,日本央行决定继续维持超宽松货币政策不变,短期政策利率维持在-0.1%,并通过购买长期国债,使长期利率维持在零左右。在此背景下,日本国内流动性充裕,货币供应量处于良性扩张状态,2019年12月末,货币流通量较上年同期增长2.1%;全年M1、M2供应量较上年分别增长5.3%和2.4%。充裕的流动性将增加企业收益和居民收入,促进投资和消费,同时也将诱导日元贬值,增加企业出口竞争力,从多方面助推日本经济继续增长。

二是新经济刺激方案或将有效提振经济。2019年12月日本政府正式通过26万亿日元的经济刺激计划。该计划是2016年8月以来第二次推出的大规模经济刺激计划,其主要目的是应对经济下行风险,保持经济稳定增长。其中用于财政刺激措施规模约为13.2万亿日元,实际支出约为9.4万亿日元,额外预算约为4.3万亿日元。该计划将重点落实加快受灾地区恢复和重建工作;加大对中小企业和农业的投入,应对外部下行风险;投资新的经济增长点,以保持经济活力。此次新经济刺激方案将有助于扩大消费、提升市场信心。据日本政府估算,本轮经济刺激计划将提

振 GDP 增长 1.4 个百分点。

(二)日本经济面临的挑战及存在的问题

一是新冠肺炎疫情冲击日本经济。截至 2020 年 4 月 12 日,日本新冠肺炎累计确诊病例 7292 例,死亡 135 例,是目前全球疫情发展较为严重的国家之一。4 月初,日本已连续多日新增确诊病例超过 500 例/日。4 月 7 日,日本首相安倍晋三宣布全国 7 个主要都府县进入紧急状态。受疫情影响,2020 年 3 月份,日本全产业景况指数 DI 为-49.0,较上月下降 16.4 个点,产业状况大幅恶化(图 7)。同时疫情也令消费市场及旅游业大幅受挫。2 月份日本百货店销售额同比下降 11.8%,其中,百货店巨头 J. FRONT 公司、三越伊势丹和高岛屋销售额同比均两位数负增长,分别减少 21.4%、13.6%和 11.7%;日本旅馆协会数据显示,3—5 月日本旅馆预约人数同比减少 45.2%。在当前产业形势恶化,消费、旅游市场表现低迷,贸易受阻的情况下,一季度日本经济大概率陷入技术性衰退。此外,随着疫情的不断扩散,2020 年东京奥运会已正式延期一年。此次奥运会所带来的经济效益曾被称为安倍经济学的"第四支箭",奥运会的推迟无疑将对日本经济造成更大损失。据日本第一生命经济研究测算结果,奥运会延期或取消将直接导致 2020 年日本 GDP 减少 1.7 万亿日元,若涵盖对经济的间接影响,损失将超过 3.2 万亿日元。

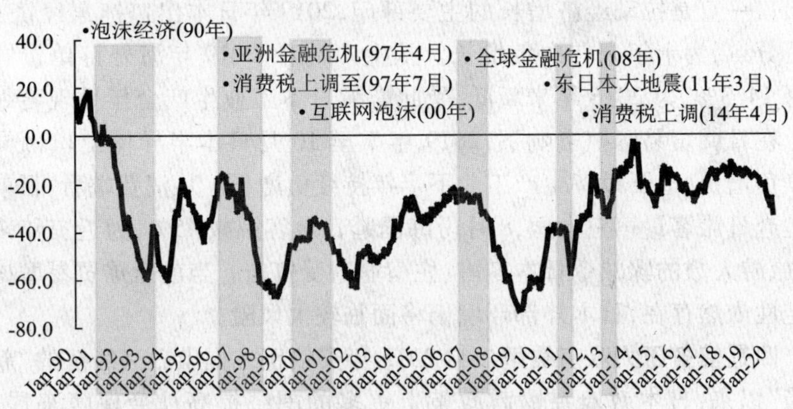

图 7 日本全产业景况指数

资料来源:日本工商会议所。

二是主要经济目标难及预期,政策实施难度加大。在当前日本继续维持超宽松货币政策不变的背景下,2020 年将是安倍经济学"新三支箭"(孕育希望的强大经济、编织梦想的育儿支援网和安心的社会保障)实施的第五年,"新三支箭"将目标定为通过加强经济政策措施使日本名义 GDP 在 2020 财年左右达到 600 万亿日元,特殊出生率(每名女性一生中生育孩子的平均数)达到 1.8,护理离职率为 0 的目标。但从目前经济现状看,2016 财年—2018 财年名义 GDP 增长率均不超过 2%,2018 财年日本名义 GDP 为 548 万亿日元,与 600 万亿日元目标相距甚远;2018 年特殊出生率 1.42,连续 3 年下降;2018 年护理离职率 15.4%,虽较上年小幅下降,但护理人才的不足感显著上升,有 67.2% 的受调查者认为护理服务者偏少,这一比例已连续 5 年上升。此外,将物价提升至 2%一直是安倍政府最为响亮的口号,2019 年,日本消费者价格仅为 0.5%,日本央行已多次推迟物价目标实现时间。诸多政策成效的大打折扣将很大程度导致国民及市场对经济金融政策失去信任,并对未来经济产生悲观情绪。同时伴随着长期超宽松政策的副作用不断显现,未来政策实施的困难及风险将会大大增加。

三是贸易摩擦拖累实体经济。2019 年,全球贸易摩擦不断,日本作为典型的出口导向型经济体对外贸易持续下滑,下半年日本对韩挑起贸易争端,更令本国贸易形势恶化,并对实体经济造成冲击。自 2010 年,日本出口一直是拉动经济增长的主要部门,2019 年日本出口拖累经济 0.3 个百分点,为十年来首次负增长。从生产端看,2019 年海外订单量同比下降 14.3%,为 2016 年来新低,受此影响日本工业生产全年呈现萎缩态势。在日韩贸易摩擦影响下,2019 年 7 至 10 月日本半导体出口额同比持续负增长,电子设备生产工业下半年持续负增长。从消费端看,目前韩国是赴日旅客量第三大国,8 月份韩国赴日旅客锐减 45%,为近三年来新低,旅游人数的骤减令日本零售、住宿业遭受打击。当前全球贸易摩擦不确定性依然存在,日本外部环境仍将面临较大风险。

四是债务压力难有缓解。自 2015 年安倍正式提出振兴经济的"新三支箭"以来,日本政府在财政政策上更多的围绕提高社会保障来展开。2019 年,日本社会保障费用占总财政支出的 34.2%,连续 2 年增长。当前日本政府债务规模已处于历史高位,2019 年 12 月末政府债务规模为 1110.7 兆日元。四季度,政府债务规模占 GDP 比重达 194.3%,连续 3

年增长。用于社会保障的财政支出不断增长，将令日本政府债务压力难有缓解。根据日本财务省推算，2019 年日本普通国债余额预计增长 17 兆日元，支出端看，从 2008 年起日本社会保障增加额开始快速增长，2016 年突破 20 兆日元，并在此后一直保持高增长状态（图 8）。从收入端看，2019 年预计各类税收增加额仅令国债余额减少约 6.1 兆日元，远远不及社会保障费用的增长。

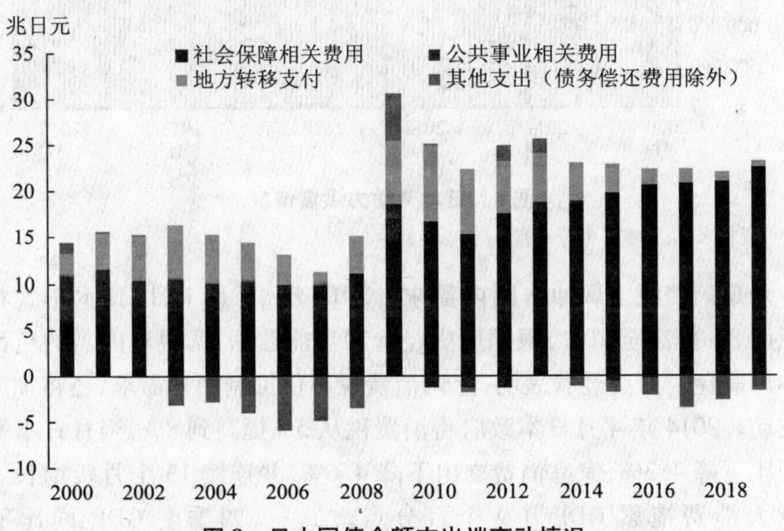

图 8 日本国债余额支出端变动情况

资料来源：日本财务省。

五是劳动力供给严重不足。人口老龄化、出生率低下导致的劳动力供给不足已成为长期制约日本经济发展的问题。2019 年，日本 15—64 岁劳动力人口 5980 万人，较上年仅增长 0.42%；15—64 岁劳动参与率 79.6%，创历史新高；失业率 2.4%，为 1992 年以来最低水平。为应对劳动力严重不足，日本政府 2016 年出台相关政策鼓励女性和老年人参与就业，2019 年 4 月正式推出促进外国劳动力在日就业相关政策。同时在劳动方式上，日本政府也在进行多种尝试如限制加班时间、改善劳动待遇等，意在吸引更多劳动者就业。但当前依靠扩大女性就业、延长退休年龄、鼓励外籍人员赴日工作仍然无法满足需求缺口，2019 年 12 月，有效需求人数 269 万人，有效求职人数 171 万人，劳动力供给不足问题依然严峻(图9)。

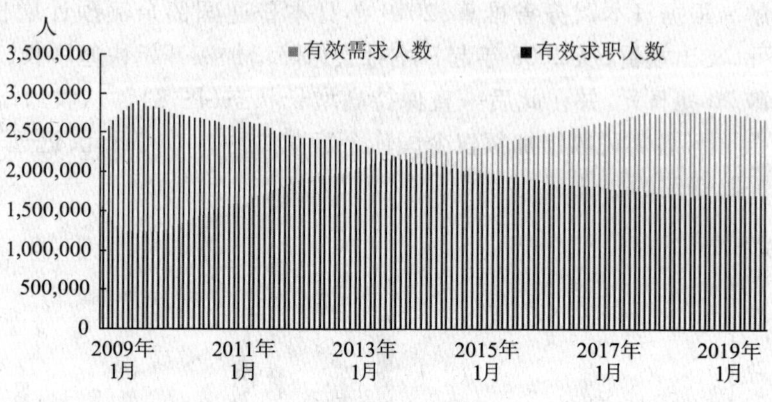

图9　日本劳动力供需情况

资料来源:日本厚生劳动省。

六是消费税上调冲击国内需求。 2019年10月1日,日本正式将消费税由8%提高至10%,根据历史经验和当前数据,调税对内需的负面影响不可避免。历史经验表明,上调消费税不仅抑制消费需求,还将加剧经济波动。2014年4月日本政府将消费税从5%提高到8%,当月日本零售额同比下降4.3%,家庭消费支出下降4.6%,并连续13个月负增长。全年个人消费拖累GDP 0.9个百分点,二、三、四季度GDP同比下降0.1%、0.9%和0.5%,出现技术性衰退。从当前数据看,10月份增税后零售额、家庭消费支出同比分别下降7.0%和4.8%,为2015年以来新低,并延续负增长态势。四季度GDP同比下降0.4%,个人消费拖累经济1.6个百分点。尽管为防止经济出现衰退,日本政府已出台财政刺激方案,但当前在外需不振下,国内需求也出现疲弱,经济增长前景或将更加艰难。

三、2020年日本经济的初步预测

随着新冠肺炎疫情在日本的快速蔓延,主要国际组织预测,2020年日本经济增速将显著低于2019年增长水平,甚至可能陷入衰退。OECD将2020年日本经济增速预测下调0.4个百分点,仅为0.2%,并指出受疫情影响,日本经济或将出现急速下降甚至衰退的可能性。英国共识公司预测2020年日本经济将下降2.2%;国际金融协会预测日本经济将下降

2.6%；国际货币基金组织预测日本经济将下降5.2%。此外，日本央行已下调国内所有地区的经济评估，并表示受疫情的影响，日本所有地区经济均已处于疲弱状态并面临极大的下行压力，这是自金融危机结束以来，日本首次下调所有地区的经济评估。国际货币基金组织表示，新冠肺炎疫情或将对日本经济造成较大影响，主要体现在旅游、零售和出口等领域。未来疫情的发展方向将无疑是影响2020年日本经济走势的最重要因素。

（执笔：郝悦；成文于2020年4月）

经济持续下行 前景不容乐观

——2019 年新兴经济体经济形势回顾及 2020 年展望

2019 年，全球贸易和投资持续疲软，经济下行显著，波及面广泛，不仅影响到发达国家，特别是欧元区，而且也包括新兴市场经济体和其他发展中国家。反映经济活动的各项关键指标均表明经济同步下行，接近全球金融危机以来的最低点。据国际货币基金组织测算，2019 年发展中经济体 GDP 增长预计为 3.5%，比上年的 4.3%回落了 0.8 个百分点。展望 2020 年，在诸多不利因素的影响下，包括外部环境，COVID-19 的全球大暴发、金融市场的剧烈波动、全球贸易量和投资的大幅萎缩等等，新兴经济体不可避免地将面临巨大的下行压力，如何尽快走出困境将是对每一个新兴经济体一项严酷的考验。

一、2019 年主要新兴经济体增长持续放缓

（一）经济增长持续放缓，亮点乏善可陈

2019 年，伴随着工业生产乏力、贸易量萎缩、投资大幅下滑，新兴经济体经济增长持续疲弱，增速下滑严重。据国际货币基金组织测算，发展中国家 GDP 增长为 3.5%，增速比上年回落 0.8 个百分点。

分地区和国别看，东亚、南亚和太平洋新兴经济体增速（5%左右）明显快于其他区域，中东欧经济保持在低速增长（2%），拉美国家经济持续萎靡不振，接近于零增速，中东北非及撒哈拉南部非洲地区分化严重。除越南（7.0%）、印度（5.3%）、印尼（5.0%）、马来西亚（4.4%）和波兰（4.1%）好于 3.5%的平均增长速度，其他主要新兴经济体增速均处于低速或负增长。相比上一年，主要新兴经济体经济几乎全面下滑，其中，中国香港（-1.2%）、墨西哥（-0.1%）、新加坡（0.7%）、印度（5.3%）、俄罗斯（1.3%））和波兰（4.1%）经济下滑严重，分别比上一年回落了 4.2、

2.2、2.4、1.4、1.2 和 1.1 个百分点，其中中国香港和墨西哥在全球金融危机以来首次进入负增长。

分时间看，在中美贸易争执、进出口贸易放缓和工业生产下滑的影响下，2019 年一季度开始主要新兴经济体势头变弱，之后，经济增长逐步走低。除了越南、中国台湾经济维持稳定增长外，俄罗斯和新加坡保持低速扩张，其他经济体均呈下行走势，到了 2019 年第 4 季度，中国香港、墨西哥和南非均跌入负增长，一直处于中高速发展的印度经济也回落到了 4.7%，为近七年来的新低。

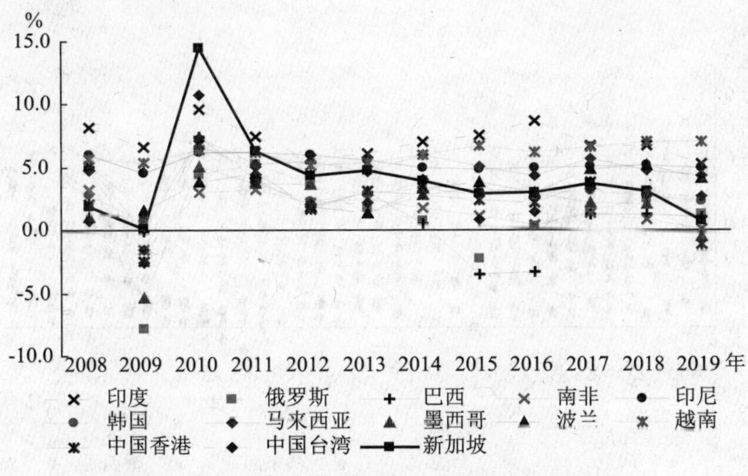

图 1　主要新兴经济体年度 GDP 增长率（%）

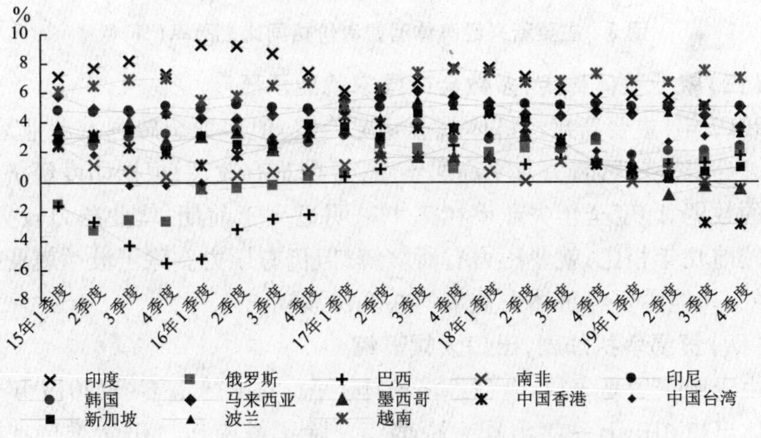

图 2　主要新兴经济体季度 GDP 同比增长率（%）

（二）价格水平整体有所抬升，个别经济体通胀压力加重

2019 年，新兴经济体消费者价格（CPI）整体稳中有升，前期通胀压力较大的经济体通胀压力明显缓解，俄罗斯、墨西哥最为明显，与 2019 年年初相比，CPI 分别下降了一半和四分之一。但印度和越南通胀压力大幅加大，2020 年 1 月分别达到 7.6% 和 6.4%，比上年初增加了 2.8 和 1.4 倍。波兰近期价格水平也有所抬升，阿根廷经济仍萎靡不振，通胀压力巨大，一直维持在 50%左右，而土耳其经济有所好转，通胀压力较前期明显好转，但处于 12%的通胀率压力仍然很大。

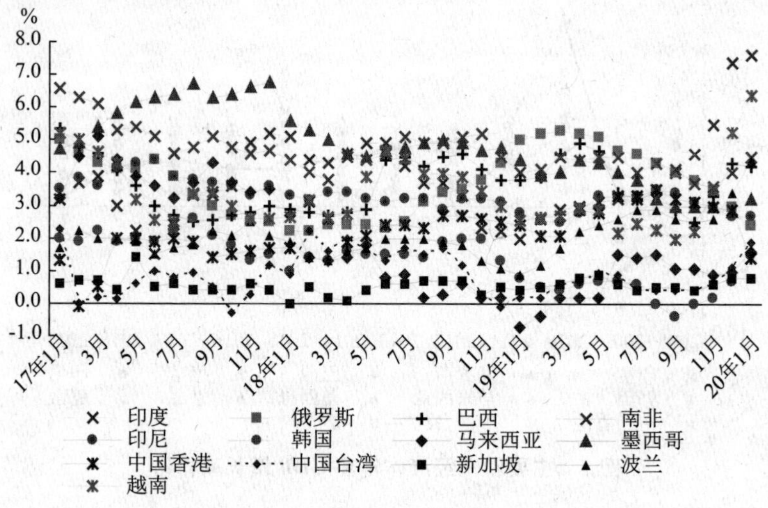

图 3 主要新兴经济体消费者价格同比上涨率（%）

（三）就业整体稳定，多数金砖国家就业承压

2019 年，主要新兴经济体就业状况稳定，但多数金砖国家就业承压。南非、巴西经济低迷，失业率高居不下，近期难有改观；根据印度经济监测中心的数据，印度全年失业率在 7.4%，明显高于前期，就业压力较大；俄罗斯较前几年相比，就业压力有所缓解，但仍有压力。除了波兰就业仍有压力外，其他主要经济体失业率均在低位波动。

（四）贸易争执加剧，出口大幅萎缩

由于中美贸易争执、全球经济整体不振、需求严重萎缩，2019 年新兴经济体出口相比上一年出现大幅萎缩。除了越南出口仍然维持在同比

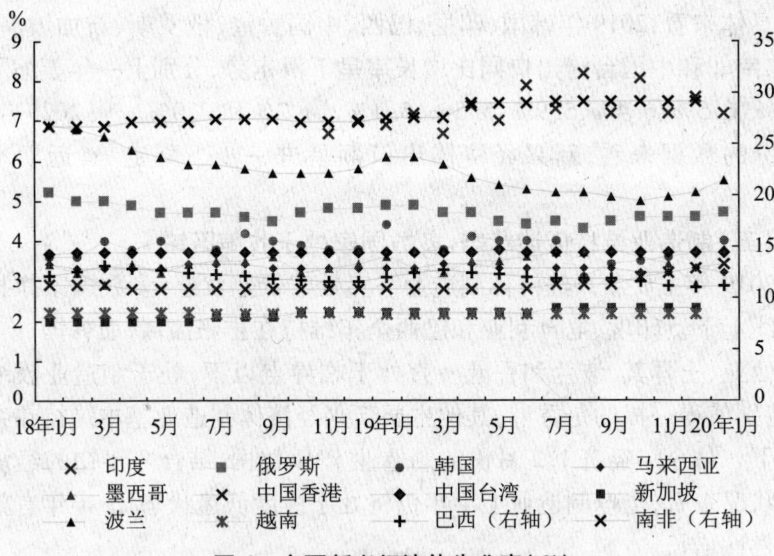

图 4 主要新兴经济体失业率（%）

7.7%的正增长，墨西哥 2.3%，印度和波兰基本在上一年的水平之外，其他主要新兴经济体出口全面下滑，萎缩严重。三大航运指数也于 2019 年 9 月在中美贸易争执趋缓走出一波上升以后于 2020 年除重回 2012 年以来的的低点。

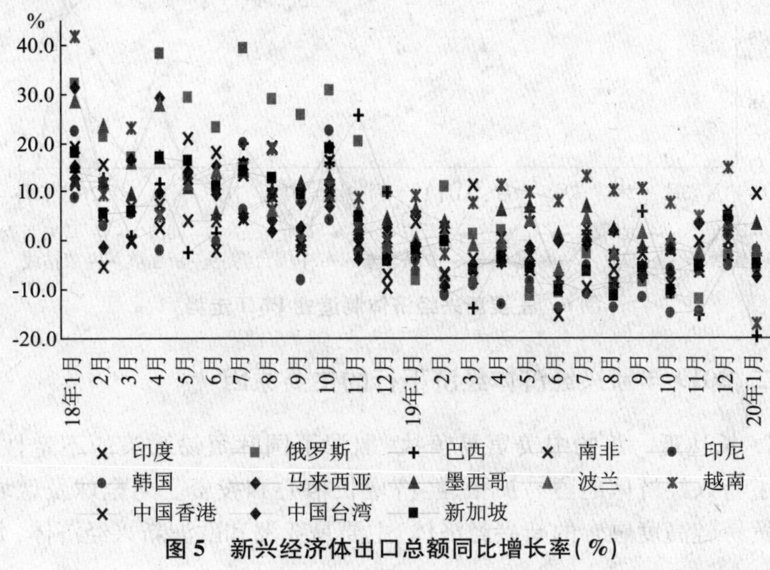

图 5 新兴经济体出口总额同比增长率（%）

具体来看,2019 年韩国、印尼、巴西、中国香港、俄罗斯、新加坡、马来西亚、南非和中国台湾出口同比增长率呈下滑走势,分别上一年萎缩了为 10. 4%、6. 5%、6. 4%、5. 9%、5. 5%、5. 4%、、4. 2%和 2. 0%。从 2020 年 1、2 月份的数据来看,新兴经济体出口额呈进一步下降走势,近期难有改观。

(五)制造业维持低迷状态,多数国家处于收缩区域

2019 年主要新兴经济体制造业一直处于低迷状态,多数国家挣扎在荣枯线上下。印度、尼日利亚和巴西全年维持在扩张区域,而韩国、南非、马来西亚、土耳其、波兰和香港一直处于临界点以下,处于制造业收缩区域,特别值得一提的是香港,其他主要新兴经济体制造业基本维持在荣枯线上下。从今年经济 1、2 月份的制造业 PMI 数据,结合今年初的经济形势和状况来看,全球制造业上半年仍将处于极度低迷状态,下半年有望出现恢复性增长。

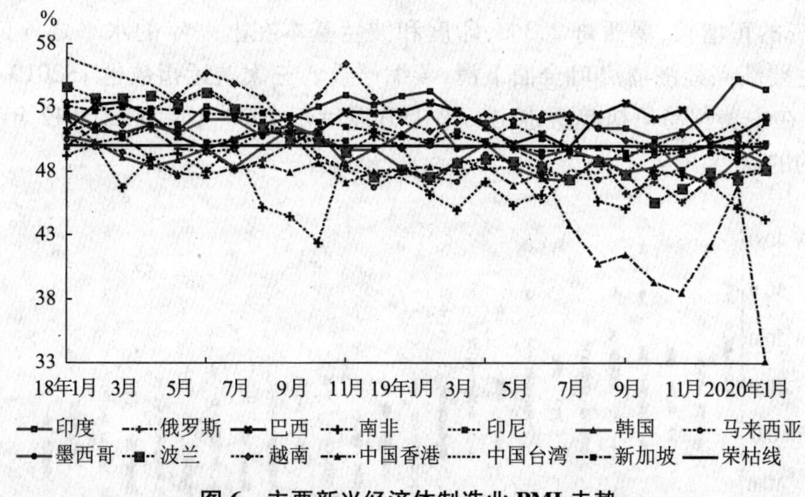

图 6 主要新兴经济体制造业 PMI 走势

二、2019 年新兴经济体经济下行的主要原因

1. 长达近一年的中美贸易争执,加深了国际贸易政策的不定性,也制约了新兴经济体的贸易扩张、经济增长信心和投资。与全球及区域生产和贸易链高度融合的新兴经济体,主要是亚洲和欧洲新兴经济体,尤为

严重地遭受到了全球贸易紧张局势的影响，贸易量和贸易额同步下行。

2. 2019 年金融市场一直处于敏感和脆弱状态，加之对增长前景的担忧更是激发了多个国家央行施行宽松的货币政策。各国为安全起见，流动性纷纷转向发达国家债券市场，从而制约了新兴市场的资本流入，许多新兴经济体重新遭受了货币和资产价格压力。

3. 在宏观经济疲弱、投资政策存在不确定性和贸易紧张局势加剧的环境下，2019 年全球外国直接投资从 2018 年的 1. 41 万亿美元下降到了 2019 年的 1. 39 万亿美元，下降幅度达到 1%。多数经济体外国直接投资均有所下挫，前期遭受金融压力的新兴经济体尤为严重，较 2018 年土耳其、韩国、南非和墨西哥分别下降了 15. 8%、13. 3%、7. 4%和 5. 3%，而相比之下对新兴经济体的汇款则持续上升，并在上年末超过了外国直接投资数额。

4. 暗淡的增长前景和羸弱的全球需求导致了多数商品价格下滑严重，对商品出口型新兴经济体经济影响颇大。预计 2019 年商品出口国经济从 2018 年的 2%下滑到 1. 5%，比先期预测的下降 0. 6 个百分点，南非、俄罗斯、巴西和阿根廷等新兴经济体受到的负面影响尤为严重。

三、2020 年新兴经济体经济展望

2020 年 1 月 15 日中美签署了第一阶段贸易协定，全球为之担忧的贸易战暂告一段落。但是诸多不利因素接踵而至，全球经济仍具多重不定性：(1) COVID-19 暴发造成了全球经济在 2020 年上半年处于休克状态，预计将导致金融危机以来的全球增长新低。在这一全球突发灾难中，除中国以外，韩国、土耳其、印度、越南、新加坡、墨西哥、马来西亚、印尼和巴西等主要新兴经济体经济均受到严重冲击；(2) 全球金融市场巨幅震荡给各国经济增长信心造成了极强的负面效应。短期内，新兴经济体将出现全面的融资困难、投资前景黯淡、贸易前景不妙、国内生产和生活都将面临严重滑坡的局面，2020 年全年经济大幅萎缩的状况几成定局；(3) 近期美国经济拐点的现显、欧盟和日本经济的长期不振都将深度制约新兴经济体在中短期内走出困境。

（执笔：张国洪；成文于 2020 年 3 月）

国际比较研究

经济发展态势较好　合作共赢成果丰硕

——2018 年东盟经济形势回顾与 2019 年展望

2018 年,世界经济在分化中复苏,经济增速回落。在此背景下,东盟全年经济增长 5.1%,虽比上年回落 0.2 个百分点,仍明显高于世界平均水平。与此同时,对外贸易额保持快速增长,通货膨胀率稳中有降,就业形势普遍改善,整体经济发展稳中有进。据亚洲开发银行初步预计,2019 年,东盟对外贸易额将继续增长,经济增速将在高位小幅回落。随着中国与东盟国家合作机制不断完善,经济一体化加速发展,中国与东盟国家经贸往来更加密切,经济融合进一步加深,合作共赢成果更加丰硕。

一、2018 年东盟国家经济发展回顾

(一)经济较快增长,占世界比重保持稳定

在全球经济复苏放缓、外需疲弱的背景下,东盟经济增速也出现回落。据亚洲开发银行统计,2018 年,东盟经济增长 5.1%,相比 2017 年回落 0.2 个百分点,但仍显著高于 3.0%的世界平均增速。2018 年,柬埔寨、印度尼西亚、泰国、越南经济增速逆势提升,部分东盟国家经济增速尽管略有回落,但仍保持较快增长;东盟国家中经济增速最快的是柬埔寨,达到 7.3%,较上年提升 0.3 个百分点。

据国际货币基金组织测算,2018 年,东盟 GDP 为 2.9 万亿美元,占世界总量的 3.5%,与上年持平。

表 1　2017-2018 年东盟国家经济增长率

单位:%,百分点

国家(地区)	2017 年	2018 年	2018 年比上年提高
东　　盟	5.3	5.1	-0.2
文　　莱	1.3	-1.0	-2.3
柬 埔 寨	7.0	7.3	0.3
印度尼西亚	5.1	5.2	0.1
老　　挝	6.9	6.5	-0.4
马来西亚	5.9	4.7	-1.2
缅　　甸	6.8	6.2	-0.6
菲 律 宾	6.7	6.2	-0.5
新 加 坡	3.9	3.2	-0.7
泰　　国	4.0	4.1	0.1
越　　南	6.8	7.1	0.3

资料来源:亚洲开发银行《2019 年亚洲发展展望》。

(二)对外贸易额快速增长,占世界比重稳步提升

在世界经济复苏势头分化,各类风险加快集聚的经济背景下,东盟国家对外贸易保持快速增长势头,占世界比重稳步提升。2018 年,东盟货物贸易总额为 28828 亿美元,比上年增长 12.0%。其中,出口额为 14473 亿美元,增长 10.0%;进口额为 14356 亿美元,增长 14.1%。与此同时,占世界比重稳步上升,2018 年,东盟货物贸易总额占世界比重为 7.3%,比上年提高 0.1 个百分点。

分国家看,2018 年东盟货物贸易总额位居前五位的国家是新加坡、泰国、越南、马来西亚和印度尼西亚,贸易额分别为 7833 亿美元、5018 亿美元、4898 亿美元、4648 亿美元和 3689 亿美元,分别占东盟的 27.2%、17.4%、17.0%、16.1%和 12.8%。

表 2　2018 年东盟国家货物进出口情况

国家(地区)	货物贸易总额(亿美元)	占世界(东盟)比重(%)	出口额(亿美元)	比上年增长(%)	进口额(亿美元)	比上年增长(%)
东　　盟	28828	7.3②	14473	10.0	14356	14.1
文　　莱	107	0.4①	54	-2.5	52	69.5
柬 埔 寨	334	1.2①	144	18.7	191	23.1
印度尼西亚	3689	12.8①	1802	6.8	1887	20.2
老　　挝	116	0.4①	53	9.1	63	12.5
马来西亚	4648	16.1①	2474	13.6	2175	11.7
缅　　甸	363	1.3①	168	21.0	195	1.3
菲 律 宾	1822	6.3①	675	-1.8	1147	12.6
新 加 坡	7833	27.2①	4126	10.6	3706	13.1
泰　　国	5018	17.4①	2521	6.5	2497	12.7
越　　南	4898	17.0①	2456	14.6	2442	15.4

注:①占东盟比重。②占世界比重。

资料来源:世界贸易组织数据库。

(三)通货膨胀率稳中有降,部分国家上涨

2018 年,东盟国家通货膨胀率平均为 2.7%,较上年回落 0.1 个百分点。其中,通货膨胀率下降幅度最大的是马来西亚,较上年回落 2.8 个百

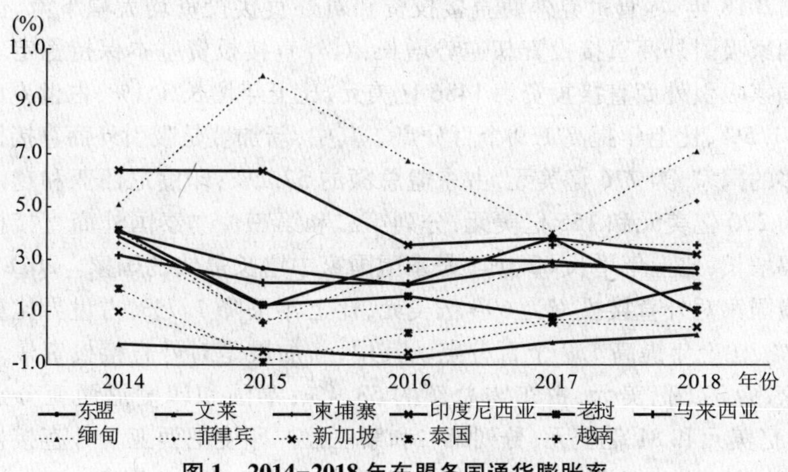

图 1　2014-2018 年东盟各国通货膨胀率

分点;通货膨胀率最高和上升幅度最大的是缅甸,为 7.1%,较上年上升 3.1 个百分点;越南通货膨胀率与上年持平;文莱消费价格由上年下降 0.2%,转为上升 0.1%。

(四)就业市场普遍改善

2018 年,东盟主要国家就业市场普遍改善。其中,泰国失业率较上年下降 0.2 个百分点,印度尼西亚、菲律宾、新加坡和越南失业率较上年下降 0.1 个百分点。泰国、越南、菲律宾、马来西亚失业率维持在较低水平。

表 3 2017-2018 年东盟国家失业率

单位:%,百分点

国家	2017 年	2018 年	2018 年比上年提高
印度尼西亚	5.6	5.5	-0.1
马来西亚	3.4	3.4	0.0
菲律宾	2.6	2.5	-0.1
新加坡	4.3	4.2	-0.1
泰国	0.6	0.4	-0.2
越南	1.9	1.8	-0.1

资料来源:联合国《2019 年世界经济形势与展望》。

(五)外商直接投资和对外直接投资占世界比重明显提升

2018 年,尽管世界外商直接投资和对外直接投资均大幅下滑,但东盟国家吸引外商直接投资却逆势增长,对外直接投资基本保持稳定。东盟国家吸引外商直接投资为 1486 亿美元,比上年增长 3.1%,占世界比重为 11.5%,比上年提高 1.9 个百分点。其中,新加坡是吸引外商直接投资最多的国家,为 776 亿美元,占东盟总额的 52.2%;印度尼西亚和越南分别为 220 亿美元和 155 亿美元,分列第二和第三位。泰国外商直接投资大幅增长,比上年增长 62.0%,是东盟国家中增长最快的国家。2018 年,东盟国家对外直接投资为 696 亿美元,比上年下降 1.7%,占世界比重为 6.9%,比上年提高 1.9 个百分点。其中,新加坡是对外直接投资最多的国家,为 371 亿美元,占东盟总额的 53.4%;泰国和印度尼西亚分别为 177 亿美元和 81 亿美元,分列第二和第三位。印度尼西亚对外直接投资大幅增长,比上年增长近三倍,是东盟国家中增长最快的国家。

表4　2018年东盟国家吸引外商直接投资情况

国 家(地区)	吸引外商直接投资（亿美元）	比上年增长（%）
东　　盟	1486	3.1
文　　莱	5	9.5
柬 埔 寨	31	11.3
印度尼西亚	220	6.8
老　　挝	13	-17.5
马 来 西 亚	81	-13.9
缅　　甸	36	-18.1
菲 律 宾	65	-25.8
新 加 坡	776	2.5
泰　　国	105	62.0
越　　南	155	9.9

资料来源:联合国贸发会议外商直接投资数据库。

表5　2018年东盟国家对外直接投资情况

国 家(地区)	对外直接投资（亿美元）	比上年增长（%）
东　　盟	696	-1.7
文　　莱		
柬 埔 寨	1	7.9
印度尼西亚	81	291.8
老　　挝	-	-99.9
马 来 西 亚	53	-6.4
缅　　甸		
菲 律 宾	6	-65.6
新 加 坡	371	-15.0
泰　　国	177	3.8
越　　南	6	7.9

注:“-”表示数据不及本表最小单位数。

资料来源:联合国贸发会议外商直接投资数据库。

二、2019年东盟国家经济发展展望

2019年,尽管世界经济增速放缓,国际金融市场动荡不安,但东盟国家金融保持相对稳定。部分东盟国家强劲的内需和良好的发展势头在一定程度上抵御了外部风险。得益于强劲的基础设施建设投资、营商环境

的持续改善和对外开放力度的不断加大，东盟国家对外贸易持续增长，经济保持较快增长。

（一）经济保持较快增长

2019年上半年，尽管全球实体经济萎靡不振，全球贸易持续低迷，但提振东盟国家增长动能的有利因素较多。文莱和菲律宾大力加强公共基础设施建设，老挝和泰国将实施一批大型公共基础设施项目；文莱、印度尼西亚和越南努力改善营商环境；缅甸和越南进一步加大对外开放力度。这些因素有利于东盟保持经济较快增长。据亚洲开发银行预计，2019年东盟国家经济增长速度为4.9%，较上年回落0.2个百分点，但仍属较高增速。

表6　东盟国家2018年及2019年预计GDP增长率

单位：%，百分点

国家（地区）	2018年	2019年	2019年比上年提高
东　　盟	5.1	4.9	-0.2
文　　莱	-1.0	1.0	2.0
柬 埔 寨	7.3	7.0	-0.3
印度尼西亚	5.2	5.2	0.0
老　　挝	6.5	6.5	0.0
马来西亚	4.7	4.5	-0.2
缅　　甸	6.2	6.6	0.4
菲 律 宾	6.2	6.4	0.2
新 加 坡	3.2	2.6	-0.6
泰　　国	4.1	3.9	-0.2
越　　南	7.1	6.8	-0.3

资料来源：亚洲开发银行《2019年亚洲发展展望》。

（二）货物贸易增速回落

2019年上半年，东盟主要国家对外贸易增速回落。世界贸易组织月度数据显示，2019年1-5月份，新加坡、泰国、越南货物进出口总额分别为3110.9亿美元、2023.9亿美元和2004.5亿美元，比上年同期增长-1.1%、-2.1%和8.4%。亚洲开发银行2019年4月预计，2019年，东盟货物进出口额增速将有所回落,货物出口额将增长 5.4%,货物进口额将增长 6.3%。

表 7 2019 年东盟主要国家货物进出口情况预计

国　　家	进出口总额（亿美元）	比上年增长（%）	出口额（亿美元）	比上年增长（%）	进口额（亿美元）	比上年增长（%）
印度尼西亚	3595	-2.5	1806	0.2	1789	-5.2
马来西亚	3827	-17.7	2059	-16.8	1768	-18.7
菲律宾	1598	-12.3	545	-19.3	1053	-8.2
新加坡	7981	1.9	4468	8.3	3513	-5.2
泰国	4854	-3.3	2526	0.2	2328	-6.8

资料来源:共识公司。

(三)通货膨胀温和回落

据亚洲开发银行预计,2019 年,东盟国家通货膨胀率将为 2.6%,比上年回落 0.1 个百分点。分国家看,菲律宾、缅甸和泰国通货膨胀率将会发生回落,分别回落 1.4 个百分点、0.3 个百分点和 0.1 个百分点;柬埔寨、印度尼西亚、老挝、越南通货膨胀率与上年持平;文莱、马来西亚和新加坡通货膨胀率将会有所上升,但仍保持在较低水平上。

三、中国与东盟国家合作共赢成果丰硕

中国与东盟发扬以和平合作、开放包容、互学互鉴、互利共赢为核心的丝路精神,不断深化经贸合作,积极开展产能合作,共同推动经贸合作区和重大项目建设,有力推动了中国与东盟国家间双边贸易和双向投资增长,合作共赢成果丰硕。

(一)经贸合作不断深化

合作机制日益完善。2018 年 11 月,《中国—东盟战略伙伴关系 2030 年愿景》在新加坡通过,与中国"一带一路"倡议、《东盟共同体 2025 愿景》《东盟互联互通总体规划 2025》等更好对接,带来更多双边合作与发展机遇。在第二届"一带一路"国际合作高峰论坛期间,中国与东盟各国政府就共同编制经济走廊建设规划和经贸合作发展规划、促进贸易畅通、加强科技和创新领域的合作达成一系列共识,签署了一系列合作文件。

在“一带一路”高峰论坛框架下，东盟有关国家积极参与中国与有关国家和地区、国际组织建立的多边合作平台，包括共同成立“海上丝绸之路”港口合作机制，共同建立“一带一路”会计准则合作机制，共同发起成立国际商事争端预防与解决组织等。这些合作机制的建立，将为中国—东盟共同发展提供有力保障和注入强大动力。

区域经济一体化加速发展。《中国—东盟自由贸易区升级议定书》于2019年1月1日全面实施。新的原产地规则在原产地认定方面更加灵活便利，有助于双方企业更多地享受优惠关税进而促进双方贸易往来。中国与东盟共同参与的《区域全面经济伙伴关系协定》(RCEP)也有望在2019年结束谈判，届时该协定将成为中国—东盟经贸关系实现跨越式发展新的助推器。

(二)产能合作成果丰硕

中国与东盟各国积极落实《中国—东盟产能合作联合声明》及《澜沧江—湄公河国家产能合作联合声明》，共建产业合作园区，推动实施大批国际产能合作重大项目，产能合作成果丰硕。

重大项目取得突破性进展。中老铁路全线最长桥梁楠科内河特大桥于2019年6月1日顺利架通。瓦利尼隧道于2019年5月14日贯通，标志着印度尼西亚雅万高铁项目建设取得突破性进展。2018年11月26日，越南永新燃煤电厂一期BOT项目顺利完成两台机组性能试验及初始可靠容量测试，各项指标达到标准，于2018年11月27日开始全面投入商业运行。

经贸合作区建设成效显著。中国与东盟建立的多个重要经贸合作区取得重要进展。截至2019年1月，中柬企业共同投资打造的柬埔寨西哈努克港经济特区已有131家企业投入生产经营，解决当地就业2.2万多人，预计建成后可容纳入驻企业300多家，就业人口近10万人。截至2019年4月，中国—印尼经贸合作区一期205公顷土地上，已引进企业47家，其中29家已建成投产，6家正在施工建设，合作园区和入园企业解决了3000多名当地民众就业，已累计上缴税收8800多万美元，目前已全面启动二期250公顷土地智慧型、科技型、环保型园区开发建设。2018年，中国印尼综合产业园区青山园区全年自主发电量90多亿度，生产粗钢250万吨、镍铁137万吨、铬铁20万吨。截至2019年4月，青山园区为当地创造直接就业岗位3万多个,间接就业岗位5万多个。截至2019年6月,越南龙江工业园共引入45家企业,其中35家已经正式投产。2018年,龙江工业园入园企业实现工业生产总值超过10亿美元,为当地带来就业岗位超过2万人。

目前中国与东盟国家的产能合作已有较好基础,电力、汽车、信息通信、轨道交通、装备制造等领域将是未来产能合作的重点。

(三)双边贸易持续快速增长

2018年,中国与东盟国家双边货物贸易额为5879亿美元,比上年增长14.1%。2019年1至6月,中国与东盟国家双边货物贸易额为1980亿美元,同比增长10.5%。其中,中国对东盟国家出口增长14.5%,自东盟国家进口增长5.7%。中国对东盟国家货物出口额居首位的是越南,为302亿美元;中国自东盟国家货物进口额居首位的是马来西亚,为224亿美元。

中国已经连续十年成为东盟第一大贸易伙伴,2018年中国与东盟国家双边货物贸易额占东盟国家货物进出口总额的20.4%。

表8 2018年中国对东盟国家货物进出口情况

国家(地区)	进出口总额(亿美元)	比上年增长(%)	出口(亿美元)	比上年增长(%)	进口(亿美元)	比上年增长(%)
东盟	5879	14.1	3192	14.2	2686	13.8
文莱	18	86	16	149.8	2	-29.5
柬埔寨	74	27.6	60	25.7	14	36.7
印度尼西亚	774	22.2	432	24.3	342	19.6
老挝	35	14.9	15	2.5	20	25.8
马来西亚	1086	13	454	8.9	632	16.2
缅甸	152	13.1	106	17.9	47	3.6
菲律宾	557	8.5	351	9.3	206	7.1
新加坡	829	4.6	492	9.2	337	-1.6
泰国	875	9.2	429	11.3	446	7.3
越南	1479	21.2	839	17.2	640	27

资料来源:中国海关总署。

东盟已经连续八年成为中国第三大贸易伙伴，2018 年中国与东盟国家双边贸易额占中国货物进出口总额的 12.7%。2019 年上半年，东盟超过美国跃升为中国第二大贸易伙伴，同时也是中国第三大出口市场和第二大进口来源地。

表 9　2019 年 1-6 月中国对东盟国家货物进出口情况

国家(地区)	进出口总额(亿美元)	比上年增长(%)	出口(亿美元)	比上年增长(%)	进口(亿美元)	比上年增长(%)
东　　盟	1980.3	10.5	1116.8	14.5	863.6	5.7
文　　莱	3.1	-40.6	2.3	-52.5	0.8	132.1
柬 埔 寨	30.3	38.8	25.6	39.5	4.7	34.6
印度尼西亚	247.7	3.4	140.1	9.4	107.5	-3.6
老　　挝	12.8	19.4	5.7	28.8	7.1	12.8
马来西亚	389.2	17.4	165.3	19.5	223.9	15.9
缅　　甸	60.9	16.2	39.8	12.5	21.1	24
菲 律 宾	189.4	12.1	124.9	17.5	64.5	2.9
新 加 坡	281.5	6.1	168.6	8.4	112.9	2.7
泰　　国	291.3	5.9	142.2	5.3	149.1	6.5
越　　南	474.2	12.4	302.3	21.1	171.9	-0.2

资料来源：中国海关总署。

(四)双向投资成效显著

截至 2018 年底，中国和东盟双向累计投资额达 2159 亿美元，双向投资存量比 2003 年增长 23 倍。2018 年，中国与东盟国家双向投资额达 158.8 亿美元。其中，中国对东盟国家投资 101.6 亿美元，东盟国家对中国投资 57.2 亿美元。2019 年 1-6 月，中国与东盟双向投资额达 74.2 亿美元。其中，中国对东盟国家投资 40.3 亿美元，东盟国家对中国投资 33.9 亿美元。

2018 年，东盟首次超过英属维尔京群岛，跻身中国第二大对外投资目的地，仅次于中国香港；同时，东盟又是中国第三大外资来源地，仅次于中国香港和欧盟。

2018 年，中国对东盟投资居前三位的国家是新加坡、老挝、印度尼西亚,投资额分别为36.3亿美元、14.3亿美元和12.4亿美元;东盟对中国投资居前三位的国家是新加坡、马来西亚和越南,投资额分别为52.1亿美元、2.1亿美元和1.4亿美元。2019年1–6月,中国对东盟和东盟对中国投资居第一位的均为新加坡,投资额分别为14.6亿美元和32.1亿美元。

中国对东盟国家的直接投资领域呈现多元化分布,涵盖电力生产供应、采矿、批发零售、制造、租赁、商务服务、建筑、金融、交通运输、仓储、农林牧渔业等领域。中国已在东盟设立直接投资企业4000余家,雇佣当地员工30余万人,有力地促进了当地经济社会发展。

(执笔:郭义民;成文于2019年8月)

2018 年中国上榜世界 500 强企业增至 129 家

美国《财富》杂志近期发布的世界 500 家最大企业(以下简称世界 500 强企业)排行榜显示,2018 年中国上榜企业数量连续第 16 年增加,达到 129 家,历史上首次超越美国企业上榜数量(121 家),居世界第一位。其中中国内地企业上榜 111 家,中国香港 8 家,台湾地区 10 家。数据体现了中国日益壮大的经济实力,但同时也反映了中国内地上榜企业盈利水平低以及行业分布较集中等特点。

一、2018 年世界 500 强企业经营业绩进一步提升

今年是《财富》杂志第 25 次发布世界 500 强企业排名及数据,数据显示,世界 500 强企业的收入、利润、销售收益率和净资产收益率均超上年,其销售收入达 32.7 万亿美元,增长 8.9%;利润增至创纪录的 21537 亿美元,增长 14.5%;销售收益率达到 6.6%;净资产收益率达到 12.1%。进入世界 500 强企业的门槛(最低销售收入)也从上年的 236 亿美元上升到 248 亿美元,体现了世界 500 强企业的继续复苏。

(一)前十位企业及排名与上年比略有变化

排行榜显示,2018 年,美国沃尔玛依然居世界 500 强企业首位,连续六年排名第一,营业额为 5144 亿美元,比上年增长 2.8%。中国的中国石油化工集团居第二位,营业额为 4147 亿美元,比上年增长 2.7%;荷兰皇家壳牌石油公司居第三位,比上年前进 2 位;中国石油天然气集团公司居第四位,较上年排名均没有变化;中国国家电网公司居第五位。

排位第六至第十的企业依次是:沙特阿美公司、英国石油公司、埃克森美孚公司、大众公司和丰田汽车公司。其中沙特阿美公司是唯一新进入前十强的企业,营业额为 3559 亿美元。上年居第十位的伯克希尔-哈

撤韦公司公司退居第十二位。

表 1 1995-2018 年世界 500 强企业营业总额和利润总额及其增长情况

年 份	营业总额（亿美元）	比上年增长（%）	利润总额（亿美元）	比上年增长（%）
1995	113784	11.1	3233	14.7
1996	114348	0.5	4044	25.1
1997	114535	0.2	4520	11.8
1998	114634	0.1	4403	-2.6
1999	126960	10.6	5540	25.7
2000	140650	10.8	6670	20.4
2001	140100	-0.4	3060	-54.1
2002	137290	-2.0	1330	-56.0
2003	148824	8.4	7291	4.5 倍
2004	167981	12.9	9295	27.5
2005	189294	12.7	12149	30.3
2006	209003	10.4	15292	25.9
2007	236185	13.0	15929	3.9
2008	251755	6.6	8217	-48.3
2009	230851	-8.3	9605	16.9
2010	260206	12.7	15268	59.0
2011	294885	13.2	16301	7.0
2012	303049	2.8	15408	-5.5
2013	310584	2.5	19562	27.0
2014	312121	0.5	16674	-14.8
2015	276341	-11.5	14813	-11.3
2016	277082	0.3	15245	2.9
2017	299967	8.3	18807	23.4
2018	326630	8.9	21538	14.5

资料来源：美国《财富》杂志。

(二)银行保险等金融类企业占比超过 20%

按《财富》杂志的分类，上榜最多的仍然是银行业，有 54 家企业，占比超过 10%；其次是汽车及零配件业，有 34 家企业，占比 6.8%；排第三位的是石油冶炼业，有 32 家企业，占比 6.4%。

此外，寿险、财产和意外险及医疗保险等保险类企业共计 55 家企业，加上 9 家多元化金融类企业，再加上银行类企业，金融类企业达 118 家，占世界 500 强企业总数的 23.6%。

(三)互联网相关企业和房地产企业中美表现出色

今年上榜的互联网相关企业从上年的6家增至7家,为中美两国包揽。美国有3家企业,亚马逊、谷歌母公司Alphabet和Facebook;中国则有4家企业,京东、阿里巴巴、腾讯和首次上榜的小米集团。小米集团仅成立9年,是最年轻的世界500强企业之一,其他6家企业排名均比上年有所提升。

排行榜中房地产行业企业有5家,均来自中国。包括恒大集团(138位)、碧桂园(177位)、绿地集团(202位)、保利集团(242位)和万科集团(254位)。这些企业排名均大幅上升,平均提升93位。

二、发达经济体上榜企业数总体减少,除中国之外的新兴市场和发展中经济体上榜企业变化不大

2018年,世界500强企业分布在34个国家和地区,但美国、欧洲上榜企业数继续减少,除中国外的新兴市场和发展中经济体上榜企业变化不大。

(一)美国上榜企业数比上年减少5家,营业额占比上升,利润额占比下降

美国企业在世界500强企业中仍占明显的优势。2018年美国上榜企业为121家,比上年减少5家。上榜企业实现营业额94024.8亿美元,比上年增长5.9%;占世界500强企业营业总额的28.8%,比上年下降0.8个百分点。实现利润额7301.2亿美元,比上年增长1.1%;占世界500强企业的33.9%,比上年下降1个百分点。

(二)欧洲上榜企业减少7家,但利润额小幅下降

2018年欧洲上榜企业为132家,比上年减少7家。其上榜企业营业额为81653.5亿美元,比上年增长0.08%;利润额为4892.3亿美元,比上年增长1.27%。其营业额在世界500强企业的占比为25.0%,比上年下降2.2个百分点;利润额的占比为22.4%,比上年下降3.3个百分点。

分国别看,德国和法国仍是欧洲上榜企业最多的国家。德国有29家企业上榜,比上年减少了3家;法国有31家企业上榜,比上年增加了3家。德国上榜企业营业额为20476亿美元,比上年增长1.37%;利润额889.8亿美元,比上年下降11.7%。法国上榜企业的营业额为17638.5

亿美元,比上年增长5.3%;利润额849.1亿美元,增长2.2%。

(三)日本上榜企业数量与上年持平,利润额下降

2018年日本上榜企业为52家,与上年数量持平;营业额为31291.3亿美元,比上年增长7.9%,占世界500强企业营业总额的9.6%,比上年下降0.1个百分点;利润额为1622.9亿美元,继2017年大幅增长28.4%之后,下降8.3%,占世界500强企业的7.5%,比上年下降1.9个百分点。日本上榜企业的总营业额仅次于美国和中国,稳居世界第三位。

(四)金砖国家上榜企业数增加10家,中国占到9家

2018年,金砖国家上榜企业数达到148家,比上年增加10家。其中,中国上榜企业129家(包括中国香港和台湾地区),比上年增加9家,居世界第一位;印度有7家企业上榜,与上年相同;巴西有8家企业上榜,比上年增加1家;俄罗斯有4家企业上榜,与上年相同。金砖国家上榜企业的营业额为95361.2亿美元,比上年增长16.2%,占世界500强的29.2%;利润额为5361.9亿美元,比上年增长21.4%,占世界的24.9%。中国上榜企业的营业额和利润额分别是其它金砖国家的7.2倍和4.5倍。

表2 世界500强企业数前五位国家及金砖国家情况

位次(按企业数排列)		国家	企业数(家)		营业额(亿美元)	占世界500强企业的比重(%)		利润额(亿美元)	占世界500强企业的比重(%)	
2018年	2017年		2018年	2017年		2018年	2017年		2018年	2017年
1	1	中国	129	120	83758	25.6	23.9	4388	20.4	19.6
2	2	美国	121	126	94025	28.8	29.6	7301	20.4	34.9
3	3	日本	52	52	31291	9.6	9.7	1623	7.5	9.4
4	4	法国	31	28	17638	5.4	5.6	849	3.9	4.4
5	5	德国	29	32	20476	6.3	6.7	890	4.1	5.4
12	12	巴西	8	7	3947	1.2	1.3	323	1.5	1.2
13	12	印度	7	7	3803	1.2	1.1	100	0.5	0.8
16	17	俄罗斯	4	4	3854	1.2	1.1	551	2.6	1.9

注:中国数据包括中国香港和台湾地区。

资料来源:美国《财富》杂志。

三、中国上榜企业特点分析

(一)中国上榜企业数量连续第 16 年增长

随着中国经济总量的迅速增加,中国企业的规模也越来越大。1998 年,中国仅有 6 家企业进入世界 500 强企业排行榜;2001 年中国加入世界贸易组织,当年进入排行榜的中国企业有 11 家。2008 年以来,中国企业在排行榜中的数量迅速增加,先后超过了德国、法国、英国、日本。上年中国上榜企业达 120 家,与美国差距仅有 6 家,今年以 129 家首次超过美国(121 家)。

(二)蝉联榜单的中国内地和香港特区企业七成排位有所提升

蝉联榜单的 106 家中国内地和香港特区企业中,有 77 家企业排位比上年提升,占 72.6%,持平的有 6 家企业,仅 24 家企业排位下降。世界 500 强企业中有 25 家首次或重新进入排行榜,其中 13 家为中国企业。

在排名变化上,排名跃升最快的前 10 家企业中有 6 家来自中国内地。其中,上升最快的是中国房地产企业碧桂园,跃升 176 位,其余五家是:阿里巴巴(上升 118 位)、阳光龙净集团(上升 96 位)、腾讯(上升 94 位)、苏宁易购集团(上升 94 位)和中国恒大(上升 92 位)。

(三)中国上榜企业盈利水平低

2018 年上榜的中国内地和香港特区企业平均销售收入为 665 亿美元,平均净资产为 354 亿美元,平均利润为 35 亿美元。根据这三个数据计算,中国内地和香港特区上榜企业的平均销售收益率为 5.3%,低于世界 500 强企业的 6.6%,也低于美国企业的 7.7%;中国上榜企业的平均净资产收益率是 9.9%,低于世界 500 强企业的 12.1%,也低于美国企业的 15.0%。

考虑到中国企业平均雇佣的员工人数是美国企业的 1.29 倍,达到 17.4 万人,中国企业的人均销售收入和利润与美国企业相比还有很大差距。中国企业人均销售收入只有 37 万美元,相当于美国企业的 66%;中国企业人均利润 1.95 万美元,只占美国企业的 45.3%。

(四)中国上榜企业行业分布较集中

中国上榜企业主要集中在房地产、银行、建筑、资源能源等产业及部门,数量占到上榜企业的一半以上,如“两桶油”、四大银行、五矿集团、中国铁路、太平洋建设等等,其中,银行类企业所赚取的利润占全部中国上榜企业利润的47.5%。在高端新兴领域的企业相对较少,仅有华为是为数不多的具有全球行业影响力的高端技术企业。上榜企业中有48家为央企。

对比上榜中美企业所处产业,在能源矿业、商业贸易、银行、保险、航空与防务等5个产业两国企业都很集中。此外,中国还有不少金属制品企业、工程建筑企业、汽车企业和房地产企业,而上榜的美国企业在这些产业领域或者没有,或者极少。

上榜美国企业中有一批从事与人的健康、医疗、生活等有关的产业。而中国企业除了有两家制药企业之外,与人的生命、健康和生活密切相关的产业中几乎看不到中国企业上榜。

四、启示

(一)从产业结构看中国企业应加快向中高端迈进

与美国相比,我国上榜企业多集中在产业中前端,以资源类设施类经营为主,而美国上榜企业多集中在产业中高端,在信息技术、生命健康、医疗卫生、文化娱乐业等行业集中了一大批世界级领先企业,体现了后工业化时代的产业转型和结构调整的方向。目前中国经济正处在由高速增长阶段转向高质量发展阶段,秉承以人民为中心的发展理念,中国在深化供给侧结构性改革和扩大内需的过程中必将推进发展与人民生活、健康相关的新兴产业,中国企业应该与时俱进转型升级,抓住机遇发展壮大。

(二)从企业全球化程度看中国企业应加快走出去步伐

近年来,中国从投资净输入国变成净输出国,中国企业的海外资产、海外销售和海外员工数量不断增加。但与全球最大的跨国企业相比,中国最大跨国企业的全球化程度也还是处在初级阶段。中国企业应充分利用“一带一路”建设机遇,加快走出去步伐,吸纳全球各地最佳人力资源、物力和财力资源并加以整合,构建全球价值链,增强全球竞争力。

(三)从经济效益角度看中国企业应加快技术创新提高核心竞争力

现在,中国上榜企业的数量达到新高,但质量和效益不及世界500

强企业平均水平，更比美国上榜企业低，关键是我国相当一部分企业靠规模扩张优势，而非核心技术优势上榜进位，应向国外优秀企业学习，持续加大科技研发力度，提升产品和服务的质量效益，不断增强核心竞争力。

（执笔：高析 尹晓静；成文于 2019 年 9 月）

附表 1

2018 年世界 500 强企业中前 100 家企业排行榜

次位		企业名称	国家和地区	营业额（亿美元）	比上年增长%	利润额（亿美元）	比上年增长%
2018	2017						
1	1	沃尔玛	美国	5144.1	2.8	66.70	-32.4
2	3	中国石油化工集团公司	中国	4146.5	26.8	58.45	280.1
3	5	荷兰皇家壳牌石油公司	荷兰	3965.6	27.2	233.52	79.9
4	4	中国石油天然气集团公司	中国	3929.8	20.5	22.71	--
5	2	国家电网公司	中国	3870.6	10.9	81.75	-14.3
6	--	沙特阿美公司	沙特阿拉伯	3559.1	35.3	1109.75	46.9
7	8	英国石油公司	英国	3037.4	24.2	93.83	176.9
8	9	埃克森美孚	美国	2902.1	18.8	208.40	5.7
9	7	大众公司	德国	2783.4	7.0	143.23	9.3
10	6	丰田汽车公司	日本	2726.1	2.8	169.82	-24.6
11	11	苹果公司	美国	2656.0	15.9	595.31	23.1
12	10	伯克希尔-哈撒韦公司	美国	2478.4	2.4	40.21	-91.1
13	18	亚马逊	美国	2328.9	30.9	100.73	232.1
14	15	联合健康集团	美国	2262.5	12.5	119.86	13.5
15	12	三星电子	韩国	2215.8	4.5	398.95	9.1
16	14	嘉能可	瑞士	2197.5	6.9	34.08	-41.0
17	13	麦克森公司	美国	2143.2	2.9	0.34	-49.3
18	16	戴姆勒股份公司	德国	1975.2	6.6	85.55	-27.9
19	17	CVSHealth 公司	美国	1945.8	5.3	-5.94	-109.0
20	28	道达尔公司	法国	1841.1	23.5	114.46	32.6
21	23	中国建筑集团有限公司	中国	1815.2	16.3	31.60	18.1

续表 1

次位		企业名称	国家和地区	营业额（亿美元）	比上年增长%	利润额（亿美元）	比上年增长%
2018	2017						
22	32	托克集团	新加坡	1807.4	32.5	8.49	0.2
23	24	鸿海精密工业股份有限公司	中国	1756.2	13.5	42.82	-6.1
24	19	EXOR 集团	荷兰	1750.1	8.2	15.90	1.3
25	20	美国电话电报公司	美国	1707.6	6.4	193.70	-34.2
26	26	中国工商银行	中国	1689.8	10.4	450.02	6.3
27	25	美源伯根公司	美国	1679.4	9.7	16.58	355.0
28	33	雪佛龙	美国	1663.4	23.6	148.24	61.2
29	29	中国平安保险(集团)股份有限公司	中国	1636.0	13.5	162.37	23.2
30	22	福特汽车公司	美国	1603.4	2.3	36.77	-51.6
31	31	中国建设银行	中国	1511.1	9.0	384.98	7.4
32	21	通用汽车公司	美国	1470.5	-6.5	80.14	--
33	129	三菱商事株式会社	日本	1452.4	112.7	53.28	5.4
34	30	本田汽车	日本	1433.0	3.4	55.05	-42.4
35	35	好市多	美国	1415.8	9.7	31.34	17.0
36	40	中国农业银行	中国	1395.2	14.0	306.57	7.4
37	52	Alphabet 公司	美国	1368.2	23.4	307.36	142.7
38	34	嘉德诺	美国	1368.1	5.3	2.56	-80.1
39	36	上海汽车集团股份有限公司	中国	1363.9	5.9	54.44	6.9
40	43	沃博联	美国	1315.4	11.3	50.24	23.2
41	47	摩根大通公司	美国	1314.1	15.4	324.74	32.9
42	49	俄罗斯天然气工业股份公司	俄罗斯	1313.0	17.3	231.99	89.4

续表 2

次位		企业名称	国家和地区	营业额（亿美元）	比上年增长%	利润额（亿美元）	比上年增长%
2018	2017						
43	37	威瑞森电信	美国	1308.6	3.8	155.28	-48.4
44	46	中国银行	中国	1277.1	10.6	272.25	6.7
45	38	安联保险集团	德国	1268.0	2.6	88.06	14.8
46	27	安盛	法国	1255.8	-16.0	25.26	-63.9
47	39	克罗格	美国	1211.6	-1.2	31.10	63.1
48	41	通用电气公司	美国	1202.7	-1.6	-223.55	--
49	48	房利美	美国	1201.0	6.9	159.59	547.9
50	63	卢克石油公司	俄罗斯	1191.5	26.9	98.64	37.3
51	42	中国人寿保险(集团)公司	中国	1161.7	-3.4	-25.67	-1063.2
52	45	日本邮政控股公司	日本	1152.2	-1.2	43.24	4.0
53	51	宝马集团	德国	1150.4	3.4	83.99	-13.6
54	67	Phillips66 公司	美国	1142.2	24.7	55.95	9.6
55	56	中国铁路工程集团有限公司	中国	1121.3	9.1	12.41	6.1
56	53	中国移动通信集团公司	中国	1121.0	1.8	117.45	7.4
57	74	瓦莱罗能源公司	美国	1114.1	26.0	31.22	-23.2
58	60	美国银行	美国	1105.8	10.3	281.47	54.4
59	58	中国铁道建筑总公司	中国	1104.6	9.5	11.87	-9.3
60	71	微软	美国	1103.6	22.7	165.71	-21.8
61	72	华为投资控股有限公司	中国	1090.3	22.1	89.54	27.5
62	57	家得宝	美国	1082.0	7.2	111.21	28.9
63	87	中国海洋石油总公司	中国	1081.3	32.7	73.31	142.9

续表 3

次位		企业名称	国家和地区	营业额（亿美元）	比上年增长%	利润额（亿美元）	比上年增长%
2018	2017						
64	55	日本电报电话公司	日本	1071.5	0.6	77.08	-6.1
65	204	日本伊藤忠商事株式会社	日本	1046.3	110.4	45.14	24.9
66	54	日产汽车	日本	1043.9	-3.2	28.78	-57.3
67	--	国家开发银行	中国	1030.7	28.3	167.44	0.7
68	64	波音	美国	1011.3	8.3	104.60	27.6
69	62	美国富国银行	美国	1010.6	3.4	223.93	0.9
70	66	西门子	德国	988.0	7.9	69.09	3.6
71	76	花旗集团	美国	971.2	10.4	180.45	--
72	131	马拉松原油公司	美国	971.0	43.6	27.80	-19.0
73	84	SK 集团	韩国	959.0	14.8	20.48	38.0
74	73	巴西国家石油公司	巴西	955.8	7.6	71.73	--
75	80	美国康卡斯特电信公司	美国	945.1	11.8	117.31	-48.4
76	69	雀巢公司	瑞士	935.1	2.5	103.65	42.0
77	75	博世集团	德国	926.0	5.2	35.96	15.9
78	88	Uniper 公司	德国	922.6	13.3	-5.33	--
79	70	Anthem 公司	美国	921.1	2.3	37.50	-2.4
80	86	中国华润有限公司	中国	919.9	11.9	34.75	10.2
81	68	家乐福	法国	919.6	0.7	-6.62	--
82	65	东风汽车公司	中国	909.3	-2.5	16.00	14.3
83	89	埃尼石油公司	意大利	908.0	13.5	48.69	28.0
84	93	戴尔科技公司	美国	906.2	15.2	-23.10	--

续表 4

次位		企业名称	国家和地区	营业额（亿美元）	比上年增长%	利润额（亿美元）	比上年增长%
2018	2017						
85	77	西班牙国家银行	西班牙	905.3	3.6	92.17	23.5
86	115	俄罗斯石油公司	俄罗斯	900.6	25.0	87.46	129.7
87	125	中国第一汽车集团公司	中国	898.0	29.2	26.60	-6.8
88	98	中国中化集团公司	中国	893.6	16.4	7.01	-6.9
89	83	意大利国家电力公司	意大利	893.1	6.1	56.52	32.7
90	81	德国电信	德国	892.9	5.7	25.56	-34.5
91	82	法国农业信贷银行	法国	883.3	4.9	51.93	26.2
92	59	意大利忠利保险公司	意大利	881.6	-12.3	27.25	14.6
93	91	中国交通建设集团有限公司	中国	881.4	11.0	15.85	2.6
94	78	现代汽车	韩国	880.0	3.2	13.71	-61.6
95	107	墨西哥石油公司	墨西哥	874.0	18.4	-93.78	--
96	108	标致	法国	873.6	18.9	33.36	53.4
97	96	太平洋建设集团	中国	866.2	12.2	33.91	7.9
98	85	软银集团	日本	866.0	4.8	127.28	35.7
99	90	汇丰银行控股公司	英国	861.3	8.2	137.27	27.1
100	147	杜邦公司	美国	859.8	37.2	38.44	163.3

资料来源：美国《财富》杂志

附表 2

2018 年中国企业在世界 500 强的排名情况

	企业数（家）	企业名称	次位		营业额（亿美元）	比上年增长%	利润额（亿美元）	比上年增长%
			2018	2017				
中国内地和香港	119	中国石油化工集团公司	2	3	4146.5	26.8	58.5	280.1
		中国石油天然气集团公司	4	4	3929.8	20.5	22.7	--
		国家电网公司	5	2	3870.6	10.9	81.8	-14.3
		中国建筑集团有限公司	21	23	1815.2	16.3	31.6	18.1
		中国工商银行	26	26	1689.8	10.4	450.0	6.3
		中国平安保险(集团)股份有限公司	29	29	1636.0	13.5	162.4	23.2
		中国建设银行	31	31	1511.1	9.0	385.0	7.4
		中国农业银行	36	40	1395.2	14.0	306.6	7.4
		上海汽车集团股份有限公司	39	36	1363.9	5.9	54.4	6.9
		中国银行	44	46	1277.1	10.6	272.3	6.7
		中国人寿保险(集团)公司	51	42	1161.7	-3.5	-25.7	-1063.2
		中国铁路工程集团有限公司	55	56	1121.3	9.1	12.4	6.1
		中国移动通信集团公司	56	53	1121.0	1.7	117.5	7.4
		中国铁道建筑总公司	59	58	1104.6	9.5	11.9	-9.3
		华为投资控股有限公司	61	72	1090.3	22.1	89.5	27.5
		中国海洋石油总公司	63	87	1081.3	32.7	73.3	142.9
		国家开发银行	67	--	1030.7	28.3	167.4	0.7
		中国华润有限公司	80	86	919.9	11.9	34.8	10.2
		东风汽车公司	82	65	909.3	-2.6	16.0	14.3
		中国第一汽车集团公司	87	125	898.0	29.2	26.6	-6.8
		中国中化集团公司	88	98	893.6	16.4	7.0	-6.9
		中国交通建设集团有限公司	93	91	881.4	11.0	15.9	2.6

续表 1

	企业数（家）	企业名称	次位		营业额（亿美元）	比上年增长%	利润额（亿美元）	比上年增长%
			2018	2017				
中国内地和香港	119	太平洋建设集团	97	96	866.2	12.2	33.9	7.9
		中国邮政集团公司	101	113	856.3	18.6	41.3	-16.7
		国家能源投资集团	107	101	819.8	8.5	35.3	41.5
		中国南方电网有限责任公司	111	110	809.6	11.2	17.8	-8.0
		中国五矿集团公司	112	109	800.8	9.7	-3.7	--
		正威国际集团	119	111	763.6	4.9	14.8	-4.1
		中国人民保险集团股份有限公司	121	117	753.8	5.3	19.5	-18.1
		北京汽车集团	129	124	726.8	4.4	11.0	-29.4
		中粮集团有限公司	134	122	712.2	2.2	3.4	-14.2
		中国中信集团有限公司	137	149	706.6	15.2	45.7	41.6
		中国恒大集团	138	230	704.8	53.2	56.5	56.8
		京东集团	139	181	698.5	29.4	-3.8	--
		中国兵器工业集团公司	140	140	687.8	6.4	9.7	12.7
		中国电信集团公司	141	141	687.1	7.4	16.7	-8.5
		中国化工集团公司	144	167	674.0	16.2	-22.1	--
		中国宝武钢铁集团	149	162	663.1	12.5	21.7	721.3
		交通银行	150	163	656.4	13.7	111.3	7.1
		中国航空工业集团公司	151	161	655.3	10.6	7.0	91.4
		中国电力建设集团有限公司	161	182	612.2	13.7	8.0	-15.1
		中国医药集团	169	194	599.8	15.7	8.8	28.2
		碧桂园控股有限公司	177	353	573.1	70.7	52.3	35.7
		恒力集团	181	235	562.0	23.3	5.8	-42.6

续表 2

	企业数（家）	企业名称	次位		营业额（亿美元）	比上年增长%	利润额（亿美元）	比上年增长%
			2018	2017				
中国内地和香港	119	阿里巴巴集团	182	300	561.5	48.7	130.9	35.4
		招商银行	188	213	550.6	15.2	121.8	17.3
		广州汽车工业集团	189	202	550.4	9.4	8.9	-10.5
		中国太平洋保险(集团)公司)	199	220	535.7	13.2	27.2	25.6
		绿地控股集团有限公司	202	252	527.2	22.7	17.2	28.6
		中国建材集团	203	243	526.1	17.7	0.7	356.6
		山东能源集团有限公司	211	234	512.5	12.3	5.7	17.1
		联想集团	212	240	510.4	12.5	6.0	--
		兴业银行	213	237	509.9	12.1	91.7	8.3
		河钢集团	214	239	509.2	12.2	-0.8	--
		上海浦东发展银行	216	227	505.5	9.2	84.5	5.3
		浙江吉利控股集团	220	267	496.7	20.6	19.7	8.2
		中国民生银行	232	251	479.8	10.8	76.1	3.2
		腾讯控股有限公司	237	331	472.7	25.6	119.0	12.5
		中国保利集团	242	312	462.1	24.9	15.0	29.8
		中国船舶重工集团公司	243	245	461.1	3.8	9.3	29.9
		招商局集团	244	280	459.3	14.9	44.7	10.6
		物产中大集团	249	270	454.4	11.0	3.6	9.6
		中国机械工业集团有限公司	250	256	454.2	6.5	4.9	3.4
		中国铝业公司	251	222	453.8	-2.9	1.1	--
		万科企业股份有限公司	254	332	449.1	27.9	51.1	23.0
		中国联合网络通信股份有限公司	262	273	439.7	8.1	6.2	879.2

续表 3

	企业数（家）	企业名称	次位		营业额（亿美元）	比上年增长%	利润额（亿美元）	比上年增长%
			2018	2017				
中国内地和香港	119	陕西延长石油(集团)公司	263	288	438.6	12.8	3.1	83.8
		山东魏桥创业集团	273	185	430.1	-19.2	8.5	-32.9
		厦门建发集团有限公司	277	362	427.3	31.1	6.3	106.9
		中国远洋海运集团有限公司	279	335	426.1	22.9	15.6	10.7
		怡和集团	280	283	425.3	7.8	17.3	-54.2
		陕西煤业化工集团	281	294	424.2	10.2	0.9	23.4
		中国航空油料集团公司	283	371	423.7	32.6	4.8	18.6
		中国华能集团公司	286	289	422.8	8.8	0.1	-95.9
		中国光大集团	289	322	418.8	16.9	18.9	-0.2
		厦门国贸控股集团有限公司	291	360	414.4	25.9	0.6	-40.9
		雪松控股集团	301	361	406.4	24.2	8.5	-20.9
		美的集团股份有限公司	312	323	395.8	10.6	30.6	19.6
		兖矿集团	318	399	388.9	31.9	-2.6	--
		中国航天科工集团公司	322	346	378.7	11.1	18.5	14.9
		中国航天科技集团公司	323	343	377.3	10.1	24.6	10.7
		苏宁易购集团	333	427	370.3	33.2	20.2	223.2
		象屿集团	338	375	365.0	15.2	2.0	35.4
		江苏沙钢集团	340	364	364.4	11.9	18.7	76.0
		冀中能源集团	347	359	357.2	7.6	-1.5	8.0
		长江和记实业有限公司	352	374	353.6	10.9	49.8	10.5
		江西铜业集团公司	358	370	348.7	9.1	1.3	15.8
		中国中车集团	359	--	346.7	8.0	4.9	-28.7

续表 4

	企业数（家）	企业名称	次位		营业额（亿美元）	比上年增长%	利润额（亿美元）	比上年增长%
			2018	2017				
中国内地和香港	119	青山控股集团	361	--	342.4	43.2	5.8	50.7
		国家电力投资集团公司	362	395	342.3	15.1	1.7	-14.0
		中国能源建设集团	364	333	341.8	-2.5	4.3	16.4
		中国兵器装备集团公司	367	242	339.0	-32.1	2.7	-63.8
		阳光龙净集团有限公司	368	464	333.9	-243.0	6.1	35.6
		金川集团	369	--	333.9	4.0	2.3	90.0
		中国电子科技集团公司	370	388	333.2	10.4	17.6	-1.1
		中国电子信息产业集团有限公司	375	369	330.6	3.2	3.5	110.0
		鞍钢集团公司	385	428	326.2	17.4	-2.6	-516.5
		中国华电集团公司	386	397	324.2	9.5	4.6	39.3
		友邦保险集团	388	295	323.7	-18.8	26.0	-60.0
		首钢集团	402	431	311.0	13.2	0.8	9255.6
		珠海格力电器股份有限公司	414	--	302.4	36.2	39.6	19.5
		中国大唐集团公司	438	468	286.5	13.3	3.2	-5.4
		新疆广汇实业投资（集团）有限责任公司	439	456	285.6	9.4	1.4	321.5
		安徽海螺集团	441	--	285.0	144.1	16.3	92.1
		华夏保险	442	--	284.9	87.4	4.0	-33.9
		海尔智家股份有限公司	448	499	277.1	17.6	11.3	9.8
		中国太平保险集团有限责任公司	451	465	274.9	7.4	4.3	-3.4
		铜陵有色金属集团	461	--	268.5	15.3	-0.7	--
		潞安集团	462	495	268.4	12.8	0.0	140.0
		大同煤矿集团有限责任公司	464	497	267.0	12.7	-1.8	-372.2

续表 5

	企业数（家）	企业名称	次位		营业额（亿美元）	比上年增长%	利润额（亿美元）	比上年增长%
			2018	2017				
中国内地和香港	119	山西焦煤集团有限责任公司	465	--	266.9	18.2	1.4	19.3
		小米集团	468	--	264.4	55.9	20.5	--
		山西阳泉煤业(集团)有限责任公司	469	494	262.9	10.5	-1.3	12.0
		海亮集团有限公司	473	--	262.5	9.1	2.4	-11.5
		新兴际华集团	475	381	262.1	-15.7	1.0	-76.5
		山西晋城无烟煤矿业集团	482	481	258.4	4.8	0.5	-8.2
		河南能源化工集团	484	496	257.8	8.8	-1.3	--
		中国通用技术(集团)控股有限责任公司	485	--	257.8	11.0	4.4	7.8
		泰康保险集团	498	489	249.3	3.6	18.0	6.6
台湾地区	10	鸿海精密工业股份有限公司	23	24	1756.2	13.5	42.8	-6.1
		和硕	259	285	444.5	13.3	3.7	-23.6
		台积电	363	368	342.2	6.5	120.4	6.2
		广达电脑	365	354	341.0	1.6	5.0	6.2
		仁宝电脑	390	404	321.0	10.0	3.0	56.5
		台湾中油股份有限公司	394	436	319.3	17.8	11.4	-14.1
		纬创集团	424	432	295.1	7.4	1.6	27.5
		国泰人寿保险股份有限公司	455	410	271.8	-5.6	10.0	-16.0
		富邦金融控股股份有限公司	471	479	262.8	6.4	15.8	-11.0
		台塑石化股份有限公司	492	-	254.6	24.1	19.9	-24.3

资料来源：美国《财富》杂志。http://www.fortunechina.com/fortune500/node_10782.htm

2018 年世界 1000 家最大银行排名分析及启示

英国《银行家》杂志[①]近期公布了按一级资本额排序的世界 1000 家最大银行（以下简称“1000 家大银行”）统计资料。数据显示，在世界经济增速略有回落的背景下，银行业保持稳健发展，2018 年 1000 家大银行的一级资本增长 0.69%，税前利润增长 2.05%，总资产下降 0.69%，资本回报率下降 2.63 个百分点。中国内地共有 152 家银行入围 1000 家大银行，四大银行（工商银行、建设银行、农业银行、中国银行）位列前 4 名，中国内地上榜银行（以下简称“中国上榜银行”）的一级资本、税前利润和总资产分别居各国家和地区之首，远超美国和欧元区等国家和地区，继续成为全球银行业发展的重要驱动力。

一、1000 家大银行发展保持稳健

2018 年，1000 家大银行的一级资本总额为 8.29 万亿美元，比上年增长 0.69%；总资产为 122.8 万亿美元，下降 0.69%；税前利润总额为 11350 亿美元，比上年增长 2.05%；资本回报率为 10.87%，下降 2.63 个百分点。

分国家和地区来看，中国上榜银行的一级资本总额为 2.17 万亿美元，远超位居第二位的美国，占世界 1000 家最大银行总额的 26.17%；税前利润为 3120 亿美元，占 27.49%。美国上榜银行的一级资本总额为 1.42 万亿美元，占 17.12%，税前利润 2550 亿美元，占 22.47%。

---

① 英国《银行家》杂志隶属于英国金融时报集团，创刊于 1926 年，是全球最具盛名的财经媒体之一。该杂志拥有超过 4000 家全球银行的数据库，每年根据不同国家和地区银行的一级资本、盈利能力以及同行竞争表现进行分析，发布“世界 1000 家大银行”排名，该排名被视为衡量全球银行综合实力的重要标尺，是当今国际最主流、最权威的全球银行业排名之一。

表 1 1996-2018 年 1000 家大银行主要指标

单位:亿美元

年份	一级资本总计	增长率(%)	总资产总计	增长率(%)	税前利润总计	增长率(%)	资本回报率(%)
1996	14956		327000		2161		14.44
1997	14881	-0.05	332000	1.52	2049	-5.18	13.77
1998	16758	12.61	355000	6.92	1744	-8.27	10.11
1999	17848	6.50	367000	3.38	3097	77.58	17.35
2000	17700	-0.83	379000	3.27	3170	2.36	17.91
2001	18314	3.47	396000	4.49	2228	-2.97	12.34
2002	19742	7.80	439000	10.86	2524	14.09	12.79
2003	23773	20.42	524000	19.36	4174	65.37	17.56
2004	27395	15.24	605000	15.46	5441	30.35	19.86
2005	28413	3.71	638258	5.50	6451	18.56	22.70
2006	33651	18.40	742322	16.60	7863	21.90	23.37
2007	38994	15.90	902560	21.60	7808	-0.70	20.02
2008	42760	9.70	963950	6.80	1150	-85.30	2.69
2009	49150	14.94	955320	-0.90	4010	2.49	8.16
2010	54340	10.60	1016400	6.40	7090	77.00	13.10
2011	57460	5.70	1072330	5.50	7020	-1.00	12.23
2012	61630	7.26	1123910	4.80	7500	6.70	12.17
2013	66240	7.48	1130530	0.59	9200	22.67	13.89
2014	69080	4.29	1131890	0.12	9920	7.83	14.37
2015	71010	2.79	1102320	-2.61	9740	-1.84	13.71
2016	73740	3.85	1134870	2.95	9620	-1.21	13.04
2017	82350	11.67	1236530	8.96	11120	15.57	13.50
2018	82920	0.69	1228010	-0.69	11350	2.05	10.87

资料来源:英国《银行家》。

表 2　2018 年 1000 家大银行分国家和地区主要指标

单位:亿美元

国家和地区	一级资本	占比(%)	总资产	占比(%)	税前利润	占比(%)
中　国	21710	26. 18%	292250	23. 80%	3120	27. 49%
美　国	14200	17. 12%	165320	13. 46%	2550	22. 47%
欧元区	13640	16. 45%	158080	12. 87%	1390	12. 25%
日　本	6880	8. 30%	130820	10. 65%	400	3. 52%
英　国	3990	4. 81%	73690	6. 00%	440	3. 88%

资料来源:英国《银行家》。

(一)一级资本总额增速大幅回落

2018 年,1000 家大银行的一级资本总额比上年增长 0. 69%,但增速比上年下降 10. 98 个百分点,这主要受到世界经济增速下降的影响。按一级资本的排位总体稳定,前 25 名大银行分布格局基本未变,依旧是大多来自发达经济体(占比 64%),其余来自新兴经济体(占比 36%),这些新兴经济体银行全部来自中国。

中国内地银行连续第二年包揽排行榜前四名,分别为中国工商银行、中国建设银行、中国农业银行和中国银行。新进入前 25 名的有:日本农林中央金库,排在第 18 位,比上年提升 10 位;中国的兴业银行排在第 23 位,比上年提升 3 位。

(二)资本回报率有所下降

2018 年,1000 家大银行资本回报率(税前利润总额/一级资本总额)为 10. 87%,较上一年有所下降,比 2017 年的 13. 50%下降 2. 63 个百分点。安哥拉 Banco de Fomento Angola 银行的资本回报率高达 93. 49%,居首位;俄罗斯 Tinkoff Bank 银行和乌克兰 Privat Bank 银行,分别以 46. 41%和 41. 42%的回报率居第二和第三位。

(三)税前利润小幅上升

2018 年,1000 家大银行税前利润总额为 11350 亿美元,比上年增长 2. 05%。按照利润额份额排名,亚太地区银行占 1000 家大银行利润总额的 41. 74%,北美地区占 26. 98%,西欧地区占 18. 59%,中东地区占

4.72%，拉美和加勒比地区占3.63%，中东欧地区占2.68%，非洲地区占1.67%。经历了2017年的大幅增长之后，利润增长趋于平稳。

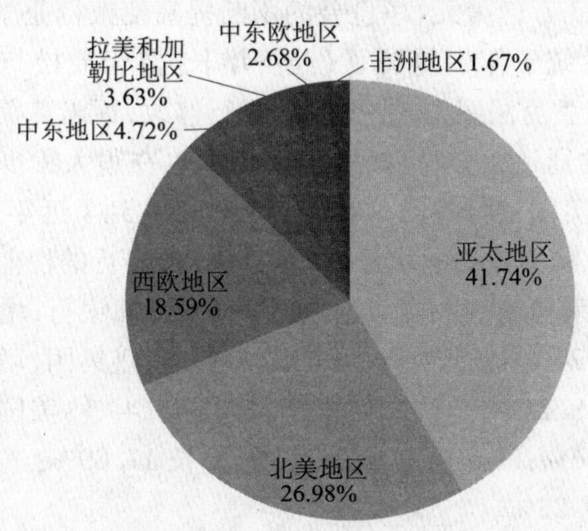

图1　2018年1000家大银行税前利润地区分布

（四）地区间贷存比差距缩小

贷存比是衡量银行流动性的重要指标，过高的贷存比（银行贷款总额与存款总额之比）表明银行投资过热，风险较大；过低的贷存比说明银行没有充分发放贷款，难以达到应有的盈利水平。近年来，全球监管机构为了让各大银行更有弹性，一直鼓励银行持有更多的存款，因此，世界银行业贷存比呈下降趋势，银行一方面在努力寻求资金平衡，另一方面贷款需求降低。2018年，1000家大银行中，拉美和加勒比地区的平均贷存比依旧最高，为111.46%，比去年下降了8.66个百分点；居第二位的为西欧地区银行，比上年下降0.94个百分点，降至104.64%；最低的为南美地区银行，较上年提升了4.21个百分点，为79.43%。最高和最低地区间的差距从上年的44.9个百分点下降至32.03个百分点。

二、1000家大银行的地区特点显著

2018年1000家大银行的地区分布结构基本稳定，但在不同地区呈现出不同的发展特点。

（一）美国银行业发展稳健

2018 年，美联储执行了稳健的紧缩性货币政策，共加息四次，资产负债表缩减至 4. 13 万亿美元，净息差的不断提高使银行业净利息收入稳定增长。特朗普总统于年中签署了《经济增长、监管放松与消费者保护法案》对《多德-弗兰克法案》的主要条款进行修改，标志着美国金融业再次进入放松监管的通道，相对宽松的监管环境也在很大程度上减轻了银行业的负担，使得美国银行业的盈利能力和效率达到了近年来的较高水平。在 2018 年 1000 家大银行排名中，美国前 10 位银行的税前利润均比上年有较大增长，分别是摩根大通，增长 13. 59%；美洲银行，增长 18. 38%；富国银行，增长 4. 24%；花旗银行，增长 3. 44%；高盛集团，增长 10. 56%；摩根斯坦利，增长 8. 25%；美国和众银行，增长 15. 44%；美国第一资本金融公司，增长 38. 46%；PNC 金融服务集团，增长 17. 09%；道明银行美国控股公司，增长 19. 82%。

（二）欧洲银行业危机隐现

2018 年，欧洲银行业与世界的差距进一步扩大，多重因素一直使欧元区银行业经历动荡与重整。一是欧洲央行近年来为刺激经济增长而实施的低利率政策和非常规化的量化宽松政策使银行业利差收入不断下降，影响银行业盈利。同时，经济低迷也影响了银行业务，并且许多银行仍没有完全摆脱金融危机的影响。二是坏账风险不容小觑，据欧洲银行管理局 2018 年下半年保守估算，欧洲银行系统坏账已达 8130 亿欧元，某些银行出现了前所未有的困境，巨额银行坏账将拖累欧元区的银行系统，其中有一大部分涉及不动产领域，主要集中在希腊、塞浦路斯、意大利和葡萄牙等国银行，民众收入的下降不断逼压房价下跌，形成了银行坏账的螺旋式攀升。三是洗钱丑闻频发，近年来，欧洲许多国际大银行都相继被曝出大规模洗钱的丑闻，包括法国巴黎银行、德意志银行、荷兰商业银行等。报告显示，欧洲银行从 2012 年到 2018 年因洗钱和贸易制裁违规而被罚款超过 160 亿美元。

2018 年欧洲上榜银行利润半数下降，包括的大银行主要有：法国农业信贷银行，下降 8. 12%；法国巴黎银行，下降 13. 89%；法国 BPCE 银行，下降 8. 39%；意大利联合信贷银行，下降 47. 01%；法国互助信贷银行，下降 4. 44%。

（三）日本银行业风险上升

由于多年的近零利率削弱了银行业的获利，造成市场竞争加剧，许多日本地区银行的传统借贷业务回报不断下降，一些银行早已将投资目标转至风险较高资产，并增加对中等风险借款人以及信用风险偏高企业的贷款。近年来日本部分银行还增加了高风险的海外放贷，但随着 2018 年美国不断上调利率打压公债价格，使日本银行业资产负债表可能因此而面临危险。同时，日本大城市以外地区人口萎缩等结构性因素，也是地区银行获利减少背后的原因。2018 年日本上榜银行利润急剧下降，包括的大银行主要有：三菱日联金融集团，下降 22.20%；三井住友金融集团，下降 2.99%；瑞穗金融集团，下降 86.09%；农林中央金库，下降 35.30%；三井住友信托银行，下降 3.25%；信金中央金库，下降 5.69%；康科迪亚金融集团，下降 21.96%；商工中金银行，下降 18.06%。

三、中国银行业发展状况

（一）四大国有商业银行跻身世界前 4 位

2018 年，中国内地进入 1000 家大银行排行榜的银行达 152 家，比上年增加 17 家，四大国有商业银行跻身世界前 4 位。按照一级资本额排位，中国工商银行为 3375.39 亿美元，蝉联第 1 位；中国建设银行为 2874.61 亿美元，蝉联第 2 位；中国农业银行为 2428.95 亿美元，升至第 3 位；中国银行为 2299.70 亿美元，列第 4 位。

（二）中小型银行继续快速成长

在 1000 家大银行中，一级资本增长最快的前 25 家银行中，有 8 家中国内地银行，分别是广州银行、甘肃银行、柳州银行、青海银行、南通农商银行、宁波银行、贵阳银行、广发银行，均为中小型银行。在新进 1000 家大银行排行榜的 18 家银行中，有 2 家中国内地银行，分别是江门农商银行、浙江网商银行。中小型银行的快速发展是中国银行业结构优化以及行业内部差距缩小的体现，说明中国银行业已呈现出不同规模的银行相互促进、共同发展的良好势头。

表 3　2018 年一级资本增长最快的中国内地银行

单位:亿美元

银　　行	国家和地区	一级资本
广州银行	中国	51. 55
甘肃银行	中国	43. 46
柳州银行	中国	41. 62
青海银行	中国	38. 74
南通农商银行	中国	38. 55
宁波银行	中国	34. 86
贵阳银行	中国	33. 75
广发银行	中国	32. 98

资料来源:英国《银行家》。

(三)成本收入比率②明显降低

2018 年,在宏观经济和金融调控下,中国上榜银行成本收入比率得到有效控制,1000 家大银行按照该指标排序的前 20 家银行中,有 11 家均为中国内地银行,成本收入比率在 24. 75%—34. 45%之间。位居前三位的分别是中国建设银行、上海浦东发展银行、兴业银行,成本收入比率分别为 24. 75%、24. 76%、26. 25%。

表 4　2018 年成本收入比最低的中国内地银行

单位:%

银　　行	国家	成本收入比
中国建设银行	中国	24. 75
上海浦东发展银行	中国	24. 76
兴业银行	中国	26. 25
中国工商银行	中国	26. 78
中国光大银行	中国	28. 57
中国民生银行	中国	29. 80
中信银行	中国	30. 05
中国招商银行	中国	30. 53
中国银行	中国	32. 32
中国农业银行	中国	32. 79
中国交通银行	中国	34. 45

资料来源:英国《银行家》。

② 成本收入比率是银行营业费用与营业收入的比率,反映出银行每一单位的收入需要支出多少成本,该比率越低,说明银行单位收入的成本支出越低,银行获取收入的能力越强。因此,成本收入比率是衡量银行盈利能力的重要指标。

(四)税前利润保持稳定

2018 年,1000 家大银行按照税前利润排序的前 20 家银行中,有 6 家为中国内地银行,位居前三位的分别是中国工商银行、中国建设银行、中国农业银行,税前利润分别为 543.67 亿美元、449.87 亿美元、367.41 亿美元。

表 5　2018 年税前利润最高的中国内地银行

单位:亿美元

银　　行	国家	税前利润
中国工商银行	中国	543.67
中国建设银行	中国	449.87
中国农业银行	中国	367.41
中国银行	中国	335.25
招商银行	中国	155.47
交通银行	中国	125.65

资料来源:英国《银行家》。

(五)银行业体系结构得到调整优化

与美欧日等主要经济体相比,我国银行业集中度较低并处于合理水平。截至 2018 年末,五家大型银行(工、农、中、建、交)资产占银行业比例为 37%,各项存款余额占比 44%,贷款余额占比 38%,员工人数占比 40%。

四、启示

习近平总书记强调,金融是国家重要的核心竞争力,金融安全是国家安全的重要组成部分,金融制度是经济社会发展中重要的基础性制度。改革开放以来,我国金融业发展取得了历史性成就。特别是党的十八大以来,我国有序推进金融改革发展、治理金融风险,金融业保持快速发展,金融改革开放有序推进,金融产品日益丰富,金融服务普惠性增强,金融监管得到加强和改进。同时,我国金融业的市场结构、经营理念、创新能力、服务水平还不适应经济高质量发展的要求,诸多矛盾和问题仍然突出,要抓住完善金融服务、防范金融风险这个重点,推动金融业高质量发展。

借鉴世界先进银行的发展经验,应着重在以下几个方面努力:

一是不断充实一级资本。中国银行业的资本监管相较于世界来说起步较晚,早期对于资本监管的实践流于形式。2004年《巴塞尔协议II》出台后,银监会根据我国国情制定了《商业银行资本充足率管理办法》,对于银行资本的监管逐步走上正轨。到《巴塞尔协议III》出台并实施时,对于资本标准的测算和规范已经达到了较为系统的水平。考虑到近年来中国的信贷扩张情况,以及我国银行贷款中有很大一部分流向了房地产行业,潜在的流动性风险和信用风险不容忽视,为了充分防范未来可能会产生的新的银行业风险,更好地应对不断变化的国际金融市场,银行业仍应当保持足够警惕性,进一步完善补充一级资本。

二是提高资本回报率水平。规模和利润增长(即资本回报率)是评价商业银行竞争能力、经营效益最直观的指标,银行业在经营中不仅要测算未来实现的利润,更要关注预期损失和非预期损失水平。不仅要测算单笔资产的风险收益水平,更要计量单笔业务对整个资产组合风险收益水平的影响。应正确处理规模增长、利润增长和价值增长的关系。同时必须考虑资产组合整体风险状况,不能从事盲目追求快速增长的短期行为。商业银行的长远可持续发展必然对资本回报进行风险调整、促进规模效益的有机增长。建立和完善相应地信贷审批体制,以真正实现从源头上实施动态积极的资产组合管理。

三是着力加大和创新金融供给。要充分调动银行业各类资源,保持贷款和社会融资规模增速相适应,与国民经济增长相匹配。以为客户提供优质服务为宗旨,满足实体经济和人民生活不断增长的金融服务需求。加大中长期贷款和信用贷款投放,支持先进制造业以及交通、电信、文化、教育、医疗、养老等领域的消费升级,通过金融资源的合理高效配置,助推经济的高质量发展。

四是持续改善银行业外资营商环境。持续推进银行业对外开放,优化金融领域外资营商环境,有助于丰富市场供给,增强市场活力,提升竞争能力,促进我国金融业健康发展。进一步扩大银行业保险业对外开放是我国经济和金融自身发展的需要。要坚持内外一致,对境内外各主体公平对待、一视同仁,在同一规则下开展合作与竞争,形成“多赢”格局。

通过进一步扩大开放,构建公平一致的市场环境,形成合理多样的市场体系。

五是多措并举遏制银行业违法违规行为。当前银行业风险总体可控,但面临的形势依然复杂严峻。要更加注重专业性、审慎性、稳定性,建立和完善以资本、偿付能力、流动性、资产分类、公司治理、内部控制、市场声誉、合规记录、过往业绩等为主要内容的全面风险监管体系。对于严重违法违规、不审慎经营的机构,应当依法予以严惩直至市场退出。

(执笔:高析;成文于2019年10月)

附表 1

2018 年世界 1000 家大银行排行榜前 25 家银行

排名		银行	国家	一级资本（亿美元）	增长率（%）	总资产（亿美元）	增长率（%）	税前利润（亿美元）	增长率（%）	资本回报率（%）	资产回报率（%）	BIS 资本充足率[①]（%）	不良贷款比率（%）
2018	2017												
1	1	中国工商银行	中国	3375. 39	4. 14	40437. 28	0. 91	543. 67	-2. 94	12. 92	1. 08	15. 39	1. 52
2	2	中国建设银行	中国	2874. 61	5. 60	33901. 74	-0. 25	449. 87	-2. 31	12. 98	1. 10	17. 19	1. 46
3	4	中国农业银行	中国	2428. 95	11. 37	33006. 53	2. 06	367. 41	-0. 12	12. 18	0. 90	15. 12	1. 59
4	3	中国银行	中国	2299. 70	2. 46	31047. 12	3. 82	335. 25	-2. 09	12. 22	0. 90	14. 97	1. 42
5	5	摩根大通公司	美国	2090. 93	0. 22	26225. 32	3. 51	407. 90	13. 59	15. 54	1. 24	15. 53	1. 02
6	6	美国银行	美国	1890. 38	-1. 28	23549. 80	3. 22	345. 85	18. 38	14. 89	1. 20	15. 40	0. 89
7	7	威尔斯法戈公司	美国	1678. 66	-5. 80	18958. 83	-2. 86	285. 37	4. 24	13. 63	1. 21	16. 60	1. 68
8	8	花旗集团	美国	1581. 22	-4. 08	19173. 83	4. 07	234. 37	3. 44	11. 45	0. 94	16. 64	0. 90
9	10	汇丰银行控股	英国	1471. 42	-2. 53	25581. 24	1. 44	198. 90	15. 86	13. 52	0. 78	20. 00	1. 25
10	9	三菱日联金融集团	日本	1467. 39	-4. 12	28050. 75	-2. 95	103. 26	-22. 2	5. 84	0. 31	16. 03	0. 90
11	11	交通银行	中国	1014. 35	-1. 36	13914. 12	0. 22	125. 65	-1. 77	10. 67	0. 78	14. 37	1. 48
12	13	农业信贷银行	法国	1008. 87	-0. 66	21319. 11	0. 36	116. 11	-8. 12	8. 4	0. 4	20. 1	2. 40
13	12	法国巴黎银行	法国	976. 05	-4. 03	23457. 89	-0. 68	117. 33	-13. 89	9. 43	0. 39	15	2. 60
14	14	三井住友金融集团	日本	967. 12	-3. 21	18360. 90	-2. 05	101. 30	-2. 99	7. 38	0. 39	20. 76	0. 76
15	15	桑坦德银行	西班牙	893. 28	-4. 06	16773. 23	-3. 61	163. 23	12. 05	11. 99	0. 64	14. 98	3. 73
16	17	戈德曼萨克斯	美国	837. 02	6. 86	9317. 98	1. 64	125. 54	10. 56	12. 58	1. 13	18	4. 46
17	16	日本瑞穗金融集团	日本	832. 33	-3. 85	18102. 44	-6. 24	10. 48	-86. 09	1. 29	0. 06	18. 85	0. 62
18	28	农林中央金库	日本	765. 40	26. 35	9552. 28	-3. 33	11. 20	-35. 3	1. 24	0. 1	19. 65	0. 20
19	20	招商银行	中国	753. 92	6. 75	9847. 78	1. 8	155. 47	11. 61	15. 65	1. 2	15. 68	1. 36
20	19	BPCE 组	法国	718. 64	0. 26	14642. 83	-3. 53	60. 89	-8. 39	6. 11	0. 3	19. 6	2. 80
21	21	摩根斯坦利	美国	706. 19	0. 91	8535. 31	0. 21	112. 33	8. 25	12. 58	1. 04	21. 79	0. 9
22	23	中国邮政储蓄银行	中国	685. 55	3. 9	13892. 28	0. 35	78. 08	-0. 55	11. 15	0. 55	13. 76	0. 86
23	26	兴业银行	中国	680. 78	6. 19	9798. 04	-0. 6	99. 38	-0. 08	13. 13	0. 91	12. 2	1. 57
24	25	上海浦东发展银行	中国	679. 41	5. 71	9181. 91	-2. 6	95. 31	11. 15	12. 14	0. 9	13. 67	1. 92
25	18	巴克莱银行	英国	670. 86	-7. 92	14345. 35	-6. 33	44. 23	118. 19	6. 59	0. 31	20. 7	2. 16

注:1 资本充足率是指资本总额与加权风险资产总额的比例。资本充足率反映商业银行在存款人和债权人的资产遭到损失之后，该银行能以自有资本承担损失的程度。BIS 资本充足率指按照国际清算银行标准计算的资本充足率。

资料来源:英国《银行家》。

附表 2

2018 年世界 1000 家大银行中排名前 20 位的中国内地银行

序号	银行名称	2018 年 世界排名	一级资本 （亿美元）
1	中国工商银行	1	3375. 39
2	中国建设银行	2	2874. 61
3	中国农业银行	3	2428. 95
4	中国银行	4	2299. 70
5	交通银行	11	1014. 35
6	招商银行	19	753. 92
7	中国邮政储蓄银行	22	685. 55
8	兴业银行	23	680. 78
9	上海浦东发展银行	24	679. 41
10	中信银行	26	643. 97
11	中国民生银行	28	622. 70
12	中国光大银行	39	466. 66
13	平安银行	55	320. 78
14	华夏银行	56	318. 71
15	北京银行	61	282. 71
16	上海银行	68	235. 07
17	广发银行	73	228. 98
18	江苏银行	92	181. 08
19	浙商银行	107	149. 06
20	宁波银行	124	117. 69

资料来源：英国《银行家》。

2019年我国营商环境排名继续大幅提升

根据世界银行营商环境网站北京时间 2019 年 10 月 24 日发布的各经济体“历史数据集和动态数据”[①]测算，我国 2019 年营商环境便利度排名（以下简称营商环境排名）在 190 个经济体中居第 31 位，首次进入全球前 40 位，比上年大幅提升 13 位。如果将全部经济体按排名高低三等分成先进水平、中等水平和落后水平，在总共 10 个分项指标中，我国有 8 个分项指标处于全球先进水平。

一、2019 年我国营商环境排名继续大幅上升

（一）2019 年我国营商环境排名首次跨入前 40 位

2019 年，我国营商环境排名升至 31 位，首次跨入前 40 位（见表 1），在 2018 年排名大幅提升基础上继续突飞猛进，排名升幅在全球处于第十大。

自 2003 年以来，世界银行共发布 17 次营商环境排名，参与排名的经济体从 145 个扩大到 190 个，用于测评排名的指标从 4 类逐渐完善扩展至 10 类，从去年开始，数据采集时间调整为 2018 年 5 月 2 日至 2019 年 5 月 1 日。

---

① 历史数据集和动态数据（Historical Data Sets and Trends Data）链接为：http://www.doingbusiness.org/en/custom-query。

表 1 我国历年营商环境排名

年份	参与排名经济体数量	排名	年份	参与排名经济体数量	排名
2003	145	92	2012	189	105
2004	155	98	2013	189	98
2005	174	139	2014	189	88
2006	178	128	2015	190	77
2007	181	130	2016	190	79
2008	182	139	2017	190	84
2009	183	111	2018	190	44
2010	183	99	2019	190	31
2011	185	104			

数据来源:世界银行营商环境网站“历史数据集和动态数据”。

(二)我国营商环境排名百分位数跃升至 16.3

为了更准确地观察我国营商环境排名变化情况,我们计算了我国在所有参评经济体中的排名百分位数②(见图 1)。

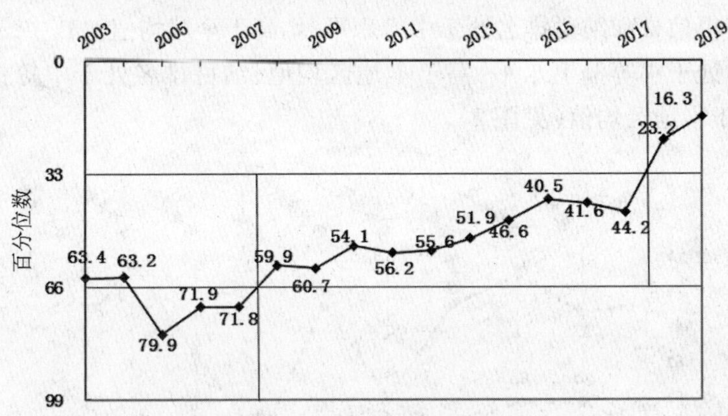

图 1 我国历年营商环境排名百分位数

数据来源:世界银行营商环境网站“历史数据集和动态数据”。

② 用某年的排名除以当年参与测评的经济体数量并乘以 100。

因指标体系不断完善和参与测评经济体增加,2008 年及之后的排名百分位数变化较好地体现了我国营商环境排名波动中稳定上升态势。第一阶段,2003 年至 2007 年,处于中等偏下或落后水平;第二阶段,2008 年至 2017 年,处于中等水平并小幅波动中稳步提升;第三阶段,2018 年及之后,大幅提升并跃入先进水平,2019 年排名百分位数达到 16.3。

(三)在金砖国家中我国营商环境排名升幅最大

2019 年,我国营商环境排名上升 13 位,升幅超过印度的 12 位和俄罗斯的 2 位,而南非和巴西排名均下降。如果看党的十九大以来这两年,我国营商环境排名升幅达 53 位,仍然最大,其次是印度提升 39 位,俄罗斯和巴西分别提升 7 位和 2 位,南非下降 4 位。

二、2019 年我国营商环境分项指标排名继续大幅提升

(一)从总体看,8 个分项指标处于全球先进水平,2 个处于中等水平

从营商环境 10 个分项指标来看,我国的开办企业、办理施工许可、获得电力、注册财产、保护少数投资者、跨境贸易、执行合同和办理破产 8 个分项指标排名均处于全球先进水平,高于本地区均值和全球均值。

获得信贷和纳税排名处于中等水平,均高于全球均值。其中,获得信贷排名处于中等偏上水平,高于本地区均值;纳税排名处于中等偏下水平,低于本地区均值(见图 2)。

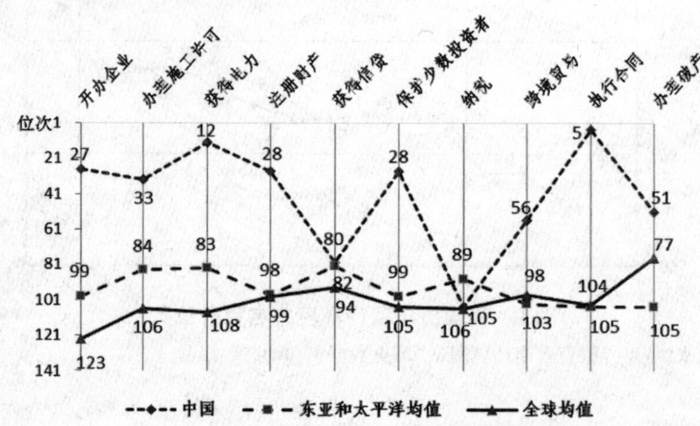

图 2　2019 年我国营商环境分项指标排名

数据来源:世界银行营商环境网站"历史数据集和动态数据"。

(二)从动态变化看,6 个分项指标排名上升,1 个分项指标排名未变,3 个分项指标排名下降

按排名提升幅度来看,办理施工许可、保护少数投资者、办理破产、跨境贸易、纳税和获得电力 6 个分项指标排名上升,分别提升 80 位、29 位、10 位、9 位、8 位和 4 位。特别说明的是,办理施工许可排名升至 33 位,从中等偏下水平跃至先进水平,其升幅在全球 190 个经济体中第二大,不再是我国排名最落后的分项指标;纳税排名升至 105 位,提升 8 位,仍处于中等偏下水平(详见表 2)。

执行合同排名未变,持平于第 5 位,是我国排名最高的分项指标。

开办企业、注册财产和获得信贷排名下降,分别下降 3 位、1 位和 7 位。其中,开办企业和注册财产仍处于先进水平;获得信贷排名降至 80 位,连续两年下降,仍处于中等偏上水平。

表 2　近两年我国营商环境分项指标排名比较

指　　标	2019 年	2018 年	与上年相比变化(位)
营商环境	31	44	13
开办企业	27	24	-3
办理施工许可	33	113	80
获得电力	12	16	4
注册财产	28	29	-1
获得信贷	80	73	-7
保护少数投资者	57	28	29
纳税	105	113	8
跨境贸易	56	65	9
执行合同	5	5	0
办理破产	51	61	10

数据来源:世界银行营商环境网站“历史数据集和动态数据”。

(三)从实施改革看,2019 年改革数量为全球第二多

2019 年,我国继续深化营商环境改革,实施了 8 项改革,成为改革数量第二多的经济体。

其中,在办理施工许可方面,实施简易低风险建筑项目免于环评备案、建立分类监管和审批制度，所需时间从2018年的155天降至111天；在跨境贸易方面，采用“提前申报”制度，优化通关流程；在纳税方面，完善电子报税系统等。

三、党的十八大以来我国营商环境改革成效显著

(一)党的十八大以来我国营商环境排名跨入先进水平

七年来，我国营商环境显著改善，营商环境排名从2013年的98位升至31位，提升67位，从中等水平跃升至先进水平。其中，十九大以来这两年，营商环境排名均处于先进水平。2018年营商环境分数和排名分别提升8.8分和40位，升幅在全球均列第一位，2019年分数和排名的升幅分别列第10位和11位。

(二)党的十八大以来我国营商环境分项指标排名大幅提升

从分项指标在全球排名来看，目前有8个分项指标处于先进水平，2个分项指标处于中等水平；七年前仅有3个分项指标处于先进水平、4个指标处于中等水平，还有3个指标处于落后水平。

从分项指标升幅来看，办理施工许可、开办企业和获得电力排名飚升100位以上，分别提升147位、110位和109位；保护少数投资者、跨境贸易、纳税、执行合同和注册财产5个分项指标提升25位以上，分别提升60位、42位、32位、31位和28位。

(三)党的十八大以来营商环境改革力度持续加大

七年来实施25项世界银行认可的改革，占有记录以来这十七年营商环境改革总量的58%。尤其是党的十九大以来，实施15项改革，占历年营商环境改革总量的35%，连续两年成为实施营商环境改革数量第二多的经济体之一。

(执笔:尹晓静；成文于2019年12月)

附表 2019年我国分项指标与全球最佳实践和最差表现比较

分类和指标	前沿经济体	最佳实践	最差表现	中国
开办企业				
手续(数量)	格鲁吉亚,新西兰	1	18[1]	4
时间(天数)	新西兰	0.5	100.0[2]	9
成本(人均国民收入%)	斯洛文尼亚,卢旺达	0.0	200.0[2]	1.1
最低资本(人均国民收入%)	澳大利亚,哥伦比亚和毛里求斯等120个经济体	0.0	400.0[2]	0.0
办理施工许可				
手续(数量)	尚无经济体达到前沿水平	5	30[1]	18
时间(天数)	尚无经济体达到前沿水平	26	373[2]	111
成本(仓库价值%)	尚无经济体达到前沿水平	0.0	20.0[2]	2.8
建筑质量控制指数(0-15)	中国,卢森堡和阿联酋等6个经济体	15	0	15
获得电力				
手续(数量)	德国,肯尼亚和韩国等28个经济体	3	9[1]	2
时间(天数)	韩国,圣基茨和尼维斯及阿联酋	18	248[2]	32
成本(人均国民收入%)	中国,日本,阿联酋	0.0	8100.0[2]	0.0
供电可靠性和电费透明度指数(0-8)	哥斯达黎加,爱尔兰和马来西亚等26个经济体	8	0	7
财产登记				
手续(数量)	格鲁吉亚,挪威和葡萄牙等5个经济体	1	13[1]	4
时间(天数)	格鲁吉亚,卡塔尔	1	210[2]	9
成本(财产价值%)	沙特阿拉伯	0.0	15.0[2]	4.6
土地管理质量指数(0-30)	尚无经济体达到前沿水平	30	0	24
获得信贷				
合法权利强度指数(0-12)	文莱,黑山和新西兰等5个经济体	12	0	4
信用信息深度指数(0-8)	厄瓜多尔,以色列和英国等53个经济体	8	0	8
保护少数投资者				
披露程度指数(0-10)	中国,马来西亚和英国等13个经济体	10	0	10
董事责任程度指数(0-10)	柬埔寨,肯尼亚和阿联酋	10	0	4
股东诉讼便利度指数(0-10)	吉布提	10	0	5
股东权利指数(0-6)	印度,哈萨克斯坦和马耳他等19个经济体	6	0	5
所有权和控制程度指数(0-7)	巴林,哥伦比亚和乌兹别克等9个经济体	7	0	6
公司透明程度指数(0-7)	法国,挪威和中国台湾等13个经济体	7	0	6

续表

分类和指标	前沿经济体	最佳实践	最差表现	中国
纳税				
纳税(每年次数)	中国香港	3	63[2]	7
时间(每年小时数)	新加坡	49[3]	696[2]	138
总税率(利润%)	加拿大,丹麦和新加坡等33个经济体	26.1[4]	84.0[2]	59.2
税后流程指数(0-100)	尚无经济体达到前沿水平	100	0	50
增值税退税合规时间(小时)	克罗地亚,韩国和荷兰等11个经济体	0	50[2]	-
获得增值税退税时间(周)	奥地利,爱沙尼亚	3.2	55.0[2]	-
所得税审计合规时间(小时)	爱沙尼亚,立陶宛和葡萄牙等14个经济体	1	56[2]	1
完成所得税审计合规时间(周)	日本,瑞典和美国等99个经济体	0	32[2]	0
跨境贸易				
出口				
时间:单证合规(小时)	加拿大,波兰和西班牙等26个经济体	1[e]	170[2]	9
边境合规(小时)	奥地利,比利时和丹麦等19个经济体	1[e]	160[2]	21
成本:单证合规(美元)	匈牙利,卢森堡和挪威等20个经济体	0	400[2]	74
边境合规(美元)	法国,荷兰和葡萄牙等19个经济体	0	1060[2]	256
进口				
时间:单证合规(小时)	韩国,拉脱维亚和新西兰等30个经济体	1[5]	240[2]	13
边境合规(小时)	爱沙尼亚,法国和德国等25个经济体	1[5]	280[2]	36
成本:单证合规(美元)	冰岛,拉脱维亚和英国等30个经济体	0	700[2]	77
边境合规(美元)	比利时,丹麦和爱沙尼亚等28个经济体	0	1200[2]	241
执行合同				
时间(天数)	新加坡	120	1340[2]	496
成本(债券%)	不丹	0.1	89.0[2]	16.2
司法程序质量指数(0-18)	尚无经济体达到前沿水平。	18	0	16.5
办理破产				
回收率(%)	挪威	92.9	0.0	36.9
破产框架强度指数(0-16)	尚无经济体达到前沿水平	16.0	0.0	13.5

资料来源:世界银行营商环境网站“历史数据集和动态数据”。数据采集时间为2018年5月2日-2019年5月1日。

注:1. 指样本中所有经济体的第99百分位数。

2. 指样本中所有经济体的第95百分位数。

3. 为样本中征收所得税、劳动税和强制缴款及增值税或销售税的经济体所记录的最低时间。

4. 2015年及以前《营商环境报告》样本中具有最低总税率的15%的经济体的最高总税率。

5. 不足1小时的按1小时计。

专栏

我国人类发展指数进一步提升

2019年12月，联合国开发计划署（UNDP）发布了《2019年人类发展报告》，该报告对189个经济体2018年经济社会发展水平进行了评估和排名。我国人类发展指数由上年的0.752增至0.758，居世界第85位，比上年提升1位，仍居世界高人类发展水平国家行列①。

该指数是由健康、教育和生活质量三个维度构成的综合评价指标，是对这三个方面指标标准化后的几何平均值。其中健康指数使用"平均预期寿命"指标测算，教育指数使用"25岁及以上人口平均受教育年限"和"学龄儿童预期受教育年限"指标测算，生活质量指数使用"人均国民总收入"（人均GNI，按2011年购买力平价法②）指标测算。

报告显示，我国以0.758的得分居世界第85位，较上年提升1位。人类发展指数居世界前10位的均为发达经济体，挪威以0.954的得分位居榜首，瑞士、爱尔兰、分别位居第2位和第3位（见表1）；德国、美国、日本分别位居第4位、第15位和第19位。

在健康方面，我国平均预期寿命由上年的76.5岁增至76.7岁③，位居第60位，与去年持平。中国香港为84.7岁，位居榜首；日本为84.5岁，位居第2位；瑞士为83.6岁，位居第3位；德国为81.2岁，位居第26位；美国为78.9岁，位居第38位。

---

① 人类发展水平小于0.550为低人类发展水平；介于0.550-0.699之间为中等人类发展水平；介于0.700-0.799之间为高人类发展水平；大于等于0.800为极高人类发展水平。

② 购买力平价（Purchasing Power Parity，简称PPP）度量的是同一时期不同国家（或地区）在购买相同产品篮子时的支出之比，也就是基准国单位通货所能购买的商品数量在比较国购买时需要该国通货的数额，反映的是货币在各比较对象之间的支付能力。作为一种重要的国际经济比较方法，购买力平价理论最早由瑞典经济学家古斯塔夫·卡塞尔（Gustav Cassel）提出。

③ 联合国开发计划署该指标与我国同类指标口径一致，都是指一名新生儿如果出生时各年龄组的死亡率在其终生保持不变的话，他可能存活的年数，但用于计算的基础数据不一致。2018年我国平均预期寿命为77岁（数据来源于国家卫健委）。

在教育方面,我国平均受教育年限为7.9年④,位居第113位,较上年提升3位。德国为14.1年,位居榜首;瑞士和美国均为13.4年,并列第2位;日本为12.8年,位居第10位。

在生活质量方面,我国人均GNI为1.6万美元(按2011年购买力平价法计算),较上年增加915美元,位居第73位,较上年提升5位。卡塔尔为11万美元,位居榜首;列支敦士登为10万美元,位居第2位;新加坡为8.4万美元,居第3位;美国、德国、日本分别为5.6万美元、4.7万美元和4.1万美元,居第11位、第19位和第25位。

附表　2018年世界人类发展指数及分项指数前十位国家(地区)比较

人类发展指数			健康指数		教育指数			收入指数	
位次	国家或地区	数值	国家或地区	平均预期寿命(岁)	国家或地区	平均受教育年限(年)	预期受教育年限(年)	国家或地区	人均国民总收入(美元,2011年PPP)
1	挪威	0.954	中国香港	84.7	德国	14.1	17.1	卡塔尔	110489
2	瑞士	0.946	日本	84.5	瑞士	13.4	16.2	列支敦士登	99732
3	爱尔兰	0.942	瑞士	83.6	美国	13.4	16.3	新加坡	83793
4	德国	0.939	新加坡	83.5	加拿大	13.3	16.1	文莱	76389
5	中国香港	0.939	西班牙	83.4	爱沙尼亚	13.0	16.1	科威特	71164
6	澳大利亚	0.938	意大利	83.4	英国	13.0	17.4	挪威	68059
7	冰岛	0.938	澳大利亚	83.3	以色列	13.0	16.0	阿联酋	66912
8	瑞典	0.937	冰岛	82.9	立陶宛	13.0	16.5	卢森堡	65543
9	新加坡	0.935	以色列	82.8	格鲁吉亚	12.8	15.4	中国香港	60221
10	荷兰	0.933	韩国	82.8	日本	12.8	15.2	瑞士	59375
	中国(85)	0.758	中国(60)	76.7	中国(113)	7.9	13.9	中国(73)	16127

注:括号中的数字为中国的位次。

(执笔:任小燕;成文于2019年12月)

④　联合国开发计划署该指标与我国同类指标统计方法基本相同,都是指报告期某一范围人口受教育程度按每种教育水平所规定的期限换算获得的受教育年限平均值,但统计年龄范围不同。联合国开发计划署指25岁及以上人口平均受教育年限,我国指15岁及以上人口平均受教育年限。2018年我国15岁及以上人口平均受教育年限为9.6年(数据来源于国家统计局)。

四 热点问题探索

保护主义继续抬头 世界经济不确定性进一步增强

今年以来,全球范围内的保护主义继续抬头,贸易自由化和投资便利化作为推进经济全球化进程的“车之双轮”,在近期均受到不同程度削弱,再加上主要发达经济体以保护国家安全为由采取的技术限制手段层出不穷,世界经济不确定性进一步增强。

一、全球贸易摩擦有增无减,贸易自由化进程受阻

(一)美国继续挑起贸易摩擦

一季度,尽管中美贸易摩擦历经多轮谈判之后终于释放积极信号,但美国在世界范围内不断挑起新的贸易摩擦,全球贸易存在摩擦范围进一步扩大、关税水平进一步抬高的风险。一方面,近期美国与欧盟双边贸易关系急剧恶化,并计划取消给予印度和土耳其的普惠制待遇;另一方面,美国商务部向特朗普提交报告,以调查进口汽车是否对国家安全构成威胁,或将导致美国向进口汽车及零部件征收25%关税。国际货币基金组织(IMF)将目前全球贸易格局称为“不稳定的休战”,并强调贸易紧张局势可能再次爆发。

(二)传统贸易争端解决机制逐渐削弱

当前逆全球化趋势加剧,实际上是对国际多边贸易体系规则的挑战,而世界贸易组织(WTO)改革作为调整和发展全球化的重要一环,其权威正在不断削弱,主要表现在两个方面:一是 WTO 上诉机构法官增补进程受阻,贸易争端解决机制面临停摆风险;二是主要经济体对 WTO 改革诉求分歧较大,个别国家将利益凌驾于规则之上。

总的来看,以美国为首的贸易保护主义继续抬头极大增强了世界经济环境的不确定性,一季度,美国贸易政策不确定性指数为 271.3(图

1），远高于 100 的长期平均趋势，WTO、IMF 等国际组织在最新报告中，均将贸易政策不确定性视为未来经济下行的最主要风险。

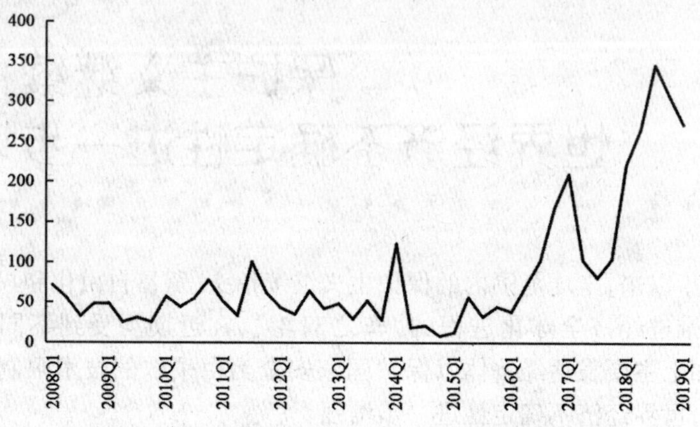

图 1　2008 年以来美国贸易政策不确定性指数

资料来源：PolicyUncertainty. com，WTO。

二、限制性投资政策占比提高，投资便利化遭受冲击

（一）限制性投资政策占比进一步提高

联合国最新一期《国际投资协定监测报告》显示，2018 年 11 月—2019 年 2 月，全球共有 35 个经济体制定了 42 项国际投资协定，其中 34%为限制或管制协定，这一比例为 2003 年以来最高水平（图 2）。

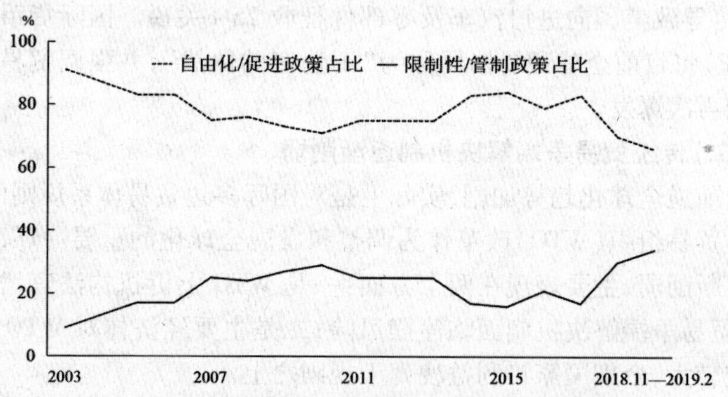

图 2　2003 年以来国别投资政策类型比重分布

资料来源：联合国贸易和发展会议（UNCTAD）。

(二)主要发达经济体强化外资审查制度

近期,尽管中国、巴西、印度等新兴经济体进一步放宽了外商投资政策,但美国、德国、法国、比利时等发达经济体以及南非、塞内加尔等少数新兴经济体进一步强化了本国的外商投资审查制度,全球范围内的投资便利化遭受冲击。

大量研究表明,发达经济体对发展中经济体的投资有助于带动全球技术水平提高,如今,跨境投资壁垒高筑使发展中经济体通过跨境投资提升国家生产率的渠道变得日益狭窄。

三、技术限制进一步升级,创新全球化面临挑战

(一)技术限制进一步升级

近期,部分发达经济体以维护国家安全为由,对新兴经济体技术限制进一步升级,具体手段包括:一是利用核心技术打压潜在竞争对手以获取高额利润;二是通过行政手段干预市场竞争,破坏市场公平秩序和投资;三是以关税等手段限制其他经济体高技术产品进口本国。

(二)主要经济体出台工业战略

技术创新已成为当下各经济体新一轮经济发展的战略必争之地。近来,主要经济体纷纷推出未来本国的工业发展规划,通过对本国企业提供特殊政策支持等方式实现维护国家安全的目的。如:美国发布未来工业发展规划,指出将重点关注人工智能、先进制造、量子信息科学和5G技术;德国推出《国家工业战略2030》,并明确指出要与中美两国开展产业竞争。

(执笔:胡晨沛;成文于2019年4月)

国际组织再次调低世界经济增长预期

今年以来，世界经济复苏动能放缓，全球贸易不确定性增加，保护主义盛行，逆全球化思潮蔓延，加之地缘冲突加剧，极大地打击了市场信心。在此背景下，世界银行、国际货币基金组织（IMF）、经济合作与发展组织（OECD）和英国共识公司均连续、多次下调对世界经济增速的预测。

4月9日，IMF将世界经济增速下调。2019年，世界经济将增长3.3%，比1月份预测下调0.2个百分点，比上年10月份预测下调0.4个百分点。发达经济体中，美国、欧元区和日本将分别增长2.3%、1.3%和1.0%，比1月份预测分别下调0.2、0.3和0.1个百分点（图1）。其中，欧

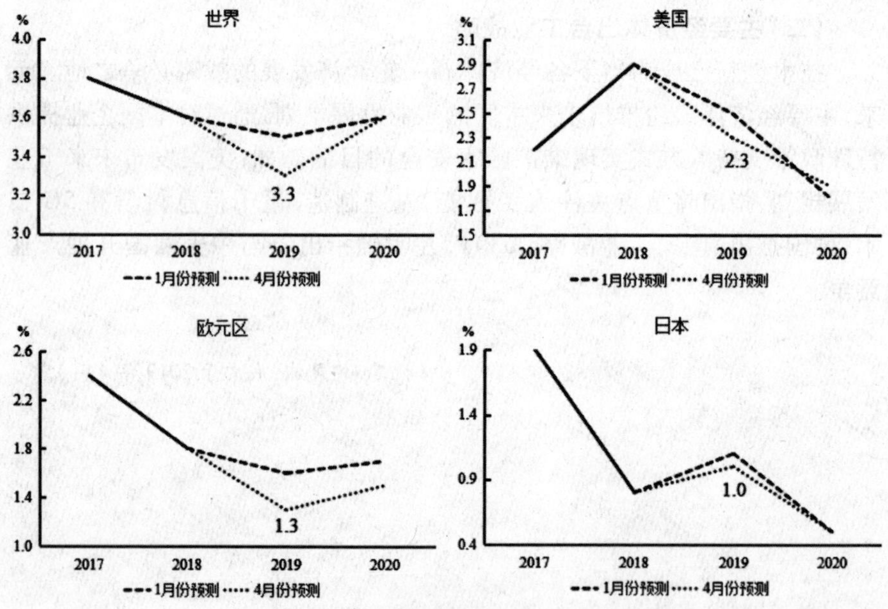

图1　世界和主要发达经济体经济增速预测

资料来源：国际货币基金组织《世界经济展望》（4月）。

元区经济增速连续 2 次被下调，德国、意大利更是比 1 月份预测大幅下调 0. 5 个百分点。新兴和发展中经济体中，亚洲主要经济体仍将保持中高速增长，中国将增长 6. 3%，比 1 月份预测上调 0. 1 个百分点，是唯一一个增速上调的主要经济体；印度经济将增长 7. 3%，比 1 月份预测下调 0. 2 个百分点(图 2)。

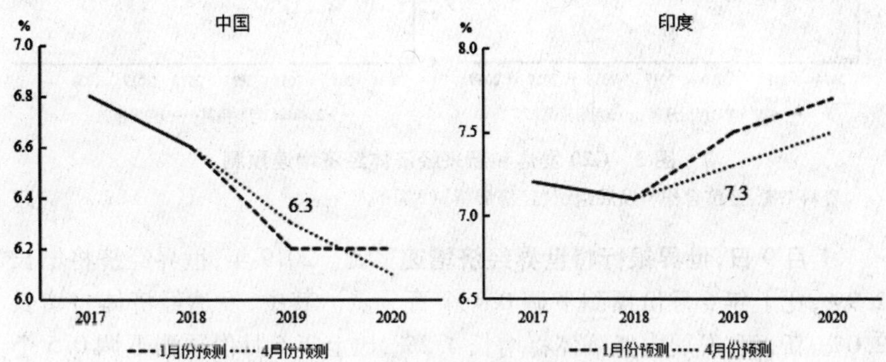

图 2　中国和印度经济增速预测

资料来源：国际货币基金组织《世界经济展望》(4 月)。

4 月 8 日，英国共识公司将世界经济增速下调。2019 年，世界经济将增长 2. 7%，比 3 月份预测下调 0. 1 个百分点，比 2 月份预测下调 0. 2 个百分点。发达经济体中，美国将增长 2. 4%；欧元区、日本将分别增长 1. 1%和 0. 6%，比 3 月份预测均下调 0. 1 个百分点，连续 3 个月遭到下调。新兴和发展中经济体中，除中国维持增速 6. 2%的预期外，印度、南非将分别增长 7. 2%和 1. 5%，比 3 月份预测均下调 0. 1 个百分点。

3 月 6 日，OECD 将世界经济增速下调。2019 年，世界经济将增长 3. 3%，比上年 11 月份预测下调 0. 2 个百分点，比上年 9 月份预测下调 0. 4 个百分点(图 3)。其中，欧元区将增长 1. 0%，比上年 11 月份预测大幅下调 0. 8 个百分点；欧洲经济“火车头”德国将增长 0. 7%，大幅下调 0. 9 个百分点；意大利更是被认为将陷入经济衰退，预计负增长 0. 2%。中国将增长 6. 2%，比上年 11 月份预测下调 0. 1 个百分点，比上年 9 月份预测下调 0. 2 个百分点。此外，日本、印度、巴西等国家经济增速也均连续 2 次遭到下调。

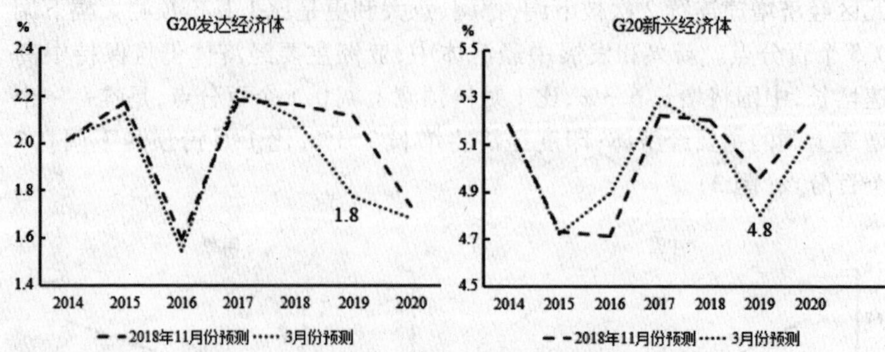

图 3　G20 发达和新兴经济体经济增速预测

资料来源:经济合作与发展组织《经济展望》(3 月)。

1 月 9 日,世界银行将世界经济增速下调。 2019 年,世界经济将增长 2. 9%,比上年 6 月份预测下调 0. 1 个百分点。其中,发达经济体将增长 2. 0%,新兴和发展中经济体将增长 4. 2%,比上年 6 月份预测下调 0. 5 个百分点。

未来,主要经济体货币政策出现宽松迹象,加之在中国、印度等发展中经济体经济增长相对强劲的推动下,今年下半年全球经济有望出现反弹,但全球贸易摩擦、市场信心不足等不确定性因素仍值得高度关注。

表 1 主要国际组织对世界经济的预测

单位:%

指标	经济体	IMF[1] (2019 年 4 月预测)		OECD (2019 年 3 月预测)		英国共识公司 (2019 年 4 月预测)	
		2019 年	与上次预测相比	2019 年	与上次预测相比	2019 年	与上次预测相比
经济增长率	**世 界**	3.3	-0.2	3.3	-0.2	2.7	-0.1
	发达经济体	1.8	-0.2				
	美 国	2.3	-0.2	2.6	-0.1	2.4	-
	欧元区	1.3	-0.3	1.0	-0.8	1.1	-0.1
	日 本	1.0	-0.1	0.8	-0.2	0.6	-0.1
	德 国	0.8	-0.5	0.7	-0.9	0.8	-0.2
	英 国	1.2	-0.3	0.8	-0.6	1.3	-
	新兴和发展中经济体	4.4	-0.1				
	中 国	6.3	+0.1	6.2	-0.1	6.2	-
	印 度	7.3	-0.2	7.2	-0.1	7.2	-0.1
	巴 西	2.1	-0.4	1.9	-0.2		
	南 非	1.2	-0.2	1.7	-	1.5	-0.1
	俄罗斯	1.6	-	1.4	-0.1		

注:1. 购买力平价法 GDP 加权汇总。

资料来源:国际货币基金组织《世界经济展望》(4 月);经济合作与发展组织《经济展望》(3 月);英国共识公司《共识预测》(4 月)。

(执笔:郝悦;成文于 2019 年 4 月)

全球28个经济体降息 新一轮降息周期启动

上半年，全球贸易关系紧张，世界经济疲弱乏力，主要国际组织多次下调全球经济增长预期，预警全球经济将面临重大下行风险。为抵御经济下行压力，各国央行纷纷开启降息，截至8月1日，包括美国在内的降息经济体已达28个。欧洲央行尚未开始降息，但也释放了降息信号。但即使全球开启降息潮，也恐难扭转经济下行周期，并将加大我国政策调控难度，拖累经济增长前景。

一、全球进入新一轮降息周期

（一）新兴经济体开启降息潮

今年以来，新兴经济体经济增速大幅回落，为提振经济，多个经济体启动降息，有些甚至短期内多次降息。2月7日，印度央行领先全世界开始首轮降息，并且在5个月内降息3次；埃及、吉尔吉斯斯坦、格鲁吉亚、阿塞拜疆、牙买加、巴拉圭、尼日利亚、俄罗斯等国家央行也纷纷跟进；7月25日，土耳其央行将关键利率大幅下调425个基点至19.75%，是2002年以来的最大降息幅度，也是2016年以来的首次降息；俄罗斯央行6、7月份连续两个月降息，目前已降至一年来最低水平，并表示或将进一步下调基准利率。

7月18日一天之内有4家央行降息。韩国央行意外降低基准利率25个基点至1.5%，同时下调经济增长和通胀预期，为2016年来的首次降息；印度尼西亚央行宣布将7天期回购利率降低25个基点至5.75%，为近两年来首次下调基准利率；乌克兰央行宣布将主要利率下调50个基点至17%，为今年第二次降息；南非央行将关键利率下调25个基点至6.50%，为2018年3月以来首次降息。

表1 2019年全球降息国家一览

（截至8月1日）

日期	经济体	降息幅度（基点）	日期	经济体	降息幅度（基点）
2月7日	印度	25	6月4日	澳大利亚	25
2月14日	埃及	100	6月6日	印度	25
2月20日	牙买加	25	6月7日	智利	50
2月26日	吉尔吉斯斯坦	25	6月14日	俄罗斯	25
3月13日	格鲁吉亚	25	6月26日	冰岛	25
3月22日	巴拉圭	25	7月2日	澳大利亚	25
3月26日	尼日利亚	50	7月18日	韩国	25
3月27日	牙买加	25	7月18日	印度尼西亚	25
4月4日	印度	25	7月18日	乌克兰	50
4月15日	哈萨克斯坦	25	7月18日	南非	25
4月25日	乌克兰	50	7月25日	土耳其	425
4月26日	阿塞拜疆	25	7月26日	俄罗斯	25
5月7日	马来西亚	25	7月31日	美国	25
5月8日	新西兰	25	7月31日	阿联酋	25
5月9日	菲律宾	25	7月31日	巴林	25
5月17日	牙买加	50	7月31日	沙特	25
5月22日	冰岛	50	7月31日	巴西	50
5月31日	斯里兰卡	50	8月1日	中国香港	25

（二）发达经济体货币政策进一步宽松

1. 美联储正式降息，一些经济体接踵而至。今年以来，鉴于美国经济走势放缓、市场预期及政府施压导致了美联储在半年内态度急转，不断释放宽松信号。7月31日，美联储降息25个基点至2.00%-2.25%，为2008年12月以来首次降息，并于8月1日结束缩表计划，比原计划提前两个月。据CME“美联储观察”8月1日最新预测，美联储9月份继续降息25个基点至1.75%-2.00%的概率为84.2%，10月份降息25个基点的概率为94.7%，12月份降息25个基点的概率为97.1%。

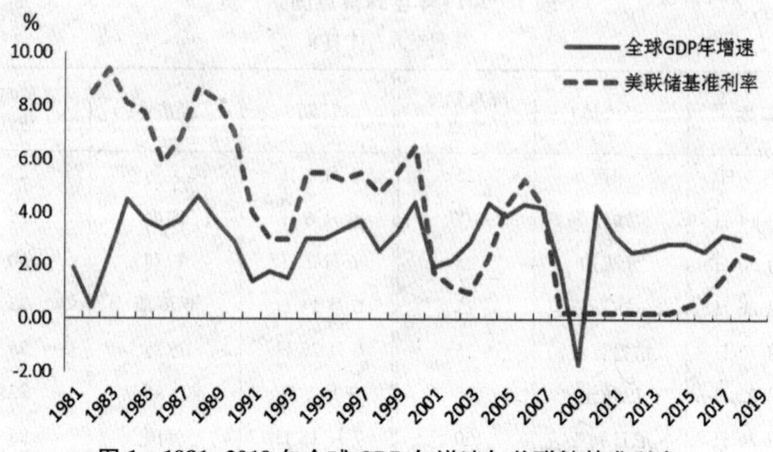

图 1　1981-2019 年全球 GDP 年增速与美联储基准利率

7 月 31 日，美联储降息后五个小时之内有 5 个经济体跟随降息，中东三国（阿联酋、巴林、沙特）央行均下降 25 个基点；巴西下降 50 个基点至 6%，为 2018 年 3 月以来首次降息；中国香港下降 25 个基点至 2.5%。

2. **部分发达经济体降息**。今年，一些发达经济体如新西兰、冰岛、澳大利亚陆续加入降息队伍。新西兰为首个降息的发达国家，目前 1.5% 的利率水平已达历史最低；冰岛和澳大利亚均连续两个月降息。

3. **欧日等央行降息预期升温**。7 月 25 日，欧洲央行利率决议如期按兵不动，维持三大关键利率不变，并调整前瞻性指引，预计将**保持现有关键利率水平不变或者更低水平**至少至 2020 年上半年。这是今年以来欧洲央行第三次修改利率前瞻性指引至更宽松的水平，也是 2017 年 6 月以来首次明确释放可能降息的信号。日本央行已经维持负利率区间长达三年多，表示将**继续坚持实行强有力的货币宽松政策**。近期，日本央行维持利率不变的立场有松动迹象，由于全球货币政策趋于宽松导致日元被动上涨或将促使日本央行考虑进一步降息。

今年以来，全球降息呈蔓延态势，并逐渐从新兴经济体蔓延至发达经济体。美联储启动降息后，宽松、降息更为明确地成为全球货币政策的主题。可以预见未来一段时间将会有更多的经济体跟随降息。

二、降息政策恐难扭转经济周期

(一)低利率限制货币政策进一步宽松

与金融危机前相比,多数经济体的利率已经处于历史低位,下调空间十分有限。日本目前是负利率,欧元区则需慎重考虑是否施行负利率政策,而韩国、澳大利亚和新西兰利率均已不到2%。

表2 部分经济体目前及金融危机前利率水平对比

经济体	金融危机前	目前	经济体	金融危机前	目前
美 国	4.25%	2.25%	日 本	0.50%	-0.10%
欧元区	4.00%	0.00%	韩 国	5.00%	1.50%
瑞 典	4.00%	-0.25%	印 度	7.00%	5.75%
瑞 士	2.75%	-0.75%	澳大利亚	6.75%	1.00%
新西兰	8.25%	1.50%	马来西亚	3.50%	3.00%

(二)大幅降息影响全球金融体系稳定性

一是引起资本市场动荡。美联储7月31日降息后,三大股指道琼斯指数、标普500指数和纳斯达克指数当日跌幅均超过1%。受美国股市下跌的影响,欧洲、亚洲大部分国家和地区股市也都出现不同程度下跌。此外,美元指数上涨,一度突破两年新高;美债收益率集体重挫,10年期美国国债收益率跌至2016年11月以来最低;国际油价大跌,布伦特原油(BRENT)跌近7%,纽约原油期货(WTI)暴跌7.90%,创2015年2月以来最大跌幅;金价急升近2%至1458美元。**二是加剧全球汇率竞争。**美联储这次降息为预防式降息,但也将导致更多央行开启或继续降息措施;而一旦美联储重启降息周期,则容易触发欧日央行等再度加码非常规政策以及其他国家的恶性竞争,加剧全球汇率市场波动。**三是增加新兴经济体债务风险。**国际金融协会(IIF)近期的报告指出,全球利率下降推动了2019年第一季度新的借贷热潮,新兴经济体债务从一年前的68.9万亿美元飙升至历史新高69.1万亿美元,对短期债务的依赖会使新兴经济体在全球风险偏好突然转变时面临风险。

(三)政策效果存疑

国际清算银行(BIS)近日警告称,目前进一步降息几乎没有经济价值,“短期刺激”可能弊大于利。目前,全球经济仍未复苏到金融危机前的水平,各国经济基础并不稳固,加上受国际贸易环境不稳定的影响,国内又面临有效需求不足的问题。因此,降息能在多大程度上扭转或延长经济周期仍是未知数,而宽松的货币政策还可能引发资本市场过度膨胀,为金融稳定和经济健康发展带来新隐患。

三、降息潮加大我国政策调控难度,拖累经济增长前景

目前,我国去杠杆正在稳步推进,跟随式降息将影响去杠杆化进程,经济下行叠加资本泡沫,对我国当前的货币政策及经济稳定都将带来挑战。**一是将加大我央行降息压力**,使我国货币政策灵活性下降;二是各国竞相降息导致货币竞争性贬值,**形成不利于人民币汇率稳定的外部环境**;**三是**在中美经贸摩擦的背景下,**加剧我国出口压力**,拖累经济增长前景。对此,要密切关注,早作预案。

(执笔:李婧婧;成文于2019年8月)

近期黄金和原油价格比值走高预示全球经济衰退风险正在积聚

近期,国际市场黄金和原油价格的分化走势拉动了黄金—原油价格比的持续升高,8 月 7 日,黄金—原油价格比达 29.48,创今年以来新高,预示全球经济衰退风险正在积聚。

在全球主要大类资产中,黄金因具有抗通胀属性和避险属性,其价格往往能反映全球投资者恐慌情绪的波动情况;而原油作为重要战略资源,其价格走势通常与地缘政治相关联,并对全球经济增长具有重要影响。黄金—原油价格比是判断全球经济走势的重要指标,其意义在于:金价与经济增长走势负相关,而油价与经济增长走势正相关,当两者比值越来越大就意味着这两者同时指向经济衰退。

近期,黄金和原油价格呈现明显分化走势,黄金价格持续走高,原油价格下跌明显。8 月 7 日,伦敦现货黄金价格达 1506.05 美元/盎司,六年来首次突破 1500 美元大关;WTI 原油价格降至 51.09 美元/桶,较 4 月份的高点下跌 22.9%(图 1)。

图 1　黄金和原油价格历史走势图

从历史上看，当黄金—原油价格比较低时，世界经济增长总体较为平稳，在过去的 28 年时间里，黄金—原油价格平均比值为 16. 2；而当黄金—原油价格比达到 25 甚至更高时，大多伴随着或预示着金融市场的动荡和地缘政治风险的升级，如 1994 年拉美金融危机、1997 年亚洲金融危机以及 2008 年全球金融危机（图 2）。

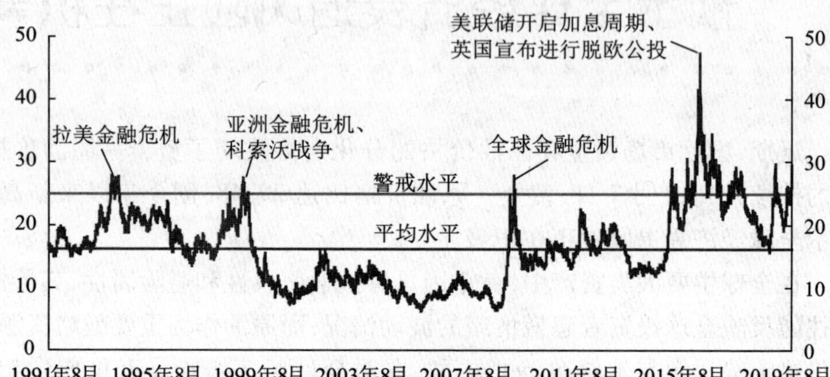

图 2　黄金—原油价格比走势图

今年以来，黄金—原油价格比的均值为 23. 3，高于历史平均水平，8 月 7 日更是达到 29. 48，创今年以来新高。与历史数据比较，1991 年 8 月以来的一万多天中只有 117 天黄金—原油价格比高于 29. 48。黄金—原油价格比持续走高的背后主要是受不利的全球宏观经济环境、贸易争端、英国硬脱欧概率上升以及其他地缘政治风险等因素的影响。

从去年下半年开始，IMF 已连续四次下调 2019 年世界经济增速预期，今年上半年主要发达经济体和新兴经济体经济增速呈现出不同程度的放缓，这无疑会加剧金融市场和大宗市场动荡。在黄金—原油价格比持续位于高位的情况下，预示全球经济衰退风险正在积聚。

（执笔：胡晨沛；成文于 2019 年 8 月）

专栏

我国全球创新指数跃居世界第 14 位

2019 年 7 月，世界知识产权组织、美国康奈尔大学和欧洲工商管理学院共同发布了《2019 年全球创新指数》报告，该报告对 129 个经济体的创新情况进行了评估和排名。我国由上年的第 17 位提升至第 14 位，连续四年保持上升势头。

该指数由创新投入指数和创新产出指数两个分指数的平均值计算得出。创新投入指数反映的是创新活动的经济要素，包含五个支柱指标：制度、人力资本与研究、基础设施、市场成熟度和企业成熟度；创新产出指数反映的是创新成果，包含两个支柱指标：知识与技术产出和创意产出。

报告显示，创新指数居世界前 10 位的均为发达国家，瑞士稳居榜首，瑞典、美国、荷兰、英国、分兰、丹麦、新加坡、德国和以色列分别位居第 2 至第 10 位（见表 1）。我国以 54.82 的得分跃居第 14 位，较上年提升 3 位，是前 20 强中唯一的发展中国家，表明我国近年来深入实施创新驱动发展战略，完善创新生态，激发创新活力等措施取得显著成效，创新体系日趋成熟。

表 1　2018 年全球创新指数前 10 位的国家和地区

排名	国家或地区	全球创新指数	国家或地区	创新投入分指数	国家或地区	创新产出分指数
1	瑞士	67.24	新加坡	72.15	瑞士	63.45
2	瑞典	63.65	瑞士	71.02	荷兰	57.49
3	美国	61.73	美国	70.85	瑞典	56.87
4	荷兰	61.44	瑞典	70.43	英国	54.38
5	英国	61.30	丹麦	69.33	中国	52.75
6	芬兰	59.83	英国	68.22	美国	52.61
7	丹麦	58.44	芬兰	68.04	芬兰	51.62
8	新加坡	58.37	中国香港	66.69	以色列	51.59
9	德国	58.19	加拿大	66.40	德国	51.10
10	以色列	57.43	韩国	65.95	爱尔兰	50.08
	中国(14)		中国(26)			

注：括号内为中国的排名。

从创新投入分指数来看，新加坡以 72.15 的得分位居榜首，瑞士以 71.02 的得分位居第 2 位，居第 3 位至第 10 位的国家和地区分别是美国、瑞典、丹麦、英国、芬兰、中国香港、加拿大和韩国。我国以 56.88 的得分位居第 26 位，较上年提升 1 位。

从创新产出分指数来看，瑞士以 63.45 的得分位居榜首，荷兰以 57.49 的得分位居第 2 位，居第 3 位至第 10 位的国家分别是瑞典、英国、中国、美国、芬兰、以色列、德国和爱尔兰。我国得分为 52.75，较上年提升 5 位。

该报告还发布了科技创新集群排名。我国有 18 个集群进入科技创新集群百强，较上年增加 2 个，数量仅次于美国。其中，深圳-中国香港、北京和上海 3 个集群进入前 20 位，分别位居第 2、第 4 和第 11 位，表明我国创新集聚效应居世界前列。

（执笔：郭义民；成文于 2019 年 8 月）

全球工业生产持续低迷

今年以来，全球工业生产表现疲弱，前景暗淡。世界银行最新数据显示，全球工业生产同比增速已连续四个月低于2%，日本、德国、英国等主要工业国已跌入负增长区间；预警指标全球制造业采购经理人指数(PMI)连续四个月滑落荣枯线下，美国、英国等国制造业PMI创多年新低，预示全球工业生产增长前景不容乐观。工业生产的持续走弱，将拖累今年全年世界经济的增长。

一、全球工业生产增长低迷

今年以来，全球工业生产在上年基础之上进一步走弱。发达经济体工业生产落入负增长区间，新兴和发展中经济体增速波动下滑。

(一)世界工业增长持续放缓

世界银行数据显示，7月份全球工业生产同比增长1.8%，增速已连续四个月低于2%；其中发达经济体下降0.6%，已连续两个月负增长；新

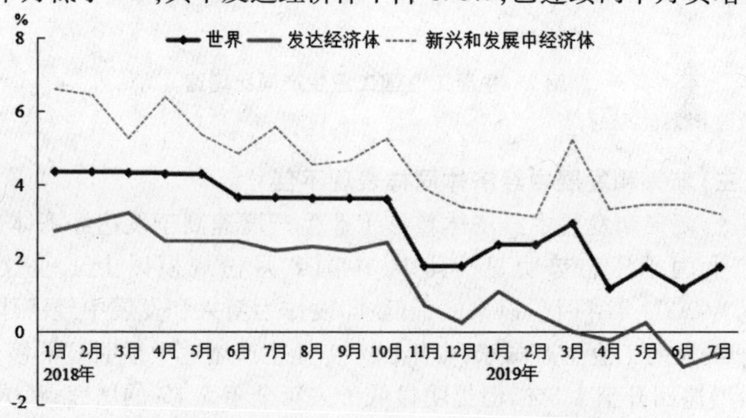

图1 2018年以来全球工业生产同比增速

数据来源：世界银行。

兴和发展中经济体增长3.2%,增速比上月下滑0.3个百分点(图1)。

(二)多个主要工业国工业生产呈萎缩态势

联合国工业发展组织于今年上半年发布的全球工业竞争力指数显示,德国、日本、美国为全球工业发展水平最高的三个工业化国家,这三个国家今年以来工业生产增速均出现明显下跌。世界银行数据显示,7月份,美国工业生产同比增长0.3%,为2017年1月以来最低增速;日本工业生产同比下降1.4%,已连续两个月负增长;德国工业生产今年以来持续萎缩,7月份下降5.2%,已连续九个月处于负增长区间。此外,受脱欧不确定性影响,英国工业生产从去年下半年开始落入负增长区间,7月份工业生产下降0.8%,降幅较上月进一步扩大(图2)。

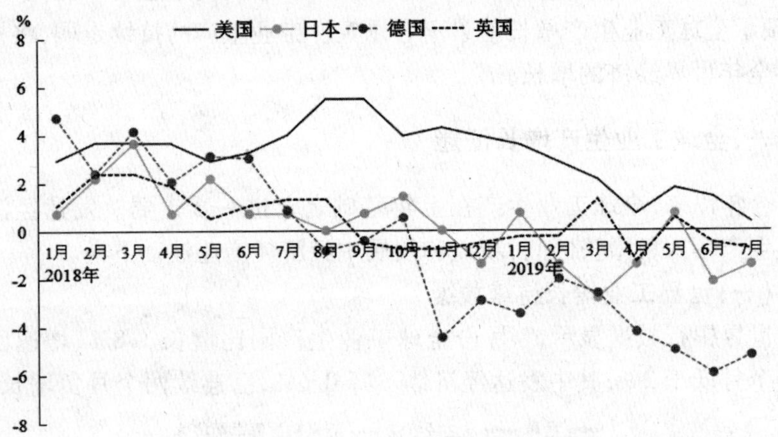

图2 主要工业国工业生产同比增速

数据来源:世界银行。

(三)新兴和发展中经济体同样表现不佳

虽然新兴和发展中经济体整体工业生产增速高于发达经济体,但主要生产大国承压态势明显。其中,中国8月份规模以上工业仅增长4.4%,为2009年4月份以来的最低;印度作为新兴和发展中经济体中除中国外最大的工业生产国家,今年以来工业生产增速中枢明显下移,尽管7月份增速回升至4.3%,但仍明显低于去年全年5.1%的增速;韩国作为典型的出口导向型经济体,受全球范围内贸易摩擦影响,工业生产增速已连续六个月处于负增长区间;7月份,巴西工业生产同比下降4.5%,降幅较上月扩大 0.1 个百分点；墨西哥下降 2.8%，已连续九个月负增长（图 3）。

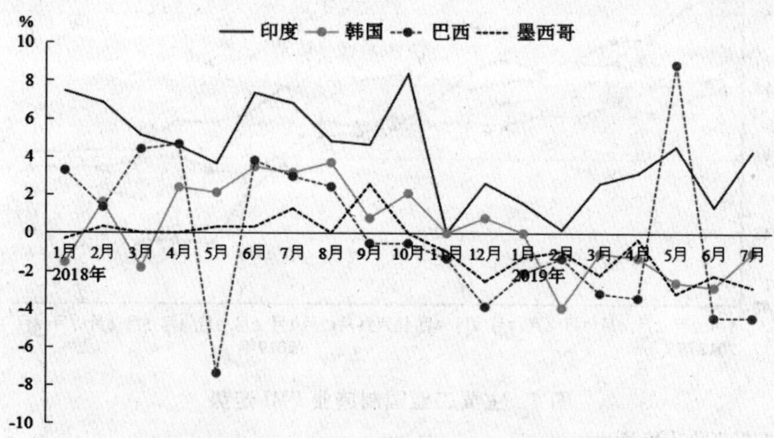

图 3　部分新兴和发展中经济体工业生产同比增速

数据来源：世界银行。

（四）预警指标全球制造业 PMI 屡创新低

制造业 PMI 作为反映制造业在生产、新订单、商品价格、订单交货等方面状况的指数，是经济体工业生产重要的先行指标。今年以来，全球和多数经济体制造业 PMI 指标出现明显下滑。7 月份，全球制造业 PMI 为 49.3%，为 2012 年 10 月以来新低，尽管 8 月份小幅回升至 49.5%，但仍低于 50% 的荣枯值。主要经济体方面，8 月份，美国制造业 PMI 为 50.3%，创 2009 年 9 月以来新低；英国制造业 PMI 为 47.4%，创 2012 年 7 月以来新低；德国、日本等发达经济体制造业 PMI 也已连续多月低于荣枯值。我国 8 月份 PMI 指数为 49.5%，连续 4 个月低于临界值；东盟、韩国、墨西哥、俄罗斯等新兴和发展中经济体制造业 PMI 继续处于收缩区间；印度 8 月份制造业 PMI 为 51.4%，较上月大幅下降 1.1 个百分点（图 4，图 5）。

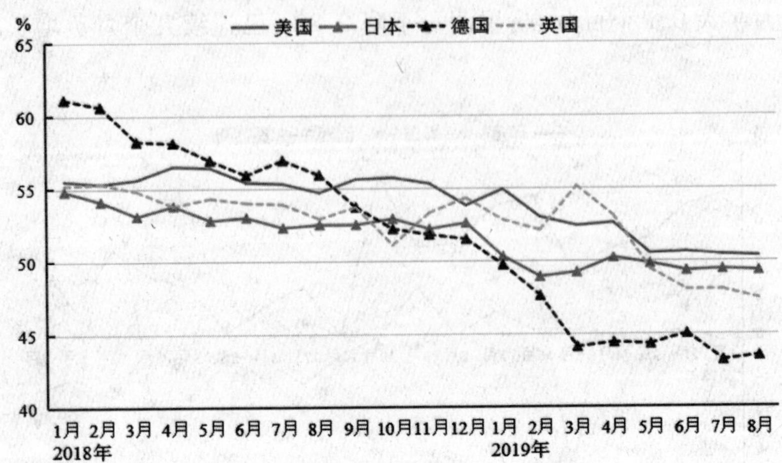

图 4　主要工业国制造业 PMI 走势

数据来源：IHS Markit。

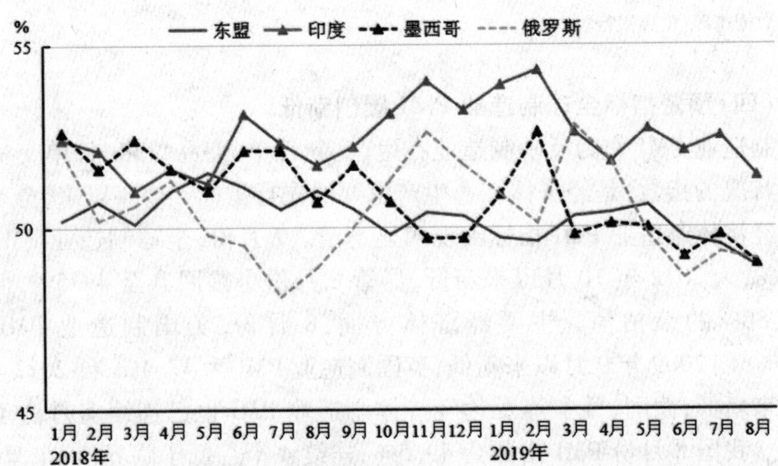

图 5　部分新兴和发展中经济体制造业 PMI 走势

数据来源：IHS Markit。

二、全球工业生产增长疲弱的主要原因

(一) 美国贸易保护主义制约了全球对工业产品的需求和经济增长

从经济周期的角度看，由于贸易活动很大程度上是工业生产的一个

环节,因此贸易周期与工业生产的周期高度重合。今年以来,美国继续扩大贸易摩擦规模,并将贸易摩擦向科技领域与汇率领域延伸,严重干扰了国际贸易和世界经济的正常运行,对世界经济和全球工业增长产生负面影响。

(二)汽车行业景气度下降拖累工业生产

汽车产业作为工业经济重要行业今年以来表现低迷。根据全球数据分析公司 LMC Automotive 的统计,2019 年上半年,全球共售出 4515.9 万辆轻型车,同比下跌 6.6%;德国汽车工业联合会(VDA)数据显示,上半年日本汽车市场同比基本持平,美国和俄罗斯汽车销量下滑约 2%,欧盟的新车登记量下降 3%,印度和中国汽车销量则出现两位数降幅。在行业整体需求不振的情况下,汽车工业生产受到严重拖累,占工业总产值比重超过 3%的美国汽车产值上半年同比增速为-1.2%,为近十年同期最低水平,德国、日本等传统汽车生产大国今年以来汽车生产同样表现不佳。

(三)全球工业正处于一个产业升级和面临瓶颈的阶段

由于网络、信息、数字等科技的高速发展以及 5G 与人工智能的快速发展,全球工业尤其是制造业正处在一个更新换代的过程,这使传统工业的发展遭遇瓶颈,在传统制造业向高技术与效率核心转变的过程中,传统产业面临产值逐步下滑甚至被淘汰的风险,这也在一定程度上影响了全球工业增长。

三、工业生产增速下滑将拖累世界经济增长

工业生产是经济的重要组成部分,世界工业产值约占世界经济总量的 30%。根据世行数据测算结果显示二者增速为正相关关系,相关系数高达 0.94(图 6)。历史经验表明,当全球工业生产增速放缓时,世界经济增速将极有可能同步回落,若下半年全球工业生产延续今年以来的疲弱态势,全年增速可能会跌至 2%以下(2018 年世界工业增速为 3.6%)。

近期,世界银行等国际机构均不同程度下调全年世界经济和贸易增速预期。6 月份,世界银行将 2019 年世界经济增速下调 0.3 个百分点至 2.6%,同时将全球贸易增速下调 1.0 个百分点至 2.6%;7 月份,IMF 将 2019 年世界经济增速下调 0.1 个百分点至 3.2%,同时将全球贸易增速

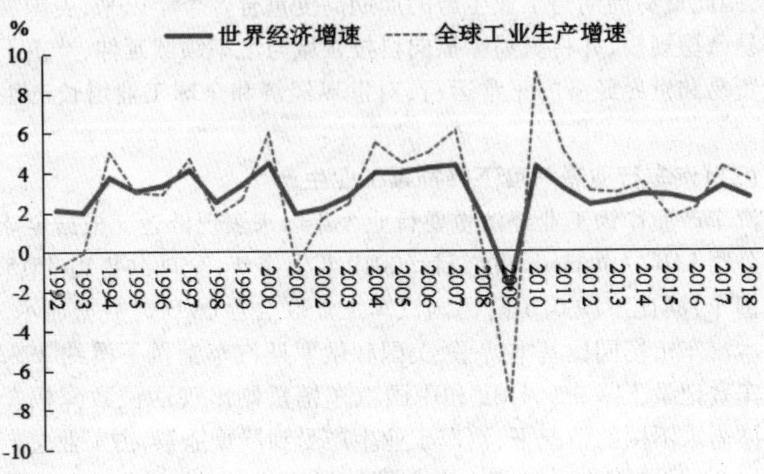

图 6　世界经济与全球工业生产增速

数据来源:世界银行。

下调 0.9 个百分点至 2.5%;9 月 19 日,经合组织(OECD)将 2019 年全年世界经济增速下调 0.3 个百分点至 2.9%,并称全球经济扩张情况将创金融危机以来最弱水平。

(执笔:胡晨沛;成文于 2019 年 9 月)

2019年上半年全球FDI有所回升 中国继续保持第二大外资流入国

10月29日，联合国贸易和发展会议（UNCTAD）发布《全球投资趋势监测报告》。报告显示，2019年上半年全球外商直接投资（FDI）约为6400亿美元，同比增长24%。中国FDI流入量约为730亿美元，仅次于美国的1430亿美元，继续保持全球第二大外资流入国。

一、全球FDI有所回升，但低于过去十年平均水平

2019年上半年，全球FDI从上年同期的5170亿美元上升至6400亿美元，增加1230亿美元。其中，发达经济体流入2690亿美元，约为上年同期的2倍；发展中经济体流入3420亿美元，同比下降2%；转轨型经济体流入280亿美元，增长4%。报告称，2019年上半年全球FDI增速回升的主要原因是上年同期基数较低。2018年上半年，美国税改引发其跨国

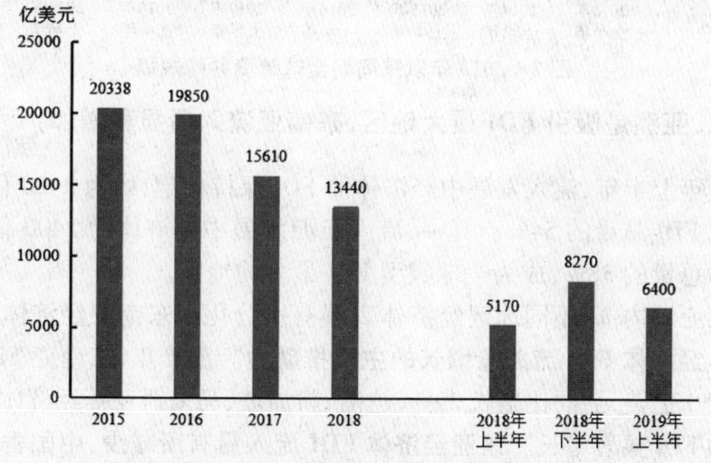

图1 近年全球外商直接投资规模

企业将海外留存收益汇回国内，拖累全球外商直接投资处于低位（2018年美国 FDI 占全球 FDI 比重为 19.4%）。

报告同时指出，尽管 2019 年上半年与 2018 年上半年相比全球 FDI 增速较高，但 FDI 规模总体处于低位，低于过去十年的平均水平（图 1）。

二、跨境并购继续下降，规模创五年新低

近年来，跨境并购（M&A）取得跨越式发展，成为国际资本流动的重要形式。但 2019 年上半年，全球跨境并购交易额同比下降 19%，为 3030 亿美元，连续第三年同比下滑，并跌至五年来同期最低水平（图 2）。其中，发达经济体跨境并购交易额为 2690 亿美元，降幅超过 10%；发展中经济体交易额为 330 亿美元，规模仅有去年同期的一半。

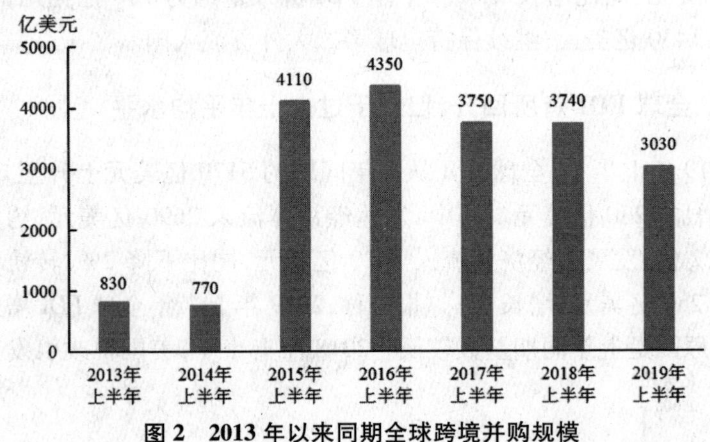

图 2　2013 年以来同期全球跨境并购规模

三、亚洲是吸引 FDI 最大地区，东南亚流入量显著增加

今年上半年，流入发展中经济体的 FDI 保持稳定，约为 3420 亿美元，占全球 FDI 总量的 54%。其中，流入亚洲发展中经济体为 2400 亿美元，占全球总量的 38%，成为全球吸引 FDI 最多的地区。

在亚洲内部，不同地区经济体表现有所分化。**东南亚经济体是亚洲发展中经济体 FDI 流入量增长的主要推动力。**上半年，东南亚 FDI 流入量达 930 亿美元，同比增长 29%，越南、新加坡、马来西亚等经济体流入制造业的 FDI 显著增长。**东亚经济体 FDI 流入量有所减少，中国香港流入量降幅明显。**上半年，东亚发展中经济体 FDI 流入量同比下降 21%，其

中中国香港流入量为200亿美元，降幅超过50%，二季度外商对香港撤资规模达100亿美元，是上半年流入量大幅下降的主要原因。

四、中国FDI流入量稳定增长，继续位列全球第二

报告显示，2019年上半年中国FDI流入量约为730亿美元，同比增长4%，继续保持稳定增长态势；世界排名仅次于美国，继续位居全球第二；占全球总量的11.4%，高于过去十年的平均占比8.3%；占发展中经济体的21.3%，高于过去十年的平均占比19.2%。

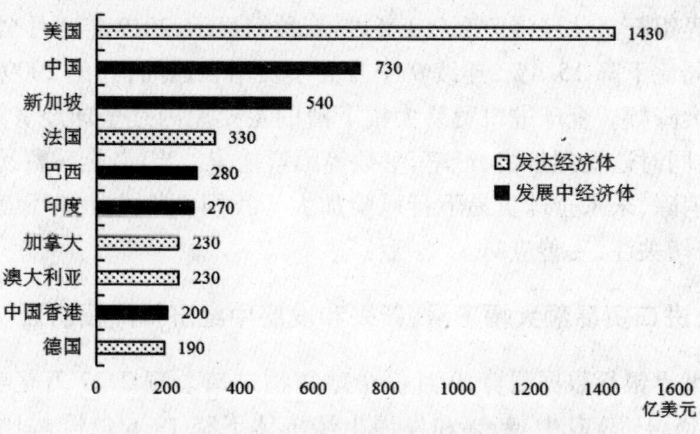

图3 2019年上半年全球FDI流入的主要经济体

联合国贸易和发展会议预计，2019年全年全球FDI的增速为5%-10%，其中发达经济体外资将恢复性增长，发展中经济体外资流入将基本保持稳定，东南亚为主要增长区域。但同时强调，受全球经济增长放缓、持续的贸易紧张局势以及地缘政治等因素影响，未来外商投资仍面临一定的风险。

（执笔：胡晨沛；成文于2019年11月）

9月份全球货物进口额同比下降15.4%创十年以来最大降幅

世界银行全球经济监测(GEM)最新数据显示,2019年9月全球货物进口额同比下降15.4%,连续9个月处于负增长区间,并创2009年8月以来最大降幅。全球进口贸易大幅下滑的主要原因是全球经济下滑、摩擦持续,同时还受到价格、汇率、基数等因素拖累。当前,全球贸易紧张局势仍未消除,未来全球贸易下行风险加大。我国面临的外部环境复杂严峻,需密切关注,妥善应对。

一、进口贸易额大幅下滑,新兴和发展中经济体降幅明显

据世界银行数据测算,9月份全球货物进口总额2.27万亿美元,同比下降15.4%。其中,新兴和发展中经济体下降19.8%,降幅比上月扩大16.0个百分点;发达经济体下降3.0%,延续今年以来的负增长态势。新兴和发展中经济体进口额占全球进口额比重接近70%,其进口增速大幅下滑将严重拖累全球进口额整体增速(图1)。

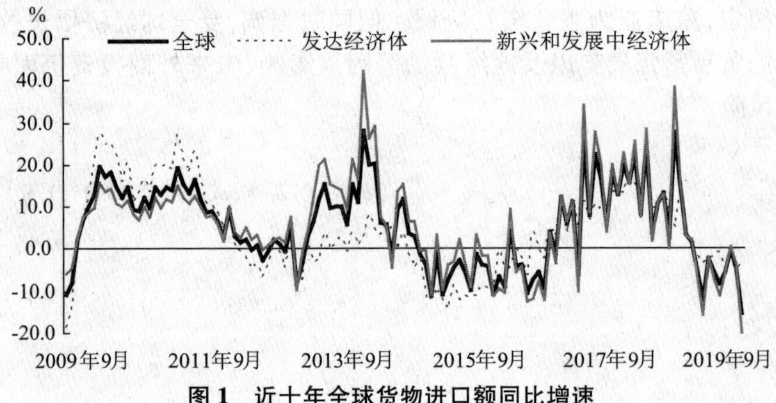

图1 近十年全球货物进口额同比增速

二、多种因素影响进口贸易下滑

世界银行发布的全球贸易月度增速是以美元计价测算的,其数值主要受四方面因素影响:一是**贸易量**变动;二是**价格水平**变动;三是**汇率**变动;四是**基期水平**变动。

(一)全球经济放缓和贸易紧张局势使贸易增长受到冲击

2019 年全球经济延续上年放缓态势,并进一步走弱。联合国贸发会议预计,2019 年全球经济增速将下滑 0.7 个百分点至 2.3%,IMF、OECD 等国际组织均认为今年世界经济增速会跌至十年来最低,并下调了绝大多数发达经济体与新兴和发展中经济体的增速预期。在多数经济体经济增速放缓、内部需求不足的情况下,全球贸易增长同步走弱,无论是用贸易额还是用贸易量进行计算,进口下滑均十分明显。据世界银行按进口额测算,8 月份,全球进口增速为-4.7%,而据荷兰经济政策分析局按进口量测算,增速为-1.1%。10 月份,WTO 继续下调 2019 年全球货物进口贸易量增长预期,其中发展中经济体增长 1.1%,增速比上年下降 3.0 个百分点;发达经济体增长 1.6%,下降 0.9 个百分点。

(二)大宗商品价格走弱拖累进口价格指数

进口贸易额除了受进口数量影响之外,还受到进口价格水平的影响,而进口价格指数能在一定程度上反映国际大宗商品价格的变化。今年以来,国际大宗商品价格指数普遍下跌,9 月份,能源和非能源价格同比分别下跌 23.0%和 1.7%,受此影响,主要经济体进口价格指数均出现不同程度下滑:9 月份,美国进口价格指数同比下降 2.1%,连续六个月下滑;日本进口价格指数下降 9.6%,为 2016 年 11 月以来最大降幅;德国、法国等经济体进口价格指数同样处于负增长状态。

(三)美元走强一定程度上影响了贸易额增速

今年以来,美元指数继续强势上涨,9 月末一度突破 99,达到两年来最高水平,欧元和英镑较上年同期分别贬值 5.6%和 5.4%。在这种情况下,**如果贸易额是以美元进行计价,将会低估该经济体的贸易增速**。例如 9 月份,德国进口额增速以欧元计价为 0.2%,以美元计价则为-3.2%。由此可以看出,汇率波动将对贸易增速产生一定影响。

（四）一些因素导致去年同期基数抬高

去年9月，全球进口额处于高位，抬升了基数。2018年9月全球货物进口总额2.68万亿美元，同比增长27.8%，增速创多年新高。去年基数较高的主要原因，**一是美国对中国商品的“抢进口”效应**。部分美国企业在更高关税落地前增加进口，以减少加征关税影响。当月，美国进口中国货物额同比增速达10.1%，创阶段新高。**二是新兴经济体经济尚未出现明显滑坡迹象**。在去年同期，包括印度、印尼、智利等经济体国内经济仍然稳定，进口额增速处于10%以上的高位。**三是由于中国对巴西、墨西哥等经济体进口规模大幅增加。**

综上分析，今年9月份全球货物进口额大幅滑坡，虽然在一定程度上受到进口价格水平偏低、美元强势及去年同期高基数效应等因素的影响，实质上是全球经济和贸易整体放缓的具体表现。在全球经贸增长乏力的背景下，主要国际组织对今明两年全球经济贸易增长的预期已经降到国际金融危机以来最低水平，世界经济贸易仍然面临较大的下行压力。

（执笔：胡晨沛；成文于2019年11月）

2019年国际大宗商品价格走势分析

2019年，在世界经济下行、贸易摩擦持续、地缘政治复杂、气候变化等多种因素影响下，国际大宗商品需求疲弱，价格宽幅震荡，总体水平低于上年。展望2020年，全球普遍宽松的货币环境将对大宗商品价格起到一定支撑，但受年初新冠肺炎疫情在全球不断蔓延影响，大宗商品短期价格下行风险较大。同时供需失衡、贸易摩擦的不确定性以及地缘政治风险等因素也将对未来价格构成一定下行压力。

一、2019年国际大宗商品价格低位波动

2019年大宗商品价格总体下降，并呈低位波动态势，全年国际能源价格下降12.7%；非能源价格下降4.1%（图1）。

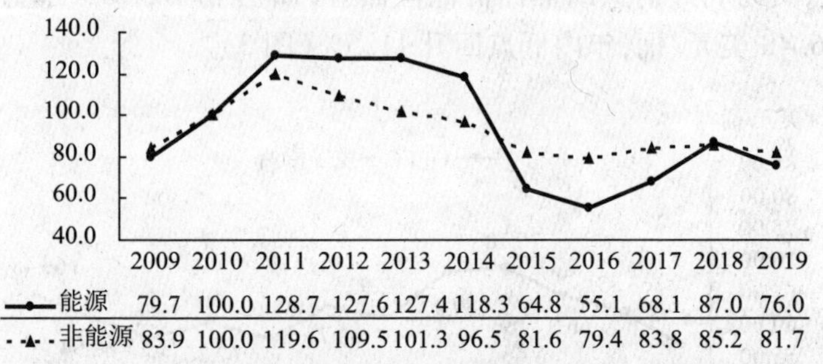

	2009	2010	2011	2012	2013	2014	2015	2016	2017	2018	2019
能源	79.7	100.0	128.7	127.6	127.4	118.3	64.8	55.1	68.1	87.0	76.0
非能源	83.9	100.0	119.6	109.5	101.3	96.5	81.6	79.4	83.8	85.2	81.7

图1　2009—2019年国际大宗商品价格走势

资料来源：世界银行。

其中8月份，能源、非能源价格纷纷跌至年内低点；四季度在全球贸易形势好转、货币环境趋松等因素的推动下价格有所回升；12月末，能源价格较年内低位增长8.5%，非能源价格增长11.7%（图2）。

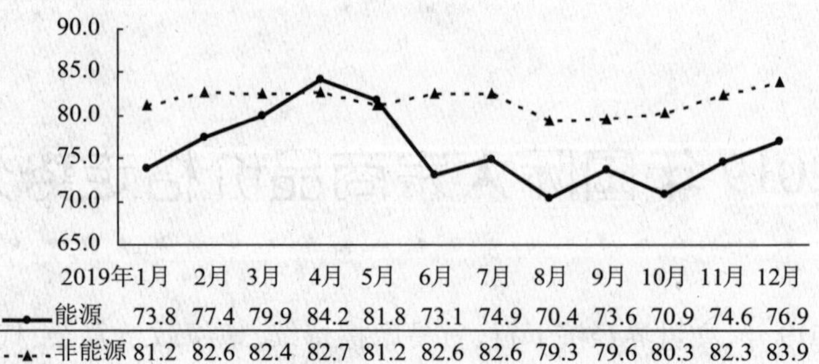

图 2　2019 年国际大宗商品月度价格走势

资料来源:世界银行。

国际油价低位震荡。2019 年,OPEC 一揽子原油平均价格较上年下跌 8.2%,全年呈现出"N"型震荡走势。一季度在美伊紧张局势加剧、委内瑞拉局势动荡、利比亚内战等中东地缘政治事件影响下,价格出现短暂回升,4 月份 OPEC 一揽子原油价格 70.78 美元/桶,较年初上涨 20.5%,此后,全球经济增速预期转弱、贸易摩擦反复令市场需求不振,油价震荡下跌,8 月份 OPEC 一揽子原油价格跌至年内低点,达到 59.62 美元/桶。四季度,贸易利好消息助推油价低位回升,12 月份 OPEC 一揽子原油价格为 66.48 美元/桶,年内低点回升 11.5%(图 3)。

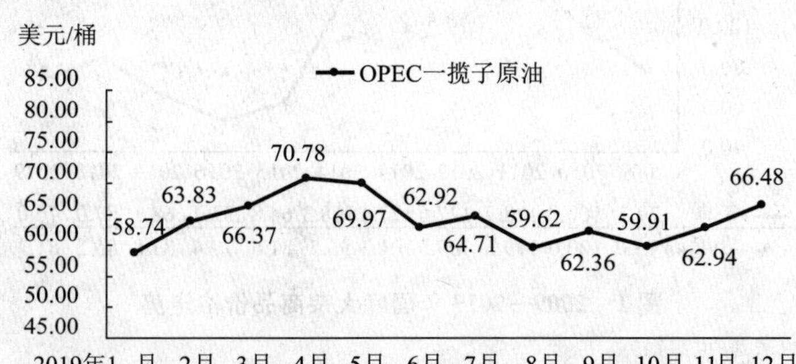

图 3　2019 年 OPEC 一揽子原油价格走势

资料来源:OPEC 组织。

非能源中,**农产品价格先抑后扬**。2019 年,农产品价格较上年下跌 3.8%。前三季度,因全球粮食库存高企,需求相对疲弱,大豆、豆油等农产品价格呈下行趋势。四季度后，价格有所回升，12 月份农产品价格较年内低点上涨 8.5%。**金属价格低位波动，贵金属价格涨势强劲。**2019 年，金属价格较上年下跌 5.0%，其中 12 月份，锡、锌、铝和铅价格分别较年初下跌 16.2%、11.6%、4.4%和 4.8%。受巴西溃坝、澳洲飓风影响，铁矿石价格逆势上涨。上半年铁矿石价格一路飙升至 120.24 美元/干公吨度①，较年初上涨 57.9%，并创 2014 年 2 月以来新高。此外，全球经济持续下行，市场避险情绪高涨助推贵金属价格强劲上涨。12 月份，金、银和铂分别较年初上涨 14.5%、9.7%和 14.6%。特别是三季度黄金价格冲破 1500 美元/盎司，环比涨幅达 12.6%。**化肥价格持续下跌。**2019 年化肥价格较上年下跌 1.4%。受能源价格下跌影响，化肥价格全年表现低迷，12 月份化肥价格指数一度跌至 72.6，创 2017 年 8 月以来新低。（图 4）

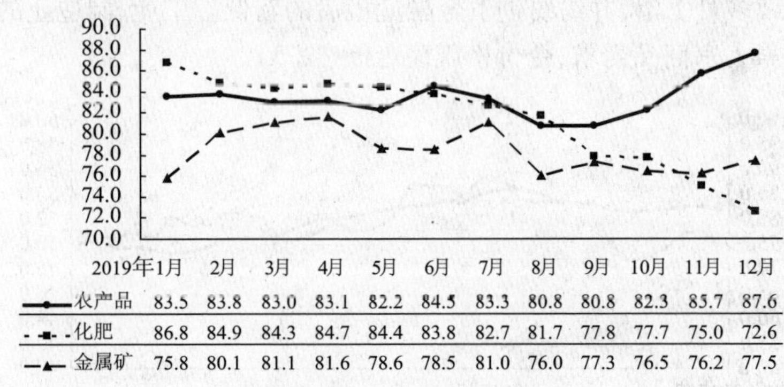

	2019年1月	2月	3月	4月	5月	6月	7月	8月	9月	10月	11月	12月
农产品	83.5	83.8	83.0	83.1	82.2	84.5	83.3	80.8	80.8	82.3	85.7	87.6
化肥	86.8	84.9	84.3	84.7	84.4	83.8	82.7	81.7	77.8	77.7	75.0	72.6
金属矿	75.8	80.1	81.1	81.6	78.6	78.5	81.0	76.0	77.3	76.5	76.2	77.5

图 4　2019 年非能源价格走势

资料来源：世界银行。

二、影响国际大宗商品价格的主要因素

（一）全球需求仍显疲弱

实体经济的需求是影响大宗商品价格的主要因素，当前全球大宗商品需求延续 2018 年末的疲弱态势。主要原因，**一是世界经济同步放缓。**2019 年世界经济增长明显放缓，据世界银行最新预测，全年世界经济增速为 2.4%，较上年回落 0.6 个百分点。分经济体看，发达经济体增长

① 干公吨度：度量单位，指矿石在 105 摄氏度下，水分被蒸发掉后的净重量。

1.6%，回落0.6个百分点；新兴和发展中经济体增长3.5%，回落0.8个百分点，其中中国(6.1%)、巴西(1.1%)、印度(5.0%)和俄罗斯(1.2%)较上年均有较为明显的回落。**二是贸易摩擦持续反复。**2019年全球贸易摩擦向长期性、反复性趋势演化，除中美经贸关系曲折反复外，美欧、美印、日韩之间也在下半年爆发贸易冲突，并有向长期化演变的趋势。贸易摩擦严重挫伤了企业投资信心，打压制造及投资活动，令全球产业链、价值链、供应链完整性遭受破坏。据世界银行最新预测，2019年全球贸易量增速为1.4%，较上年大幅回落2.6个百分点，为金融危机结束以来的最低水平。**三是工业、制造业持续低迷。**工业对大宗商品特别是对能源、金属矿类商品的消费起着巨大的影响。2019年，世界工业生产同比增长1.5%，为近10年来同期最低增速。美国、德国、韩国、印尼等多国制造业PMI连续多月下滑，并纷纷创下金融危机后的新低。工业、制造业的疲弱表现拖累大宗商品需求，令价格震荡走低(图5)。

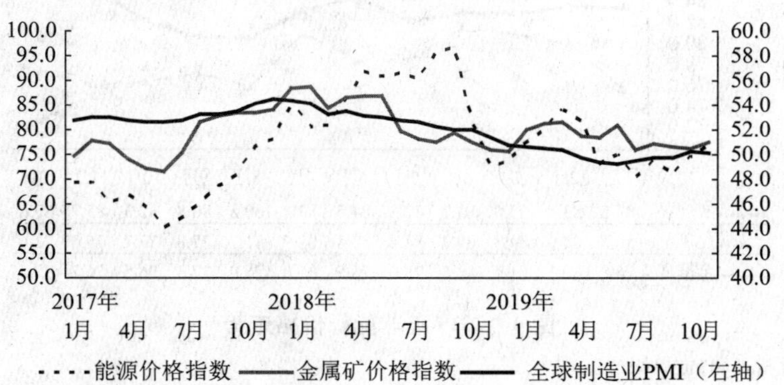

图5 2019年能源、金属矿价格与全球制造业PMI走势

资料来源：世界银行、Markit公司。

(二)大宗商品供应充足

大宗商品供给主要受各国产能及政策因素影响，2019年大宗商品供应整体偏松。**能源方面，**尽管自2018年下半年以来OPEC+持续推行减产计划，但近些年美国通过扩大油产、发掘页岩油等方式，不断增加原油供应量，全球原油供应过剩。2019年11月美国原油产量达1287万桶/天，创历史新高(图6)。同时，美国页岩油生产能力大幅提升。美国能源署(EIA)预测，2019年12月份，美国页岩油总产量预计将达到913.3万桶/日,创历史最大纪录。**非能源方面**,2019 年全球大豆、小麦、粗粮等粮食类农产品库存处于高位。其中,大米、小麦库存量分别达到 17705 万吨、28808 万吨,均创下历史新高(图 7)。但主要农产品库存利用率却持续下降,2019/2020 年小麦、玉米库存利用比分别为 30.8%和 26.9%,较上年下降 1.1%和 1.9%个百分点,均连续两年下降。库存高企,利用率下滑反映出农产品供给过剩。

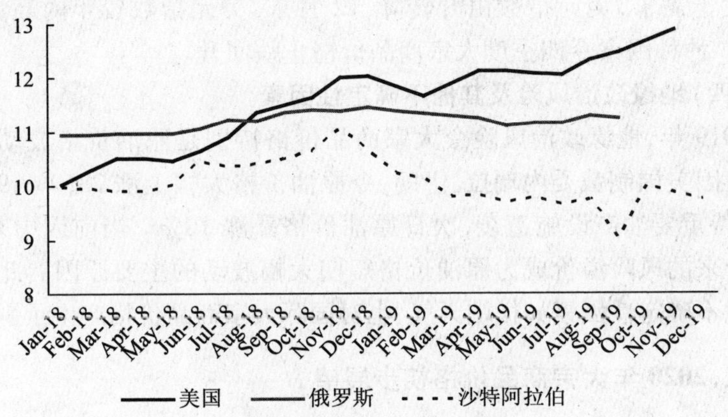

图 6 主要国家原油产量变动(百万桶/天)

资料来源:IEA。

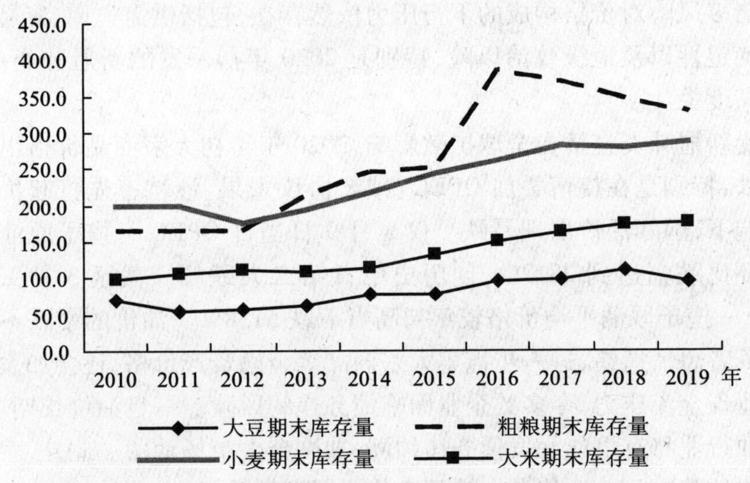

图 7 全球主要粮食类农产品期末库存量(百万吨)

资料来源:美国农业部。

（三）全球货币政策转向宽松

2019 年下半年，美联储结束加息缩表改为降息扩表，引领了全球新一轮货币宽松开启。在此背景下，全球流动性得到释放，风险偏好有所上升，有效提振了包括大宗商品在内的全球金融资产价格表现，同时降息将刺激全球实体经济增长，提振大宗商品需求。此外，美元作为大宗商品主要计价货币，2019 年三季度，随着美联储降息，美元的流通性加大，货币供给大于需求，美元指数由升转降，12 月末，美元指数较年内高点下跌 2.7%。种种因素令四季度大宗商品价格止跌回升。

（四）地缘政治风险及其他不确定性因素

2019 年，地缘政治风险令大宗商品价格特别是原油价格波动加大，一季度因美国制裁委内瑞拉、伊朗，令原油价格大幅上涨 28.9%，9 月 14 日，沙特重要油产设施遭袭，次日原油价格暴涨 10%。当前因中东地缘事件带来的风险溢价成为原油价格短期大幅波动的主要原因。此外，一些其他不确定性因素如极端天气，也对国际大宗商品价格产生了影响。

三、2020 年大宗商品价格初步展望

展望 2020 年，在当前全球货币宽松环境下，世界经济将继续保持增长，流动性的有效释放将对未来大宗商品价格构成一定支撑，但经济及市场中诸多风险对价格构成的下行压力依然存在，包括供需失衡、贸易摩擦的不确定性以及地缘政治风险，特别是 2020 年初暴发的新冠肺炎疫情，值得高度关注。

受新冠肺炎疫情在全球扩散影响，2020 年年初大宗商品价格出现普遍下跌，特别是在疫情叠加 OPEC+减产协议未果、沙特率先打起价格战的影响下，国际油价出现暴跌。仅 3 月 9 日当日 OPEC 一揽子原油平均价格环比跌幅达到 28.2%，创历史单日第二大跌幅。截至 3 月 13 日，OPEC 一揽子原油平均价格较年初高点下跌 51.8%。油价的暴跌不仅加剧投资者恐慌情绪，进一步拖累大宗商品等金融资产价格，还会加大页岩油企业现金流压力，令多数企业面临债务违约风险。一旦油价长期过低，页岩油行业将有可能暴发债务违约潮，加剧金融市场动荡。此外，大宗商品价格的普遍下跌也将令全球消费价格通缩风险增大。

未来，全球疫情走向仍将是影响国际大宗商品价格的重要因素，随着

疫情在多国的持续蔓延,大宗商品价格仍将面临较大下行风险。特别是能源方面,目前伊拉克和科威特已跟随沙特步伐降价,同时沙特表示将于4月令油产增加至1230万桶/日的纪录高位,油价或将继续走弱。近期,世界银行表示,受疫情暴发影响,大宗商品需求显著下滑,全球贸易活跃度明显下降,考虑到疫情对全球经济的冲击,未来大宗商品市场存在的不确定性较大。

(执笔:郝悦;成文于2020年3月)

表　国际大宗商品价格指数

商　品	2018年	2019年	2020年（预测）	2021年（预测）	2019年												2020年	
					1月	2月	3月	4月	5月	6月	7月	8月	9月	10月	11月	12月	1月	2月
名义价格指数（2010年=100）																		
能源	87.0	76.0	72.0	73.3	73.8	77.4	79.9	84.2	81.8	73.1	74.9	70.4	73.6	70.9	74.6	76.9	74.5	65.0
非能源	85.2	81.7	81.3	82.6	81.2	82.6	82.4	82.7	81.2	82.6	82.6	79.3	79.6	80.3	82.3	83.9	84.5	81.4
农产品	86.7	83.4	83.1	84.7	83.5	83.8	83.0	83.1	82.2	84.5	83.3	80.8	80.8	82.3	85.7	87.6	88.6	86.1
饮料	79.1	76.2	76.6	78.3	75.3	74.3	72.6	74.7	74.7	76.9	78.4	73.7	74.9	76.1	80.3	82.3	80.6	79.6
食品	90.4	87.0	85.9	87.6	87.0	87.4	86.2	86.0	85.0	88.1	86.9	84.7	84.2	86.3	89.9	92.1	93.9	90.5
油类	85.0	77.4	74.5	76.9	78.4	78.5	76.0	75.5	73.6	75.7	75.4	76.3	76.0	77.6	80.9	85.3	87.9	83.1
谷物	88.8	89.0	90.1	91.5	88.4	90.0	87.6	86.7	88.9	95.6	93.0	86.1	85.0	88.1	88.2	89.9	93.6	91.9
其他食品	99.1	97.7	97.3	98.1	96.8	96.9	98.3	99.0	96.4	97.5	96.4	94.4	94.3	96.1	103.3	103.1	102.0	99.0
原材料	81.4	78.3	79.6	80.9	79.3	79.6	80.5	80.3	79.4	79.7	77.1	74.9	75.4	75.7	78.1	79.4	79.7	78.6
木材	88.3	85.6	86.7	88.3	86.2	86.5	87.2	86.4	85.8	85.3	84.3	83.0	83.8	85.1	86.2	87.3	87.1	86.4
其他原材料	73.9	70.3	71.9	72.9	71.7	72.1	73.3	73.6	72.4	73.6	69.3	65.9	66.2	65.3	69.3	70.9	71.6	70.0
化肥	82.5	81.4	83.8	85.6	86.8	84.9	84.3	84.7	84.4	83.8	82.7	81.7	77.8	77.7	75.0	72.6	70.8	71.0
金属和矿产	82.5	78.4	77.1	78.0	75.8	80.1	81.1	81.6	78.6	78.5	81.0	76.0	77.3	76.5	76.2	77.5	77.7	73.0

资料来源：世界银行。

专栏

购买力平价的应用

一、购买力平价

购买力平价(Purchasing Power Parity,简称 PPP)衡量的是一个国家的单位货币在另一国家可以购买的商品和服务的总量。联合国统计委员会通过开展国际比较项目(ICP)来测算全球的 PPP。

从广义上讲,PPP 应用于如下几个方面:一是计算 GDP 物量或实际支出,获取部分生产率指标,例如每位雇员或每工作时数的实际 GDP;二是计算 GDP 组成部分的物量,例如居民个人消费支出、政府提供的个人和公共支出以及固定资本形成总额;三是计算价格水平指数(PLI①)、研究 PLI 模式,通常情况下,PLI 与人均实际收入(GDP)正相关;四是换算国际贫困线,即 1.25 美元/天和 1.9 美元/天,用于估算全球不平等和贫困发生率;五是研究全球经济的规模以及各区域在全球经济中所占份额等。

PPP 的主要使用者为国际组织,例如世界银行、国际货币基金组织(IMF)、联合国及其附属机构、OECD 以及欧盟委员会等,另外还有国家层面的使用者,例如政府机构、学术和研究机构以及私营部门等。

二、购买力平价在国际组织中的应用

世界银行

PPP 作为货币转换因子被用于经济规模的国际比较。世界银行根据 ICP 结果更新世界发展指标在线数据库(WDI Online Database)。该数据库汇编了与全球发展和消除贫困相关的高质量、国际可比的统计数据,包含 217 个经济体和 40 多个国家组的 1600 个时间序列指标。由于各经济体的 GDP 依据本国价格水平测算得出并用本国货币表示,不具备可比性。为使其具备可比性,需要根据统一价格水平进行估值,并采用统一的货币表示。由于市场汇率变动受多种因素影响,包括经济

① PLI 是某特定经济体一定数量商品和服务的价格水平测算数据,即该商品和服务的 PPP 与货币市场汇率的比值。PLI 值等于 1,意味着该经济体的价格水平与基准经济体相同。PLI 值小于 1,意味着该经济体的价格水平低于基准经济体,反之亦然。

因素和非经济因素，且汇率只与各国的可贸易品有关，而与非贸易品无关，所以根据市场汇率换算的 GDP 不能准确衡量不同经济体的相对规模和物质福利水平，PPP 解决了各经济体之间的价格水平差异问题，从而使得对比各经济体的年产出和其居民福祉成为可能。

PPP 的一个重要应用是计算国际贫困线。世界银行使用 PPP 计算国际贫困线并用该贫困线进行全球贫困评估。世行公布的国际贫困线通常依据多个世界上最贫穷国家的国家贫困线和其消费 PPP 计算得出，所选国家价格水平的变化和消费 PPP 的变化都会影响国际贫困线，因此需要根据各参照国的价格涨幅和 PPP 进行定期更新，以保持国际贫困线在各国的实际购买力不变。2005 年轮 ICP 结束后，世界银行根据最新的 PPP，将国际贫困线调整至每天 1. 25 美元。2011 年轮 ICP 结束以后，再次调整国际贫困线，世行选取了 15 个世界上最贫穷的国家②，以 2005 年 CPI 为基准，采用各国 2005-2011 年的 CPI 累计涨幅，将 2005 年以本币表示的国家贫困线更新到 2011 年，然后根据 2011 年各国的消费 PPP，将各国本币表示的国家贫困线转换为以美元表示的国家贫困线，最后对上述以美元表示的国家贫困线进行简单的算术平均，得到世行每月的国际贫困线，再除以每月的平均天数（30. 4），得到每人每天 1. 9042 美元的日贫困线（2011 年）。

联合国

联合国制定的“可持续发展目标”用于指导 2015-2030 年的全球发展工作，其中共含 17 个目标，包括应对不平等、经济增长、体面工作、城市和人类住区、工业化、海洋、生态系统、能源、气候变化、可持续消费和生产、和平与正义等方面的宏伟目标。PPP 在对其中部分目标的实施进展监测中发挥了重要的作用，包括：在世界各地消除一切形式的贫穷（目标 1）；确保健康的生活方式、促进各年龄段所有人的福祉（目标 3）；确保人人获得负担得起、可靠和可持续的现代能源（目标 7）；体面工作和经济增长（目标 8）；建设有复原力的基础设施、促进具有包容性的可持续产业化，并推动创新（目标 9）；减少国家内部和国家之间的不平等（目标 10）。

联合国开发计划署每年都发布世界各国的人类发展指数，并在《人类发展报告》中使用它来衡量各个国家人类发展水平。人类发展指数是从人类发展的三个基本维度出发测度一个国家所取得的平均进展：1. 健康长寿；2. 知识获取；3. 体面生活。HDI 是三个维度归一化指数的几何平均值。在 2019 年的《人类发展报告》中，HDI 在这三个维度选取的指标是：健康长寿选取出生时的预期寿命；知识获取选取预期受教育年限和 25 岁以上（含 25 岁）的平均受教育年限；体面生活选取经

② 世行选取的 15 个最贫穷的国家：乍得、埃塞俄比亚、冈比亚、加纳、几内亚比绍、马拉维、马里、莫桑比克、尼泊尔、尼日尔、卢旺达、塞拉利昂、塔吉克斯坦、坦桑尼亚、乌干达。

PPP 转换的人均国民总收入(GNI);

计算 HDI 分两个步骤:

步骤一:创建维度指数。

首先需要为三个维度的指标选取最小值和最大值,目的是将以不同单位表示的指标转换为介于 0 和 1 之间的指标。

预期寿命的最小值为 20,最大值为 85;预期受教育年限的最小值为 0,最大值为 18;平均受教育年限最小值为 0,最大值为 15;人均 GNI 最小值为 100 美元,最大值为 7.5 万美元。GNI 的最低值为 100 美元,理由是在接近最低值的经济体中,有相当数量的未计量的自给和非市场生产,而官方数据并未反映这一点。最高限额定为人均 7.5 万美元。Kahneman 和 Deaton(2010 年)表明,人均年收入超过 7.5 万美元对人类发展和福祉几乎没有任何好处。

然后根据下面的公式计算不同维度的指数:I 健康,I 教育 ,I 收入

$$\text{维度指数 } I = \frac{\text{实际值} - \text{最小值}}{\text{最大值} - \text{最小值}}$$

步骤二:将维度指数汇总为 HDI,HDI 是三个维度指数的几何平均值:

$$HDI = (I\text{健康} \, . \, I\text{教育} \, . \, I\text{收入})\ 1/3$$

其中,各国的人均 GNI 是经 PPP 调整后的。世界银行的“2019 年世界发展指标数据库”中包含许多国家按 2011 年不变 PPP 估算的人均 GNI。

联合国儿童基金会在监测全球各国母婴和儿童的生存、发展状况时,使用国际贫困线监测贫困儿童的数量。联合国教科文组织利用 PPP 比较政府和家庭在教育方面的支出。联合国粮农组织使用 PPP 来界定小规模生产者的收入,衡量农业产出和个人收入。

国际货币基金组织

IMF 的资金主要来源于成员国会员费的配额。配额广义上反映了各成员国经济的相对规模。一个国家的经济总量越大,则配额也越大。配额不仅决定了成员国应该提供给 IMF 的资金额、成员国可从 IMF 获得的资金援助额、特别提款权(special drawing right,SDR)总体分配中的份额,在很大程度上也决定着成员国在 IMF 决策中的表决权。

自 1993 年以来,IMF 一直采用经 PPP 调整后的 GDP 作为公式中的元素来指导其成员国的配额分配。2008 年,IMF 采用了新的配额公式:

$$CQS = (0.5 \times Y + 0.3 \times O + 0.15 \times V + 0.05 \times R)^{k}$$

其中,CQS 是所计算的配额份额;Y 是以市场汇率转换后的 GDP 与 PPP 三年平均值的结合(基于市场汇率的 GDP 权重为 0.60,基于 PPP 的 GDP 权重为 0.4);

O 是五年内经常性支出和经常性收入之和的年度平均值（货物、服务、收入及转账）；V 是经常性收入和净资本流量的可变性（测算 13 年内居中 3 年趋势的标准偏差）；R 是官方储备在一年中 12 个月的平均值（外汇、SDR 持有量、在 IMF 中的储备头寸以及货币性黄金）；K 是 0.95，作为压缩因子，以减少计算所得配额的离差。

GDP 在 CQS 中的权重为 50%，而经 PPP 转换的 GDP 占加权 GDP 的 40%，所以经 PPP 转换的 GDP 占 CQS 20%的权重。

IMF 还使用 PPP 分析和测算《世界经济展望》中的区域和世界经济指标。《世界经济展望》为经济团体提供了大量的世界和区域的分析性经济指标。

欧盟委员会

与 IMF 类似，欧盟委员会也将 PPP 用作行政管理。为了促进一体化进程，缩小内部区域经济发展的不平衡，欧盟专门设立了欧洲结构和投资基金（简称“结构基金”）。结构基金主要由五部分组成：欧洲地区发展基金（ERDF）、欧洲社会基金（ESF）、内聚基金、欧洲农村发展农业基金（EAFRD）以及欧洲海事和渔业基金（EMFF）。结构基金主要用于提高落后地区的发展水平与结构调整；帮助结构调整有困难的地区进行社会经济转型；帮助落后地区提高职业教育、训练与就业政策及相关机制的现代化水平。欧盟委员会采用其成员国的 PPP 分配其结构基金，以缩小成员国内部以及成员国之间的经济差距，提高地区的竞争力，吸引更多的投资，创造更多的就业机会。影响这些分配的主要指标是经 PPP 平减的内部经济区域人均 GDP 和人均 GNI。

三、购买力平价的其他应用

国际和国家层面的研究人员和政策制定者在涉及经济体比较的经济研究与政策分析中采用 PPP 数据。通过 PPP 可了解全球经济总量及经济结构，通过对全球、区域和国家经济规模及经济结构的比较，可以分析经济增长差异及其影响因素。决策机构可通过福利措施、消费模式、贸易、生产力和竞争力、能源效率、健康和教育费用的投入、投资成本等国际比较进行国家竞争力的分析，制定相应的发展战略和政策。基于 PPP 的 GDP 还可用于对其他经济变量作标准化处理，例如每单位 GDP 的碳排放量、每单位 GDP 的能源消耗量、每位员工的 GDP 或者每工时的 GDP 等。跨国公司通常采用 PPP 评估其对于不同经济体的投资成本。

PPP 在研究和分析全球的经济规模和经济结构方面不可或缺，在决策者、多边机构和私营部门等进行的分析中也发挥着关键作用。随着 ICP 在及时性、效率和覆盖范围等方面的提升，PPP 的应用领域会越来越广泛。

（执笔：陈哲；成文于 2020 年 2 月）

五 统计数据

1.01 国际货币基金组织对世界及主要国家经济预测

单位:%

	2016 年	2017 年	2018 年	2019 年	2020 年	2021 年
世　界	**3.4**	**3.8**	**3.6**	**2.9**	**3.3**	**3.4**
发达国家	1.7	2.5	2.2	1.7	1.6	1.6
美　国	1.6	2.4	2.9	2.3	2.0	1.7
欧元区	1.9	2.5	1.9	1.2	1.3	1.4
日　本	0.6	1.9	0.3	1.0	0.7	0.5
发展中国家	4.6	4.8	4.5	3.7	4.4	4.6
印　度	8.2	7.2	6.8	4.8	5.8	6.5
俄罗斯	0.3	1.6	2.3	1.1	1.9	2.0
巴　西	-3.3	1.1	1.3	1.2	2.2	2.3

注:本表数据按照购买力平价方法进行汇总。2020 和 2021 年数据为 2020 年 1 月份预测值。印度数据指财政年度。

1.02 世界银行对世界及主要国家经济预测

单位:%

	2016 年	2017 年	2018 年	2019 年	2020 年	2021 年
世　界	**2.6**	**3.2**	**3.0**	**2.4**	**2.5**	**2.6**
发达国家	1.7	2.4	2.2	1.6	1.4	1.5
发展中国家	4.1	4.5	4.3	3.5	4.1	4.3

注:本表数据按照汇率法进行汇总。2020 和 2021 年数据为 2020 年 1 月份预测值。

1.03 英国共识公司对世界及主要国家经济预测

单位:%

	2016 年	2017 年	2018 年	2019 年	2020 年	2021 年
世　界	**2.5**	**3.2**	**3.1**	**2.5**	**2.4**	**2.7**
美　国	1.6	2.4	2.9	2.3	1.9	2.0
欧元区	1.9	2.7	1.9	1.2	0.9	1.2
日　本	0.5	2.2	0.3	1.0	0.3	0.8
印　度	8.3	7.0	6.1	5.0	5.9	6.4

注:本表数据按照汇率法进行汇总。2020 和 2021 年数据为 2020 年 2 月份预测值。印度数据指财政年度。

1.04 国际货币基金组织对世界贸易量预测

单位:%

	2016 年	2017 年	2018 年	2019 年	2020 年	2021 年
世 界	**2.3**	**5.7**	**3.7**	**1.0**	**2.9**	**3.7**
发达国家	2.2	4.7	3.2	1.3	2.2	3.1
发展中国家	2.4	7.4	4.6	0.4	4.2	4.7

注:包括货物和服务。2020 和 2021 年年度数据为 2020 年 1 月份预测值。

1.05 国际货币基金组织对世界 CPI 预测

单位:%

	2016 年	2017 年	2018 年	2019 年	2020 年	2021 年
发达国家	0.8	1.7	2.0	1.4	1.7	1.9
发展中国家	4.3	4.3	4.8	5.1	4.6	4.5

注:2020 和 2021 年数据为 2020 年 1 月份预测值。

1.06 英国共识公司对世界及主要国家 CPI 预测

单位:%

	2016 年	2017 年	2018 年	2019 年	2020 年	2021 年
世 界	**2.4**	**2.5**	**2.9**	**2.7**	**2.7**	**2.6**
美 国	1.3	2.1	2.4	1.8	2.0	2.1
欧元区	0.2	1.5	1.8	1.2	1.2	1.4
日 本	-0.1	0.5	1.0	0.5	0.6	0.6
印 度	4.5	3.6	3.4	4.3	4.0	4.3

注:2020 和 2021 年数据为 2020 年 1 月份预测值。印度数据指财政年度。

1.07 全球消费者价格涨跌率

单位:%

年份	月份	世界	发达国家	发展中国家
2013 年		**2.7**	**1.4**	**3.9**
2014 年		**2.2**	**0.5**	**3.4**
2015 年		**1.3**	**0.1**	**2.6**
2016 年		**1.5**	**0.3**	**2.6**
2017 年		**2.4**	**1.4**	**3.2**
2018 年		**2.0**	**1.7**	**1.4**
	1 月	2.3	1.4	3.0
	2 月	2.3	1.3	3.1
	3 月	2.4	1.3	2.7
	4 月	2.3	1.5	2.7
	5 月	2.3	1.8	2.9
	6 月	2.5	2.1	3.1
	7 月	2.5	2.1	3.1
	8 月	2.6	2.0	3.2
	9 月	2.4	2.1	3.0
	10 月	2.5	2.2	3.1
	11 月	2.2	2.0	2.5
	12 月	2.0	1.6	2.2
2019 年		**2.3**	**1.7**	**2.5**
	1 月	2.0	1.5	2.2
	2 月	2.0	1.5	2.4
	3 月	2.2	1.7	2.7
	4 月	2.1	1.8	2.6
	5 月	2.3	1.7	2.6
	6 月	2.0	1.6	2.4
	7 月	2.1	1.5	2.6
	8 月	2.0	1.4	2.6
	9 月	1.9	1.2	2.4
	10 月	1.9	1.1	2.4
	11 月	1.8	1.1	2.8
	12 月	2.1	1.3	3.1

资料来源：世界银行。

1.08 世界工业增长速度

单位:%

年份	月份	世界	发达国家	发展中国家
2013年		**2.9**	**0.4**	**5.6**
2014年		**3.4**	**1.9**	**5.5**
2015年		**1.6**	**0.1**	**3.6**
2016年		**2.2**	**0.1**	**4.3**
2017年		**4.2**	**2.8**	**5.2**
2018年		**3.6**	**2.3**	**5.2**
	1月	5.0	2.6	6.6
	2月	4.3	2.9	6.3
	3月	4.3	3.1	5.4
	4月	4.3	2.3	6.3
	5月	3.7	2.5	5.4
	6月	3.7	2.5	4.7
	7月	3.7	2.2	5.7
	8月	3.6	2.3	4.9
	9月	3.6	2.2	4.7
	10月	4.2	2.4	5.0
	11月	2.4	0.7	3.9
	12月	1.8	0.2	3.5
2019年		**1.5**	**-0.8**	**3.8**
	1月	1.8	1.1	3.3
	2月	1.8	0.6	3.2
	3月	2.4	0.0	5.1
	4月	1.8	-0.2	3.4
	5月	1.8	0.1	3.6
	6月	1.2	-1.1	3.4
	7月	1.2	-0.7	3.2
	8月	0.6	-1.3	2.4
	9月	1.2	-0.7	3.3
	10月	0.0	-2.3	2.6
	11月	1.2	-1.9	3.8
	12月	1.2	-2.2	4.0

注：为经季节调整数据。

资料来源：世界银行。

1.09 国际市场初级产品价格指数

(2010 年=100)

年份	月份	能 源	非能源			
				农产品	肥 料	金属矿
2013 年		**127.4**	**101.3**	**105.7**	**114.4**	**90.8**
2014 年		**118.3**	**96.5**	**101.9**	**101.5**	**84.8**
2015 年		**64.8**	**81.6**	**87.9**	**98.4**	**66.9**
2016 年		**55.1**	**79.4**	**87.5**	**77.8**	**63.0**
2017 年		**68.1**	**83.8**	**87.0**	**74.3**	**78.2**
2018 年		**87.0**	**85.2**	**86.7**	**82.5**	**82.5**
	1 月	85.0	87.1	87.0	75.5	88.6
	2 月	80.5	88.3	88.7	77.7	88.6
	3 月	80.9	87.8	89.9	78.3	84.5
	4 月	85.9	89.5	91.7	78.6	86.4
	5 月	91.7	89.7	91.8	77.4	86.8
	6 月	90.8	87.9	88.9	78.0	87.0
	7 月	91.7	84.1	86.3	82.6	79.8
	8 月	90.4	82.7	84.8	84.6	78.1
	9 月	95.6	81.1	82.6	86.7	77.4
	10 月	96.9	82.3	83.4	88.2	79.4
	11 月	81.9	81.1	82.2	93.1	77.5
	12 月	72.6	80.8	82.6	89.4	76.1
2019 年		**76.0**	**81.7**	**83.4**	**81.4**	**78.4**
	1 月	73.8	81.2	83.5	86.8	75.8
	2 月	77.4	82.6	83.8	84.9	80.1
	3 月	79.9	82.4	83.0	84.3	81.1
	4 月	84.2	82.7	83.1	84.7	81.6
	5 月	81.8	81.2	82.2	84.4	78.6
	6 月	73.1	82.6	84.5	83.8	78.5
	7 月	74.9	82.6	83.3	82.7	81.0
	8 月	70.4	79.3	80.8	81.7	76.0
	9 月	73.6	79.6	80.8	77.8	77.3
	10 月	70.9	80.3	82.3	77.7	76.5
	11 月	74.6	82.3	85.7	75.0	76.2
	12 月	76.9	83.9	87.6	72.6	77.5

资料来源:世界银行。

1.10 国际市场初级产品价格预测(现价,美元)

	单位	2016年	2017年	2018年	2019年	2020年	2021年	2022年	2023年	2024年	2025年	2030年
能源												
煤炭(澳大利亚)	美元/吨	66.1	88.5	107.0	79.0	71.0	69.8	68.6	67.5	66.4	65.3	60.0
原油(平均现货价)	美元/桶	42.8	52.8	68.3	60.0	58.0	59.1	60.2	61.4	62.5	63.7	70.0
天然气(欧洲)	美元/百万英国热值单位	4.6	5.7	7.7	4.5	4.5	4.7	4.9	5.1	5.4	5.6	7.0
天然气(美国)	美元/百万英国热值单位	2.5	3.0	3.2	2.5	2.7	2.8	2.9	3.0	3.2	3.3	4.0
天然气(日本)	美元/百万英国热值单位	7.4	8.6	10.7	10.7	10.0	9.8	9.7	9.5	9.4	9.2	8.5
非能源初级品												
农产品												
饮品												
可可	美元/千克	2.9	2.0	2.3	2.3	2.4	2.4	2.5	2.5	2.6	2.7	3.0
咖啡(阿拉比卡)	美元/千克	3.6	3.3	2.9	2.8	2.8	2.9	3.0	3.0	3.1	3.1	3.4
咖啡(罗巴斯塔)	美元/千克	2.0	2.2	1.9	1.6	1.7	1.7	1.8	1.8	1.9	1.9	2.2
茶(平均)	美元/千克	2.7	3.1	2.8	2.6	2.6	2.7	2.7	2.8	2.8	2.9	3.2
食品												
植物油及油品												
椰子油	美元/吨	1481.8	1650.7	996.8	700.0	735.2	772.1	810.8	851.6	894.3	939.2	1200.0
花生油	美元/吨	1380.6	1460.8	1446.0	1410.0	1434.2	1458.8	1483.8	1509.2	1535.1	1561.4	1700.0
棕榈油	美元/吨	735.7	750.8	638.7	575.0	574.9	598.8	623.7	649.7	676.7	704.8	900.0

1.10 续表 1

	单位	2016 年	2017 年	2018 年	2019 年	2020 年	2021 年	2022 年	2023 年	2024 年	2025 年	2030 年
豆粕	美元/吨	374.7	350.2	405.2	345.0	332.2	340.4	348.7	357.2	365.9	374.9	450.0
豆油	美元/吨	815.0	850.4	789.1	760.0	732.4	751.0	769.9	789.4	809.3	829.8	1000.0
大豆	美元/吨	405.4	393.4	394.4	365.0	354.9	367.2	379.8	392.9	406.5	420.5	530.0
谷物												
高粱	美元/吨	103.9	97.6	125.9	130.0	133.9	137.9	142.1	146.3	150.7	155.3	180.0
玉米	美元/吨	159.2	154.5	164.4	170.0	173.3	176.9	180.5	184.2	188.0	191.9	210.0
稻米(泰国,5%碎粒)	美元/吨	396.2	398.9	420.7	418.0	420.0	421.9	423.9	425.9	427.9	429.9	440.0
小麦(美国硬红冬小麦)	美元/吨	166.6	174.2	209.9	200.0	203.3	206.7	210.2	213.7	217.3	220.9	240.0
其他食品												
香蕉(欧盟)	美元/千克	1.0	1.1	1.1	1.1	1.1	1.1	1.1	1.1	1.1	1.1	1.1
牛肉	美元/千克	4.1	4.4	4.2	4.6	4.5	4.5	4.5	4.4	4.4	4.4	4.2
鸡肉	美元/千克	1.9	2.1	2.2	2.0	2.0	2.1	2.1	2.1	2.1	2.2	2.3
柑橘	美元/千克	0.9	0.8	0.8	0.6	0.6	0.6	0.6	0.7	0.7	0.7	0.9
虾(墨西哥)	美元/千克	11.2	13.3	12.2	12.4	12.5	12.7	12.8	13.0	13.1	13.2	14.0
糖(ISA 世界平均)	美元/千克	0.4	0.4	0.3	0.3	0.3	0.3	0.3	0.3	0.3	0.3	0.4
原材料												
木材												
原木(喀麦隆)	美元/立方米	387.4	395.2	413.5	390.0	395.1	400.3	405.5	410.8	416.2	421.7	450.0
原木(马来西亚)	美元/立方米	274.4	265.4	269.7	275.0	278.8	282.7	286.6	290.6	294.6	298.7	320.0
锯材(马来西亚)	美元/立方米	738.9	702.1	727.9	690.0	703.2	716.7	730.4	744.4	758.6	773.1	850.0
其他原材料												
棉花	美元/千克	1.6	1.8	2.0	1.7	1.7	1.8	1.8	1.9	1.9	2.0	2.2

1.10 续表2

	单位	2016年	2017年	2018年	2019年	2020年	2021年	2022年	2023年	2024年	2025年	2030年
橡胶(马来西亚)	美元/千克	1.6	2.0	1.6	1.7	1.7	1.8	1.8	1.9	2.0	2.0	2.4
烟草	美元/吨	4806.2	4679.3	4862.9	4750.0	4726.7	4703.5	4680.5	4657.5	4634.7	4612.0	4500.0
肥料												
磷酸二铵	美元/吨	315.8	323.0	393.4	314.0	324.4	335.2	346.4	357.9	369.8	382.1	450.0
磷酸盐矿石	美元/吨	110.5	89.7	87.9	89.0	91.8	94.7	97.6	100.7	103.9	107.1	125.0
氯化钾	美元/吨	260.3	218.2	215.5	255.0	260.3	265.7	271.3	276.9	282.7	288.6	320.0
磷酸三钠	美元/吨	291.1	283.3	346.7	297.0	303.7	310.6	317.6	324.8	332.2	339.7	380.0
尿素(东欧,袋装)	美元/吨	194.1	213.9	249.4	248.0	252.3	256.7	261.2	265.8	270.4	275.1	300.0
金属和金属矿												
铝	美元/吨	1604.2	1967.7	2108.5	1790.0	1760.0	1799.7	1840.3	1881.9	1924.3	1967.7	2200.0
铜	美元/吨	4867.9	6169.9	6529.8	6010.0	6150.0	6230.1	6311.3	6393.5	6476.9	6561.2	7000.0
铁矿石	美元/千吨	58.4	71.8	69.8	92.2	81.3	80.1	78.9	77.7	76.6	75.4	70.0
铅	美元/吨	1866.7	2314.7	2240.4	1970.0	1950.0	1964.5	1979.1	1993.8	2008.7	2023.6	2100.0
镍	美元/吨	9595.2	10409.6	13114.1	14140.0	14780.0	15074.2	15374.3	15680.3	15992.4	16310.7	18000.0
锡	美元/吨	17933.8	20061.2	20145.2	18780.0	18850.0	19228.8	19615.3	20009.5	20411.6	20821.9	23000.0
锌	美元/吨	2090.0	2890.9	2922.4	2570.0	2450.0	2455.0	2459.9	2464.9	2469.9	2474.9	2500.0
贵金属												
金	美元/盎司	1249.0	1257.6	1269.2	1390.0	1470.0	1452.0	1434.3	1416.8	1399.5	1382.4	1300.0
银	美元/盎司	17.1	17.1	15.7	16.2	17.0	17.0	17.0	17.0	17.0	17.0	17.0
铂金	美元/盎司	987.1	948.5	879.5	860.0	890.0	924.4	960.1	997.1	1035.6	1075.6	1300.0

资料来源:世界银行。

1.11 国际市场初级产品价格指数预测

（2010年=100）

	2016年	2017年	2018年	2019年	2020年	2021年	2022年	2023年	2024年	2025年	2030年
按不变价美元计算											
能源	55.1	68.1	87.0	74.3	72.0	73.3	74.7	76.1	77.6	79.1	87.2
非能源商品	79.4	83.8	85.2	81.2	81.3	82.6	84.0	85.4	86.9	88.4	97.4
农产品	87.5	87.0	86.7	82.6	83.1	84.7	86.3	87.9	89.6	91.3	102.0
饮料	91.3	83.1	79.1	74.9	76.6	78.3	80.0	81.8	83.6	85.4	95.3
食品	89.6	90.2	90.4	86.0	85.9	87.6	89.2	90.9	92.7	94.5	106.6
植物油及油品	88.3	87.6	85.0	76.1	74.5	76.9	79.3	81.8	84.5	87.2	107.7
谷物	80.7	80.5	88.8	88.8	90.1	91.5	92.9	94.3	95.8	97.3	104.6
其他食品	99.5	102.4	99.1	96.5	97.3	98.1	98.9	99.8	100.7	101.7	106.9
原材料	80.2	81.2	81.4	78.4	79.6	80.9	82.3	83.6	85.1	86.5	94.3
木材	89.6	85.6	88.3	85.2	86.7	88.3	89.8	91.4	93.1	94.7	103.5
其他	70.0	76.3	73.9	70.9	71.9	72.9	74.0	75.1	76.3	77.5	84.2
肥料	77.8	74.3	82.5	82.0	83.8	85.6	87.5	89.4	91.3	93.3	103.9
金属和金属矿	63.0	78.2	82.5	78.2	77.1	78.0	79.0	79.9	80.9	81.9	87.3
贱金属	68.3	84.9	90.6	81.7	82.1	83.4	84.8	86.1	87.5	88.9	96.4
贵金属	97.5	97.8	97.2	105.3	111.2	110.1	109.0	108.0	107.0	106.0	101.2

资料来源：世界银行。

1.12 国际市场石油平均价格

单位:美元/桶

年份 月份	石油现货价格		石油期货价格
	OPEC 一揽子原油	北海布伦特	纽约期货市场轻质原油
2011 年	**107.46**	**111.26**	**95.11**
2012 年	**109.45**	**111.63**	**94.15**
2013 年	**105.87**	**108.56**	**98.05**
2014 年	**96.29**	**98.97**	**92.91**
2015 年	**49.49**	**52.32**	**48.79**
2016 年	**40.76**	**43.64**	**43.40**
2017 年	**52.43**	**54.13**	**50.80**
2018 年	**69.78**	**71.34**	**64.81**
1 月	66.85	69.08	63.55
2 月	63.48	65.32	62.16
3 月	63.76	66.02	62.87
4 月	68.43	72.11	66.33
5 月	74.11	76.98	69.89
6 月	73.22	74.41	67.32
7 月	73.27	74.25	70.74
8 月	72.26	72.53	67.85
9 月	77.18	78.89	70.07
10 月	79.39	81.03	70.76
11 月	65.33	64.75	56.6
12 月	56.94	57.36	48.68
2019 年	**64.04**	**64.36**	**57.03**
1 月	58.74	59.41	51.38
2 月	63.83	63.96	55.01
3 月	66.37	66.14	58.17
4 月	70.78	71.23	63.88
5 月	69.97	71.32	60.77
6 月	62.92	64.22	54.71
7 月	64.71	63.92	57.54
8 月	59.62	59.04	54.84
9 月	62.36	62.83	56.88
10 月	59.91	59.71	54.01
11 月	62.94	63.21	57.12
12 月	66.48	67.31	59.86

资料来源:OPEC 和美国能源部数据库。

1.13 国际市场石油供应和需求

单位:万桶/天

	年度				季度							
					2019 年				2020 年			
	2017 年	2018 年	2019 年	2020 年	Q1	Q2	Q3	Q4	Q1	Q2	Q3	Q4
国际市场石油需求												
世界[1]	**9820**	**9930**	**10010**	**10100**	**9930**	**9930**	**10080**	**10120**	**9880**	**10060**	**10230**	**10220**
经合组织成员国	**4760**	**4790**	**4760**	**4780**	**4760**	**4700**	**4810**	**4790**	**4750**	**4760**	**4830**	**4830**
美洲	2510	2550	2560	2570	2540	2540	2590	2560	2520	2560	2610	2590
欧洲	1440	1430	1420	1420	1390	1410	1460	1410	1390	1420	1460	1420
亚洲、大洋洲	820	810	790	790	830	750	760	810	830	750	760	810
非经合组织成员国	**5060**	**5140**	**5250**	**5310**	**5160**	**5240**	**5270**	**5330**	**5140**	**5330**	**5390**	**5390**
原苏联	450	470	480	490	460	470	490	490	470	480	500	500
欧洲	70	80	80	80	80	80	80	80	80	80	80	80
中国	1250	130	1370	1380	1300	1370	1380	1410	1260	1400	1440	1430
亚洲其他国家	1370	140	1430	1460	1450	1430	1380	1440	1480	1460	1410	1490
美洲	640	640	640	640	620	630	640	640	620	640	650	650
中东	840	830	840	830	810	820	880	840	800	830	890	820
非洲	420	420	430	440	440	430	420	430	440	440	420	440

1.13 续表

	年度				季度							
					2019年				2020年			
	2017年	2018年	2019年	2020年	Q1	Q2	Q3	Q4	Q1	Q2	Q3	Q4
国际市场石油供应												
世界[2]	**9750**	**10030**	**10050**	–	**10010**	**10010**	**10010**	**10160**	–	–	–	–
欧佩克成员国	**3740**	**3740**	**3550**	–	**3620**	**3560**	**3500**	**3530**	–	–	–	–
非欧佩克成员国	**6010**	**6290**	**6500**	**6700**	**6390**	**6450**	**6520**	**6630**	**6610**	**6680**	**6750**	**6770**
经合组织成员国	**2440**	**2690**	**2850**	**3020**	**2800**	**2820**	**2840**	**2960**	**2980**	**2990**	**3030**	**3090**
美洲[2]	2050	2300	2470	2590	2410	2450	2470	2550	2560	2560	2610	2640
欧洲	350	350	330	370	350	320	320	350	370	370	370	390
亚洲、大洋洲	40	40	50	60	50	50	50	50	50	60	60	60
非经合组织成员国	3090	3110	3130	3150	3140	3100	3130	3160	3150	3150	3150	3160
加工损益[3]	230	230	230	240	230	230	230	230	240	240	240	240
生物燃料	250	260	280	290	230	300	320	270	240	300	330	290

注：1. 石油需求量指炼油厂和初级库存的交付量。包括国内运输燃料、国际运输燃料、炼油厂燃料、直接用于燃烧的原油，非常规来源的石油和其他供应来源。包括生物燃料。

2. 石油供应量包括原油、凝析油、天然气凝析液（NGL）和非常规来源的石油等。

3. 指炼油过程和海上运输时的损益。

资料来源：国际能源署。

1.14 OECD 国家能源库存情况

单位:万桶/天

	年度			月度				
	2017 年 1 月	2018 年 1 月	2019 年 1 月	2019 年 9 月	2019 年 10 月	2019 年 11 月	2019 年 12 月	2020 年 1 月
OECD 国家合计	**307720**	**287790**	**288260**	**294460**	**291080**	**291300**	**290170**	**292950**
原油	121640	111090	110270	107970	110030	111430	109650	108190
车用汽油	42410	40300	42330	36920	36270	37370	39800	41630
照明灯油	63330	56800	53320	56070	52480	53350	55080	56940
残余燃油	13560	11680	11600	12150	12340	12360	11380	12090
其他产品	155130	145250	144860	150470	144510	144840	146930	150790
OECD 美洲	**162340**	**148430**	**154370**	**155880**	**154220**	**154090**	**153840**	**155590**
原油	66740	58200	61190	58200	59580	60550	59140	59280
车用汽油	29400	27860	29180	25780	25050	25950	28090	29300
照明灯油	24340	21800	21310	20240	18490	18970	20440	21430
残余燃油	4560	3770	3750	3570	3790	4030	3770	4040
其他产品	77870	72490	74570	76500	73180	73290	75600	76950
OECD 欧洲	**103350**	**98400**	**95470**	**98720**	**97390**	**97510**	**97210**	**98120**
原油	35680	34170	33790	35540	35840	35590	35040	33890
车用汽油	10500	10080	10540	8590	8730	8990	9180	9680
照明灯油	32130	28770	25620	27960	26690	26900	27500	28270
残余燃油	7240	600	5820	6470	6550	6420	5870	6250
其他产品	60630	56520	53370	54780	53130	53650	54040	56130
OECD 亚洲、大洋洲	**42040**	**40970**	**38430**	**39860**	**39470**	**39700**	**39130**	**39250**
原油	19220	18720	15280	14230	14610	15300	15470	15020
车用汽油	2520	2360	2610	2540	2480	2430	2530	2640
照明灯油	6860	6240	6400	7860	7310	7480	7150	7240
残余燃油	1760	1910	2030	2100	2010	1910	1740	1800
其他产品	16640	16240	16930	19190	18200	17900	17290	17710

注:均指期末库存。

资料来源:国际能源署。

1.15　全球主要货币汇率

年份　月份	期末汇率			实际有效汇率指数		
	欧元兑美元	美元兑日元	欧元兑日元	美元	欧元	日元
2009 年	**1.394**	**93.7**	**130.5**	**91.40**	**108.00**	**99.34**
2010 年	**1.326**	**87.8**	**110.2**	**87.15**	**100.00**	**100.00**
2011 年	**1.393**	**79.7**	**102.3**	**82.68**	**99.17**	**101.26**
2012 年	**1.286**	**79.8**	**102.7**	**84.42**	**94.03**	**100.11**
2013 年	**1.328**	**97.6**	**129.6**	**84.47**	**97.66**	**79.84**
2014 年	**1.324**	**106.4**	**140.5**	**86.25**	**98.23**	**75.07**
2015 年	**1.105**	**121.1**	**133.6**	**95.43**	**89.73**	**70.28**
2016 年	**1.103**	**109.1**	**120.5**	**99.13**	**97.48**	**79.64**
2017 年	**1.139**	**112.0**	**127.5**	**98.46**	**92.66**	**75.67**
2018 年	**1.178**	**110.3**	**129.9**	**98.36**	**96.96**	**75.18**
1 月	1.241	109.2	135.5	94.76	94.57	73.25
2 月	1.219	106.7	130.7	95.37	95.65	74.44
3 月	1.232	106.2	130.9	95.36	97.13	75.79
4 月	1.208	109.3	132.0	95.50	97.46	74.67
5 月	1.169	108.8	127.2	98.10	96.77	74.48
6 月	1.167	110.7	129.3	99.60	96.66	74.92
7 月	1.169	111.8	130.7	99.95	97.54	75.22
8 月	1.166	111.0	129.5	101.01	97.87	76.53
9 月	1.160	113.7	131.8	101.21	98.96	75.72
10 月	1.131	112.9	127.8	101.95	97.77	75.69
11 月	1.131	113.5	128.4	103.10	96.50	75.54
12 月	1.146	109.6	125.7	103.23	96.60	75.94
2019 年	**1.118**	**109.0**	**121.9**	**101.43**	**93.49**	**77.00**
1 月	1.145	108.9	124.6	100.42	93.89	77.11
2 月	1.137	111.4	126.6	100.42	93.07	75.34
3 月	1.122	110.9	124.4	100.78	93.50	74.80
4 月	1.122	111.4	125.0	100.75	93.71	74.64
5 月	1.117	108.3	121.0	101.56	94.23	76.58
6 月	1.137	107.8	122.6	101.13	94.74	77.57
7 月	1.108	108.8	120.5	100.92	93.40	77.20
8 月	1.099	106.3	117.3	102.81	94.10	80.00
9 月	1.090	108.1	117.8	102.78	93.40	79.00
10 月	1.115	108.0	120.5	102.23	93.20	78.10
11 月	1.102	109.5	120.7	101.95	92.20	77.10
12 月	1.122	108.7	121.9	101.46	92.40	76.60

注:期末数据。实际有效汇率指数,美元以 1973 年 3 月为 100,欧元和日元 2010 年为 100。年度数据为平均数。

资料来源:wind。

1.16 全球主要股票指数

年份 月份	美国		欧元区	日本
	道琼斯30种股票平均价格（美元）	纳斯达克指数	德国DAX股票指数	日经225种股票平均价格（日元）
2009年	**10428.05**	**2269.15**	**5957.43**	**10546.44**
2010年	**11577.51**	**2652.87**	**6914.19**	**10228.92**
2011年	**12217.56**	**2605.15**	**5898.35**	**8455.35**
2012年	**13104.14**	**3019.51**	**7612.39**	**10395.18**
2013年	**16576.66**	**4176.59**	**9552.16**	**16291.31**
2014年	**17823.07**	**4736.05**	**9843.50**	**17450.77**
2015年	**17425.03**	**5007.41**	**10772.50**	**19033.71**
2016年	**19762.60**	**5383.12**	**11481.06**	**19114.37**
2017年	**24719.22**	**6903.39**	**12917.64**	**22764.94**
2018年	**23327.46**	**6626.97**	**10558.96**	**20014.77**
1月	26149.39	7411.48	13185.26	23098.29
2月	25029.20	7273.01	12435.95	22068.24
3月	24103.11	7063.45	12114.07	21454.30
4月	24163.15	7066.27	12612.11	22467.87
5月	24415.84	7442.12	12604.89	22201.82
6月	24271.41	7510.30	12306.26	22304.51
7月	25415.19	7671.79	12805.50	22553.72
8月	25964.82	8109.54	12364.06	22865.15
9月	26458.31	8046.35	12246.73	24120.04
10月	25115.76	7305.90	11447.51	21920.46
11月	25538.46	7330.54	11257.24	22351.06
12月	23327.46	6626.97	10558.96	20014.77
2019年				
1月	24999.67	7281.74	11173.10	20773.49
2月	25916.00	7532.53	11515.64	21385.16
3月	25928.68	7729.32	11526.04	21205.81
4月	26592.91	8095.39	12344.08	22258.73
5月	24815.04	7453.15	11726.84	20601.19
6月	26599.96	8006.24	12398.80	21275.92
7月	26864.27	8175.42	12189.04	21521.53
8月	26403.28	7962.88	11939.28	20704.37
9月	26916.83	7999.00	12428.08	21755.84
10月	27046.23	8292.36	12866.79	22927.04
11月	28051.41	8665.47	13236.38	23293.91
12月	28538.44	8972.60	13249.01	23656.62
2020年				
1月	28256.03	9150.94	12981.97	23205.18
2月	25409.36	8567.37	11890.35	21142.96

资料来源：wind。

2.1.01 美国国内生产总值及其构成增长率(环比折年率)

单位:%

指标	2017年	2018年	2019年	2018年				2019年			
				一季度	二季度	三季度	四季度	一季度	二季度	三季度	四季度
国内生产总值	**2.4**	**2.9**	**2.3**	**2.5**	**3.5**	**2.9**	**1.1**	**3.1**	**2.0**	**2.1**	**2.1**
个人消费支出	2.6	3.0	2.6	1.7	4.0	3.5	1.4	1.1	4.6	3.2	1.8
消费品	3.9	4.1	3.8	1.3	5.4	3.6	1.6	1.5	8.6	5.3	1.2
耐用消费品	6.9	6.3	4.7	2.3	8.0	3.6	1.3	0.3	13.0	8.1	2.1
非耐用消费品	2.5	3.0	3.3	0.7	4.1	3.6	1.7	2.2	6.5	3.9	0.8
服务	2.0	2.5	2.1	1.9	3.4	3.4	1.4	1.0	2.8	2.2	2.0
私人投资总额	4.4	5.1	1.8	6.2	-1.8	13.7	3.0	6.2	-6.3	-1.0	-6.1
固定资产投资	4.2	4.6	1.3	5.5	5.2	0.7	2.7	3.2	-1.4	-0.8	0.1
非住宅投资	4.4	6.4	2.1	8.8	7.9	2.1	4.8	4.4	-1.0	-2.3	-1.5
建筑	4.7	4.1	-4.4	12.1	11.0	-2.1	-9.0	4.0	-11.1	-9.9	-10.1
设备	4.7	6.8	1.4	6.6	3.4	2.9	7.4	-0.1	0.8	-3.8	-2.9
知识产权产品	3.7	7.4	7.7	9.7	11.9	4.1	11.7	10.8	3.6	4.7	5.9
住宅投资	3.5	-1.5	-1.5	-5.3	-3.7	-4.0	-4.7	-1.0	-3.0	4.6	5.8
库存变动	....	....	....	....	....	....	....	....	....	....	....
净出口	....	....	....	....	....	....	....	....	....	....	....
出口	3.5	3.0	0.0	0.8	5.8	-6.2	1.5	4.1	-5.7	1.0	1.4
货物	3.9	4.3	0.2	1.2	12.0	-9.1	2.6	4.6	-5.9	2.1	-1.1
服务	2.7	0.7	-0.4	-0.1	-5.3	-0.1	-0.7	3.3	-5.1	-1.3	6.4
进口	4.7	4.4	1.0	0.6	0.3	8.6	3.5	-1.5	0.0	1.8	-8.7
货物	4.8	5.0	0.2	1.4	0.8	9.2	2.3	-2.8	0.1	1.1	-11.6
服务	4.4	1.6	4.1	-2.8	-2.0	6.1	8.9	4.5	-0.7	4.8	4.3
政府消费支出和投资	0.7	1.7	2.3	1.9	2.6	2.1	-0.4	2.9	4.8	1.7	2.7
联邦政府	0.8	2.9	3.5	2.8	3.9	2.9	1.1	2.2	8.3	3.3	3.6
国防	0.7	3.3	4.9	0.6	7.5	3.0	5.2	7.7	3.3	2.2	4.9
其他	0.8	2.4	1.6	6.0	-1.0	2.8	-4.5	-5.4	16.1	5.0	1.6
州及地方政府	0.6	1.0	1.6	1.4	1.8	1.6	-1.2	3.3	2.7	0.7	2.2
备注											
国民总收入	2.1	2.5	....	4.7	0.7	3.3	0.8	3.2	0.9	2.1	....

注:季度数据为经季节调整后折合年率的环比增长速度。

资料来源:美国商务部经济分析局。

2.1.02 美国国内生产总值及其构成增长率(同比)

单位:%

指　　标	2017年	2018年	2019年	2018年				2019年			
				一季度	二季度	三季度	四季度	一季度	二季度	三季度	四季度
国内生产总值	**2.4**	**2.9**	**2.3**	**2.9**	**3.2**	**3.1**	**2.5**	**2.7**	**2.3**	**2.1**	**2.3**
个人消费支出	2.6	3.0	2.6	2.8	3.2	3.4	2.6	2.5	2.6	2.6	2.6
消费品	3.9	4.1	3.8	4.5	4.5	4.4	2.9	3.0	3.8	4.2	4.1
耐用消费品	6.9	6.3	4.7	7.4	7.5	6.4	3.8	3.2	4.4	5.5	5.7
非耐用消费品	2.5	3.0	3.3	3.1	3.0	3.4	2.5	2.9	3.5	3.5	3.3
服务	2.0	2.5	2.1	2.0	2.6	3.0	2.5	2.3	2.1	1.8	2.0
私人投资总额	4.4	5.1	1.8	5.5	4.1	5.5	5.1	5.1	3.9	0.4	-1.9
固定资产投资	4.2	4.6	1.3	4.6	5.2	5.0	3.5	2.9	1.3	0.9	0.2
非住宅投资	4.4	6.4	2.1	6.0	6.9	6.8	5.9	4.8	2.6	1.4	-0.1
建筑	4.7	4.1	-4.4	2.6	4.8	6.4	2.6	0.7	-4.8	-6.7	-7.0
设备	4.7	6.8	1.4	8.6	7.2	6.4	5.0	3.3	2.7	1.0	-1.5
知识产权产品	3.7	7.4	7.7	4.8	7.8	7.5	9.3	9.6	7.5	7.7	6.2
住宅投资	3.5	-1.5	-1.5	-0.1	-0.4	-0.9	-4.4	-3.4	-3.2	-1.1	1.5
库存变动	....	....	....	....	....	....	....	....	....	....	....
净出口	....	....	....	....	....	....	....	....	....	....	....
出口	3.5	3.0	0.0	4.1	5.2	2.4	0.4	1.2	-1.7	0.2	0.2
货物	3.9	4.3	0.2	4.7	7.1	4.0	1.4	2.2	-2.1	0.8	-0.2
服务	2.7	0.7	-0.4	3.2	1.7	-0.5	-1.6	-0.7	-0.7	-1.0	0.7
进口	4.7	4.4	1.0	4.7	3.9	5.7	3.2	2.6	2.6	0.9	-2.2
货物	4.8	5.0	0.2	5.3	4.7	5.7	3.4	2.3	2.1	0.1	-3.5
服务	4.4	1.6	4.1	2.1	0.6	1.4	2.4	4.3	4.7	4.3	3.2
政府消费支出和投资	0.7	1.7	2.3	1.4	1.7	2.2	1.5	1.8	2.3	2.2	3.0
联邦政府	0.8	2.9	3.5	2.7	2.8	3.6	2.7	2.5	3.6	3.7	4.3
国防	0.7	3.3	4.9	2.5	2.7	3.9	4.0	5.8	4.8	4.6	4.5
其他	0.8	2.4	1.6	2.9	3.0	3.1	0.7	-2.1	1.9	2.4	4.0
州及地方政府	0.6	1.0	1.6	0.6	1.0	1.5	0.9	1.3	1.6	1.4	2.2
备注											
国民总收入	2.1	2.5	....	2.7	2.2	2.8	2.3	2.0	2.0	1.8	....

资料来源:美国商务部经济分析局。

2.1.03　美国国内生产总值构成对经济增长的拉动

单位：百分点

指　标	2017年	2018年	2019年	2018年				2019年			
				一季度	二季度	三季度	四季度	一季度	二季度	三季度	四季度
国内生产总值	**2.4**	**2.9**	**2.3**	**2.5**	**3.5**	**2.9**	**1.1**	**3.1**	**2.0**	**2.1**	**2.1**
个人消费支出	1.8	2.1	1.8	1.2	2.7	2.3	1.0	0.8	3.0	2.1	1.2
消费品	0.8	0.9	0.8	0.3	1.1	0.8	0.3	0.3	1.7	1.1	0.3
耐用消费品	0.5	0.4	0.3	0.2	0.6	0.3	0.1	0.0	0.9	0.6	0.2
非耐用消费品	0.4	0.4	0.5	0.1	0.6	0.5	0.2	0.3	0.9	0.5	0.1
服务	0.9	1.2	1.0	0.9	1.6	1.6	0.7	0.5	1.3	1.0	0.9
私人投资总额	0.8	0.9	0.3	1.1	-0.3	2.3	0.5	1.1	-1.2	-0.2	-1.1
固定资产投资	0.7	0.8	0.2	0.9	0.9	0.1	0.5	0.6	-0.3	-0.1	0.0
非住宅投资	0.6	0.8	0.3	1.2	1.0	0.3	0.6	0.6	-0.1	-0.3	-0.2
建筑	0.1	0.1	-0.1	0.4	0.3	-0.1	-0.3	0.1	-0.4	-0.3	-0.3
设备	0.3	0.4	0.1	0.4	0.2	0.2	0.4	0.0	0.1	-0.2	-0.2
知识产权产品	0.2	0.3	0.4	0.4	0.5	0.2	0.5	0.5	0.2	0.2	0.3
住宅投资	0.1	-0.1	-0.1	-0.2	-0.2	-0.2	-0.2	0.0	-0.1	0.2	0.2
库存变动	0.0	0.1	0.1	0.1	-1.2	2.1	0.1	0.5	-0.9	0.0	-1.1
净出口	-0.3	-0.3	-0.2	0.0	0.7	-2.1	-0.4	0.7	-0.7	-0.1	1.5
出口	0.4	0.4	0.0	0.1	0.7	-0.8	0.2	0.5	-0.7	0.1	0.2
货物	0.3	0.3	0.0	0.1	0.9	-0.8	0.2	0.4	-0.5	0.2	-0.1
服务	0.1	0.0	0.0	0.0	-0.2	0.0	0.0	0.1	-0.2	-0.1	0.3
进口	-0.7	-0.7	-0.2	-0.1	0.0	-1.3	-0.5	0.2	0.0	-0.3	1.3
货物	-0.6	-0.6	0.0	-0.2	-0.1	-1.1	-0.3	0.4	0.0	-0.1	1.4
服务	-0.1	-0.1	-0.1	0.1	0.1	-0.2	-0.2	-0.1	0.0	-0.1	-0.1
政府消费支出和投资	0.1	0.3	0.4	0.3	0.4	0.4	-0.1	0.5	0.8	0.3	0.5
联邦政府	0.1	0.2	0.2	0.2	0.3	0.2	0.1	0.1	0.5	0.2	0.2
国防	0.0	0.1	0.2	0.0	0.3	0.1	0.2	0.3	0.1	0.1	0.2
其他	0.0	0.1	0.0	0.2	0.0	0.1	-0.1	-0.2	0.4	0.1	0.0
州及地方政府	0.07	0.11	0.18	0.15	0.19	0.17	-0.14	0.36	0.29	0.08	0.23

注：季度数据为经季节调整后折合年率的环比增长速度。

资料来源：美国商务部经济分析局。

2.1.04 美国工业生产指数和工业生产能力利用率

年份	月份	工业生产指数（2012年=100）	制造业	工业生产能力利用率（%）	制造业
2011年		**97.1**	**97.5**	**76.1**	**73.5**
2012年		**100.0**	**100.0**	**76.9**	**74.5**
2013年		**102.0**	**100.9**	**77.2**	**74.4**
2014年		**105.2**	**102.0**	**78.6**	**75.2**
2015年		**104.1**	**101.5**	**76.9**	**75.3**
2016年		**102.1**	**100.7**	**75.0**	**74.2**
2017年		**104.4**	**102.7**	**76.5**	**75.1**
2018年		**108.6**	**105.0**	**78.7**	**76.6**
	1月	106.2	100.8	77.6	75.5
	2月	106.3	103.4	77.8	76.3
	3月	107.3	104.7	78.2	76.3
	4月	106.8	105.3	78.8	76.6
	5月	106.3	101.3	78.1	76.0
	6月	109.7	107.0	78.6	76.5
	7月	108.5	103.8	78.8	76.7
	8月	111.7	107.3	79.3	77.0
	9月	110.3	106.9	79.3	76.9
	10月	109.8	107.0	79.3	76.8
	11月	109.7	105.5	79.6	76.9
	12月	109.9	104.5	79.5	77.3
2019年		**109.4**	**104.8**	**77.8**	**75.6**
	1月	109.7	103.2	79.0	76.7
	2月	109.3	104.3	78.5	76.3
	3月	109.8	105.5	78.4	76.2
	4月	107.4	104.4	77.8	75.4
	5月	107.9	104.6	77.8	75.4
	6月	110.8	107.1	77.7	75.7
	7月	108.8	103.0	77.4	75.3
	8月	112.1	106.8	77.8	75.7
	9月	110.1	105.7	77.4	75.1
	10月	108.8	105.2	77.0	74.6
	11月	109.1	104.6	77.5	75.2
	12月	109.1	103.3	77.1	75.2

资料来源：美国联邦储备委员会。

2.1.05 美国劳动生产率变化

(2012 年 = 100)

年度	季度	非农产业		制造业		商业	
		劳动生产率	单位工作产出	劳动生产率	单位工作产出	劳动生产率	单位工作产出
2011 年		**99.2**	**98.9**	**101.0**	**100.6**	**99.2**	**99.0**
2012 年		**100.0**	**100.0**	**100.0**	**100.0**	**100.0**	**100.0**
2013 年		**100.5**	**100.4**	**101.1**	**101.3**	**100.9**	**100.8**
2014 年		**101.4**	**101.5**	**100.7**	**101.1**	**101.6**	**101.8**
2015 年		**102.7**	**102.7**	**98.9**	**99.0**	**102.9**	**102.9**
2016 年		**103.0**	**102.7**	**98.7**	**98.8**	**103.2**	**102.9**
	1 季度	102.6	102.4	98.9	98.9	102.7	102.6
	2 季度	102.7	102.4	98.5	98.7	102.8	102.6
	3 季度	103.1	102.8	98.5	98.7	103.3	103.1
	4 季度	103.6	103.0	98.7	98.9	103.9	103.3
2017 年		**104.4**	**104.0**	**98.2**	**98.4**	**104.6**	**104.2**
	1 季度	103.8	103.2	98.3	98.6	104.0	103.5
	2 季度	103.9	103.7	98.8	99.1	104.2	103.9
	3 季度	104.7	104.3	97.5	97.9	105.0	104.6
	4 季度	104.9	104.6	98.3	98.3	105.1	104.9
2018 年		**105.7**	**105.5**	**98.6**	**99.1**	**106.0**	**105.7**
	1 季度	105.2	104.9	98.2	98.6	105.4	105.1
	2 季度	105.7	105.6	98.5	99.2	106.0	106.0
	3 季度	106.0	105.9	98.6	99.5	106.3	106.1
	4 季度	106.0	105.6	98.8	99.0	106.3	105.8
2019 年		**107.5**	**106.8**	**98.6**	**97.8**	**107.8**	**107.1**
	1 季度	106.9	106.4	99.1	98.6	107.2	106.7
	2 季度	107.6	106.8	98.5	98.0	107.9	107.1
	3 季度	107.5	106.7	98.5	97.5	107.9	107.0
	4 季度	107.9	107.2	98.2	97.3	108.2	107.5

资料来源:美国劳工统计局。

2.1.06 美国就业率和失业率

年份 月份	就业率（%）	失业率（%）
2011 年	**58.4**	**8.9**
2012 年	**58.6**	**8.1**
2013 年	**58.6**	**7.4**
2014 年	**59.0**	**6.2**
2015 年	**59.3**	**5.3**
2016 年	**59.7**	**4.9**
2017 年	**60.1**	**4.3**
2018 年	**60.4**	**3.9**
1 月	60.2	4.1
2 月	60.4	4.1
3 月	60.4	4.0
4 月	60.4	4.0
5 月	60.5	3.8
6 月	60.5	4.0
7 月	60.5	3.8
8 月	60.3	3.8
9 月	60.4	3.7
10 月	60.5	3.8
11 月	60.5	3.7
12 月	60.6	3.9
2019 年	**60.8**	**3.7**
1 月	60.7	4.0
2 月	60.7	3.8
3 月	60.6	3.8
4 月	60.6	3.6
5 月	60.6	3.6
6 月	60.7	3.7
7 月	60.7	3.7
8 月	60.9	3.7
9 月	61.0	3.5
10 月	61.0	3.6
11 月	61.0	3.5
12 月	61.0	3.5

注:数据经季节调整。

资料来源:美国劳工统计局。

2.1.07 美国价格涨跌率

单位:%

年份	月份	消费价格涨跌率		核心消费价格涨跌率①		生产价格涨跌率	
		环比	同比	环比	同比	环比	同比
2011年			**3.2**		**1.7**		**3.9**
2012年			**2.1**		**2.1**		**1.9**
2013年			**1.5**		**1.8**		**1.4**
2014年			**1.6**		**1.7**		**1.6**
2015年			**0.1**		**1.8**		**-0.9**
2016年			**1.3**		**2.2**		**0.4**
2017年			**2.1**		**1.8**		**2.3**
2018年			**2.4**		**2.1**		**2.9**
	1月	0.4	2.1	0.3	1.8	0.4	2.6
	2月	0.3	2.2	0.2	1.8	0.3	2.8
	3月	0.0	2.4	0.2	2.1	0.3	2.9
	4月	0.2	2.5	0.2	2.1	0.1	2.7
	5月	0.3	2.8	0.2	2.2	0.4	3.1
	6月	0.2	2.9	0.1	2.3	0.3	3.3
	7月	0.1	2.9	0.2	2.4	0.2	3.4
	8月	0.2	2.7	0.1	2.2	0.0	3.0
	9月	0.1	2.3	0.2	2.2	0.2	2.7
	10月	0.2	2.5	0.1	2.1	0.7	3.1
	11月	0.0	2.2	0.2	2.2	-0.1	2.6
	12月	0.0	1.9	0.2	2.2	-0.1	2.6
2019年			**1.8**		**2.2**		**1.7**
	1月	0.0	1.6	0.2	2.2	-0.3	1.9
	2月	0.2	1.5	0.1	2.1	0.2	1.9
	3月	0.4	1.9	0.2	2.0	0.4	2.0
	4月	0.3	2.0	0.2	2.1	0.4	2.4
	5月	0.1	1.8	0.1	2.0	0.2	2.1
	6月	0.1	1.6	0.3	2.1	-0.2	1.6
	7月	0.3	1.8	0.3	2.2	0.3	1.6
	8月	0.1	1.7	0.2	2.4	0.1	1.9
	9月	0.1	1.7	0.2	2.4	-0.3	1.5
	10月	0.2	1.8	0.1	2.3	0.3	1.1
	11月	0.2	2.1	0.2	2.3	-0.1	1.1
	12月	0.2	2.3	0.1	2.3	0.2	1.3

注:①为不包括食品和能源的消费者价格。

资料来源:美国劳工统计局。

2.1.08 美国进出口贸易

单位:亿美元

年份	月份	进出口额	出口额	进口额	出口额减进口额
2011 年		**48015.9**	**21259.5**	**26756.5**	**-5497.0**
2012 年		**49741.2**	**22183.6**	**27557.6**	**-5374.1**
2013 年		**50495.3**	**22942.0**	**27553.3**	**-4611.3**
2014 年		**52429.0**	**23766.6**	**28662.4**	**-4895.8**
2015 年		**50319.1**	**22666.9**	**27652.2**	**-4985.3**
2016 年		**49346.6**	**22158.4**	**27188.2**	**-5029.8**
2017 年		**52552.2**	**23525.5**	**29026.7**	**-5501.2**
2018 年		**56303.0**	**25013.1**	**31289.9**	**-6276.8**
	1 月	4572.6	2025.8	2546.9	-521.1
	2 月	4650.3	2056.1	2594.3	-538.2
	3 月	4670.5	2099.4	2571.1	-471.8
	4 月	4659.9	2088.8	2571.0	-482.2
	5 月	4710.3	2133.4	2576.9	-443.5
	6 月	4693.7	2109.7	2584.0	-474.3
	7 月	4699.1	2087.3	2611.8	-524.4
	8 月	4704.1	2077.6	2626.5	-548.9
	9 月	4755.9	2097.5	2658.4	-560.9
	10 月	4769.4	2101.2	2668.2	-566.9
	11 月	4696.0	2079.8	2616.2	-536.5
	12 月	4721.3	2056.6	2664.7	-608.1
2019 年		**56162.8**	**24997.6**	**31165.2**	**-6167.5**
	1 月	4666.4	2065.3	2601.1	-535.7
	2 月	4683.1	2085.9	2597.2	-511.4
	3 月	4738.0	2103.7	2634.3	-530.6
	4 月	4642.2	2063.8	2578.4	-514.6
	5 月	4777.5	2114.6	2662.9	-548.2
	6 月	4693.8	2076.3	2617.5	-541.2
	7 月	4699.7	2084.1	2615.6	-531.5
	8 月	4716.7	2088.5	2628.2	-539.8
	9 月	4656.5	2070.6	2585.9	-515.3
	10 月	4609.2	2067.7	2541.4	-473.7
	11 月	4598.2	2080.6	2517.5	-436.9
	12 月	4681.5	2096.4	2585.2	-488.8

注:包括货物和服务贸易。

资料来源:美国商务部普查局。

2.1.09 美国外国直接投资

单位:亿美元

年份 季度	流入	流出	流入减流出
2011 年	**2298.6**	**3965.7**	**-1667.1**
2012 年	**1990.3**	**3182.0**	**-1191.6**
2013 年	**2013.9**	**3034.3**	**-1020.4**
2014 年	**2017.3**	**3330.1**	**-1312.8**
2015 年	**4676.3**	**2643.6**	**2032.7**
1 季度	2369.7	940.9	1428.8
2 季度	932.3	771.1	161.1
3 季度	599.2	535.6	63.6
4 季度	775.1	395.9	379.2
2016 年	**4717.9**	**2892.6**	**1825.3**
1 季度	1465.3	762.8	702.5
2 季度	1617.3	871.5	745.8
3 季度	1093.9	852.3	241.6
4 季度	541.5	406.1	135.4
2017 年	**2772.6**	**3003.8**	**-231.2**
1 季度	896.9	1262.8	-365.9
2 季度	856.2	430.9	425.3
3 季度	645.9	702.5	-56.6
4 季度	373.6	607.6	-234.0
2018 年	**2535.6**	**-906.2**	**3441.8**
1 季度	527.9	-481.3	1009.2
2 季度	5.9	-1209.2	1215.1
3 季度	1239.1	560.5	678.6
4 季度	762.7	223.7	539.0
2019 年	**2462.2**	**1249.0**	**1213.2**
1 季度	816.5	-155.9	972.4
2 季度	726.3	968.5	-242.2
3 季度	330.1	144.9	185.2
4 季度	589.2	291.5	297.7

资料来源:美国商务部经济分析局。

2.1.10 美国预警指标和景气指标

年份 月份	先行指标	消费者信心指数	制造业采购经理人指数	服务业采购经理人指数
2016 年				
1 月	123.2	97.8	52.4	53.2
2 月	123.1	94.0	51.3	49.7
3 月	123.2	96.1	51.5	51.3
4 月	123.6	94.7	50.8	52.8
5 月	123.4	92.4	50.7	51.3
6 月	123.7	97.4	51.3	51.4
7 月	124.3	96.7	52.9	51.4
8 月	124.1	101.8	52.0	51.0
9 月	124.5	103.5	51.5	52.3
10 月	123.9	100.8	53.4	54.8
11 月	124.1	109.4	54.1	54.6
12 月	124.7	113.3	54.3	53.9
2017 年				
1 月	125.5	111.6	55.0	55.6
2 月	126.1	116.1	54.2	53.8
3 月	126.5	124.9	53.3	52.8
4 月	126.7	119.4	52.8	53.1
5 月	127.1	117.9	52.7	53.6
6 月	127.9	117.3	52.0	54.2
7 月	128.2	120.0	53.3	54.7
8 月	128.7	122.9	52.8	56.0
9 月	104.6	120.6	53.1	55.3
10 月	105.9	125.9	54.6	55.3
11 月	106.4	128.6	53.9	54.5
12 月	107.0	123.1	55.1	53.7
2018 年				
1 月	108.1	124.3	55.5	53.3
2 月	108.5	130.0	55.3	55.9
3 月	108.9	127.0	55.6	54.0
4 月	109.5	125.6	56.5	54.6
5 月	109.6	128.8	56.4	56.8
6 月	110.2	127.1	55.4	56.5
7 月	110.9	127.9	55.3	56.0
8 月	111.3	134.7	54.7	54.8
9 月	111.9	135.3	55.6	53.5
10 月	111.3	137.9	55.7	54.8
11 月	111.4	136.4	55.3	54.7
12 月	111.4	126.6	53.8	54.4
2019 年				
1 月	111.4	121.7	54.9	54.2
2 月	111.5	131.4	53.0	56.0
3 月	111.7	124.2	52.4	55.3
4 月	111.9	129.2	52.6	53.0
5 月	111.7	131.3	50.5	50.9
6 月	111.8	124.3	50.6	51.5
7 月	112.2	135.8	50.4	53.0
8 月	112.0	134.2	50.3	50.7
9 月	111.6	126.3	51.1	50.9
10 月	111.4	126.1	51.3	50.6
11 月	111.5	126.8	52.6	51.6
12 月	111.2	128.2	52.4	52.8

注:2017 年 9 月起,先行指标由 2010 年为 100 改为 2016 年为 100。

资料来源:世界大型企业联合会(Conference Board)和 Markit 公司。

2.1.11 美国财政指标

单位:亿美元

年份 月份	收入		支出		收入减支出
	总额	同比增长(%)	总额	同比增长(%)	
2011 财年	**23025.0**	**6.5**	**35992.9**	**4.1**	**-12967.9**
2012 财年	**24490.9**	**6.4**	**35382.9**	**-1.7**	**-10892.0**
2013 财年	**27740.1**	**13.3**	**34542.2**	**-2.4**	**-6802.1**
2014 财年	**30203.7**	**8.9**	**35037.3**	**1.4**	**-4833.6**
2015 财年	**32487.0**	**7.6**	**36852.4**	**5.2**	**-4365.4**
2016 财年	**32667.7**	**0.6**	**35221.2**	**-4.4**	**-2553.5**
2017 财年	**33148.9**	**1.5**	**39807.2**	**13.0**	**-6658.3**
2018 财年	**33287.5**	**0.4**	**41077.4**	**3.2**	**7790.0**
10 月	2353.4	6.2	2985.6	11.6	632.1
11 月	2083.7	4.3	3469.2	3.1	1385.5
12 月	3258.0	2.1	3489.9	0.7	231.9
1 月	3610.4	4.9	3118.0	6.5	-492.4
2 月	1556.2	-9.4	3708.6	2.0	2152.4
3 月	2108.3	-2.7	4195.8	6.8	2087.4
4 月	5104.5	12.0	2961.9	8.4	-2142.6
5 月	2170.8	-9.7	3638.7	10.7	1468.0
6 月	3162.8	-6.6	3911.4	-8.8	748.6
7 月	2252.7	-2.9	3021.3	9.9	768.7
8 月	2191.2	-3.2	4332.6	29.7	2141.5
9 月	3435.6	-1.5	2244.4	-34.1	-1191.2
2019 财年	**34622.0**	**4.0**	**44465.8**	**8.2**	**-9843.9**
10 月	2526.9	7.4	3531.8	18.3	1004.9
11 月	2059.6	-1.2	4108.6	18.4	2049.0
12 月	3125.8	-4.1	3261.2	-6.6	135.4
1 月	3399.8	-5.8	3313.0	6.3	-86.8
2 月	1672.7	7.5	4012.4	8.2	2339.8
3 月	2288.1	8.5	3757.6	-10.4	1469.5
4 月	5355.5	4.9	3752.4	26.7	-1603.1
5 月	2320.6	6.9	4398.3	20.9	2077.7
6 月	3339.5	5.6	3424.3	-12.5	84.8
7 月	2513.5	11.6	3710.4	22.8	1197.0
8 月	2279.7	4.0	4283.1	-1.1	2003.4
9 月	3740.3	8.9	2912.6	29.8	-827.7

注:美国财年是按上年 10 月至当年 9 月计算的,所列月份为日历月份。

资料来源:美国财政部。

2.1.12 美国联邦基金利率和贴现率

单位:%

年份	日期	联邦基金利率	贴现率
2006 年			
	1 月 31 日	4. 50	5. 50
	3 月 28 日	4. 75	5. 75
	5 月 10 日	5. 00	6. 00
	6 月 29 日	5. 25	6. 25
2007 年			
	8 月 17 日	5. 25	5. 75
	9 月 18 日	4. 75	5. 25
	10 月 31 日	4. 50	5. 00
	12 月 11 日	4. 25	4. 75
2008 年			
	1 月 22 日	3. 50	4. 00
	1 月 30 日	3. 00	3. 50
	3 月 16 日	3. 00	3. 25
	3 月 18 日	2. 25	2. 50
	4 月 30 日	2. 00	2. 25
	10 月 8 日	1. 50	1. 75
	10 月 29 日	1. 00	1. 25
	12 月 16 日	0-0. 25	0. 50
2010 年			
	2 月 19 日	0-0. 25	0. 75
2015 年			
	12 月 16 日	0. 25-0. 5	1. 00
2016 年			
	12 月 14 日	0. 50-0. 75	1. 25
2017 年			
	3 月 15 日	0. 75-1. 00	1. 50
	6 月 14 日	1. 00-1. 25	1. 75
	12 月 13 日	1. 25-1. 50	2. 00
2018 年			
	3 月 21 日	1. 50-1. 75	2. 25
	6 月 13 日	1. 75-2. 00	2. 50
	9 月 26 日	2. 00-2. 25	2. 75
	12 月 19 日	2. 25-2. 50	3. 00
2019 年			
	7 月 31 日	2. 00-2. 25	2. 75
	9 月 18 日	1. 75-2. 00	2. 50
	10 月 30 日	1. 50-1. 75	2. 25

资料来源:美国联邦储备委员会。

2.2.01 欧元区国内生产总值及其构成增长率(环比)

单位:%

	2018年	2019年	2018年				2019年			
			一季度	二季度	三季度	四季度	一季度	二季度	三季度	四季度
国内生产总值	**1.9**	**1.2**	**0.3**	**0.4**	**0.2**	**0.4**	**0.5**	**0.1**	**0.3**	**0.1**
按需求构成分类										
国内需求										
私人消费支出	1.4	1.3	0.4	0.2	0.1	0.4	0.4	0.2	0.5	0.1
政府消费支出	1.1	1.6	0.1	0.5	0.0	0.5	0.4	0.4	0.6	0.3
固定资本形成	2.3	5.7	0.7	1.0	1.0	1.2	0.9	5.0	-3.8	4.2
国外需求										
出口	3.4	2.5	-0.4	0.9	0.2	1.0	0.9	0.0	0.6	0.4
进口	2.7	3.8	-0.3	1.2	1.1	1.0	0.2	2.7	-1.3	2.2
按产业构成分类										
农业、林业、渔业	1.4	-0.5	0.4	-0.1	-0.9	0.7	-0.3	-0.6	0.1	0.3
工业(除建筑业)	1.8	-1.1	-0.3	0.2	-0.2	-0.2	-0.1	-0.5	-0.4	-0.7
制造业	2.3	-1.1	-0.2	0.4	-0.4	-0.1	-0.2	-0.4	-0.4	-0.8
建筑业	3.3	3.0	0.3	1.1	0.6	1.3	1.4	-0.3	0.6	-0.2
贸易零售、交通、旅馆、餐饮	2.1	1.8	0.5	0.5	0.0	0.5	1.0	0.1	0.3	0.3
信息、通信	4.5	4.2	0.6	1.2	1.7	0.4	1.2	0.7	1.5	1.1
金融及保险	1.4	2.1	0.1	0.4	0.6	-0.3	0.9	0.9	0.6	0.2
房地产	1.6	1.7	0.5	0.2	0.4	0.3	0.5	0.4	0.4	0.4
专业技术服务	3.3	1.7	1.0	0.5	0.3	1.1	0.0	0.4	0.3	0.3
公共管理和其他公共服务	1.0	1.1	0.0	0.2	0.2	0.4	0.2	0.2	0.3	0.4
艺术、娱乐及其他服务	0.4	1.1	-0.2	-0.1	0.3	0.3	0.6	0.3	0.1	-0.5

注:本表为经季节调整后的数据。

资料来源:欧盟统计局。

2.2.02 欧元区国内生产总值及其构成增长率(同比)

单位:%

指标	2018年	2019年	2018年				2019年			
			一季度	二季度	三季度	四季度	一季度	二季度	三季度	四季度
国内生产总值	**1.9**	**1.2**	**2.6**	**2.2**	**1.6**	**1.2**	**1.4**	**1.2**	**1.3**	**1.0**
按需求构成分类										
国内需求										
私人消费支出	1.4	1.3	1.7	1.5	1.1	1.2	1.2	1.2	1.5	1.2
政府消费支出	1.1	1.6	1.3	1.4	0.8	1.0	1.4	1.3	2.0	1.8
固定资本形成	2.3	5.7	4.2	-2.0	3.6	3.8	4.1	8.3	3.2	6.3
国外需求										
出口	3.4	2.5	4.6	4.1	3.0	1.7	3.1	2.2	2.7	2.0
进口	2.7	3.8	3.5	0.6	3.8	3.1	3.6	5.2	2.6	3.8
按产业构成分类										
农业、林业、渔业	1.4	-0.5	2.8	2.3	0.5	0.2	-0.5	-1.0	-0.1	-0.5
工业(除建筑业)	1.8	-1.1	3.6	2.8	1.2	-0.5	-0.4	-1.0	-1.2	-1.7
制造业	2.3	-1.1	4.2	3.6	1.5	-0.2	-0.3	-1.1	-1.1	-1.9
建筑业	3.3	3.0	3.1	3.2	3.2	3.4	4.6	3.1	3.1	1.5
贸易零售、交通、旅馆、餐饮	2.1	1.8	2.6	2.4	1.7	1.5	2.0	1.6	1.9	1.8
信息、通信	4.5	4.2	4.6	4.5	5.0	3.9	4.5	4.0	3.8	4.5
金融及保险	1.4	2.1	1.7	1.3	1.6	0.7	1.6	2.1	2.1	2.6
房地产	1.6	1.7	1.7	1.5	1.5	1.4	1.5	1.7	1.7	1.8
专业技术服务	3.3	1.7	4.2	3.5	2.6	2.8	1.9	1.8	1.9	1.1
公共管理和其他公共服务	1.0	1.1	1.3	1.0	0.7	0.8	1.1	1.1	1.1	1.1
艺术、娱乐及其他服务	0.4	1.1	1.0	0.2	0.0	0.2	1.0	1.5	1.3	0.5

注:本表为经季节调整后的数据。

资料来源:欧盟统计局。

2.2.03 欧元区国内生产总值及其构成对经济增长的拉动

单位:百分点

	2018年	2019年	2018年				2019年			
			一季度	二季度	三季度	四季度	一季度	二季度	三季度	四季度
国内生产总值	**1.9**	**1.2**	**0.27**	**0.36**	**0.19**	**0.39**	**0.46**	**0.15**	**0.31**	**0.11**
按需求构成分类										
国内需求										
私人消费支出	0.75	0.68	0.22	0.10	0.08	0.23	0.21	0.11	0.27	0.06
政府消费支出	0.23	0.33	0.02	0.09	-0.01	0.11	0.09	0.09	0.11	0.07
固定资本形成	0.48	1.20	0.13	0.20	0.20	0.24	0.19	1.07	-0.84	0.90
国外需求										
出口	1.59	1.19	-0.20	0.43	0.11	0.50	0.45	0.02	0.30	0.20
进口	-1.18	-1.68	0.11	-0.49	-0.48	-0.44	-0.11	-1.19	0.61	-0.99
按产业构成分类										
农业、林业、渔业	0.02	-0.01	0.01	0.00	-0.01	0.01	0.00	-0.01	0.00	0.00
工业(除建筑业)	0.32	-0.19	-0.05	0.03	-0.04	-0.03	-0.02	-0.09	-0.07	-0.11
制造业	0.34	-0.17	-0.03	0.07	-0.06	-0.01	-0.04	-0.06	-0.06	-0.12
建筑业	0.15	0.14	0.01	0.05	0.03	0.06	0.07	-0.02	0.03	-0.01
贸易零售、交通、旅馆、餐饮	0.35	0.31	0.09	0.08	0.00	0.08	0.18	0.02	0.05	0.05
信息、通信	0.19	0.18	0.02	0.05	0.07	0.02	0.05	0.03	0.06	0.05
金融及保险	0.06	0.09	0.00	0.01	0.03	-0.01	0.04	0.04	0.02	0.01
房地产	0.16	0.17	0.05	0.02	0.04	0.03	0.05	0.04	0.04	0.04
专业技术服务	0.33	0.18	0.10	0.05	0.03	0.11	0.00	0.05	0.04	0.03
公共管理和其他公共服务	0.16	0.18	0.00	0.04	0.04	0.07	0.03	0.04	0.05	0.07
艺术、娱乐及其他服务	0.01	0.03	-0.01	0.00	0.01	0.01	0.02	0.01	0.00	-0.01

注:季度数据为经季节调整后的环比增长率。

资料来源:欧盟统计局。

2.2.04 欧元区工业生产指标

单位:%

年份	月份	工业生产增长速度	制造业增长速度	制造业生产能力利用率
2013 年		**-0.8**	**-0.8**	**78.5**
2014 年		**1.0**	**2.0**	**80.5**
2015 年		**2.6**	**2.9**	**81.2**
2016 年		**1.6**	**1.8**	**81.6**
2017 年		**3.0**	**3.1**	**83.2**
2018 年		**0.7**	**1.0**	**83.8**
	1 月	3.3	5.3	
	2 月	2.0	1.9	
	3 月	2.7	2.2	84.1
	4 月	1.4	1.6	
	5 月	2.5	2.8	
	6 月	2.5	2.8	83.9
	7 月	-0.2	-0.2	
	8 月	0.7	0.7	
	9 月	0.5	0.7	83.6
	10 月	0.9	1.2	
	11 月	-3.1	-3.0	
	12 月	-4.3	-4.2	83.4
2019 年		**-1.5**	**-1.5**	
	1 月	-0.6	-1.5	
	2 月	-0.2	0.6	
	3 月	-0.8	0.0	83.5
	4 月	-0.8	-0.9	
	5 月	-1.3	-1.5	
	6 月	-2.5	-2.6	82.7
	7 月	-1.7	-1.6	
	8 月	-2.3	-2.3	
	9 月	-1.5	-1.5	81.8
	10 月	-1.8	-1.7	
	11 月	-1.5	-1.7	
	12 月	-3.6	-3.8	81.0

注:工业生产增长速度按同比计算。

资料来源:欧盟统计局和欧洲央行统计月报。

2.2.05 欧元区劳动力市场

单位:%

年份	月份	失业率	男	女	劳动生产率增长率
2013 年		**12.0**	**11.9**	**12.2**	**0.3**
2014 年		**11.6**	**11.5**	**11.8**	**0.7**
2015 年		**10.9**	**10.7**	**11.1**	**1.1**
2016 年		**10.0**	**9.7**	**10.4**	**0.6**
2017 年		**9.1**	**8.7**	**9.5**	**0.9**
2018 年		**8.2**	**7.9**	**8.6**	**0.4**
	1 月	8.6	8.3	9.0	
	2 月	8.5	8.2	8.9	
	3 月	8.5	8.1	8.9	0.7
	4 月	8.4	8.0	8.8	
	5 月	8.3	7.9	8.7	
	6 月	8.2	7.9	8.6	0.7
	7 月	8.1	7.8	8.4	
	8 月	8.0	7.8	8.4	
	9 月	8.0	7.7	8.3	0.2
	10 月	8.0	7.7	8.4	
	11 月	7.9	7.5	8.3	
	12 月	7.8	7.4	8.3	0.0
2019 年		**7.6**	**7.2**	**8.0**	**0.0**
	1 月	7.8	7.4	8.3	
	2 月	7.8	7.4	8.2	
	3 月	7.7	7.3	8.1	-0.1
	4 月	7.6	7.3	8.0	
	5 月	7.6	7.3	7.9	
	6 月	7.5	7.2	7.9	-0.2
	7 月	7.6	7.2	8.0	
	8 月	7.5	7.2	7.9	
	9 月	7.5	7.2	7.9	0.5
	10 月	7.4	7.1	7.8	
	11 月	7.4	7.1	7.8	
	12 月	7.4	7.1	7.7	-0.1

注:除年度数据以外,劳动生产率增长率为该月份所在季度数据的同比增长率。

资料来源:欧盟统计局。

2.2.06 欧元区进出口贸易

单位:亿欧元

年度	月度	进出口额	进口额	出口额	出口额减进口额
2013 年		**36418**	**17445**	**18973**	**1528**
2014 年		**36952**	**17544**	**19407**	**1863**
2015 年		**38433**	**18002**	**20431**	**2429**
2016 年		**38256**	**17766**	**20490**	**2724**
2017 年		**41458**	**19521**	**21937**	**2416**
2018 年		**43708**	**20881**	**22827**	**1946**
	1 月	3613	1705	1908	203
	2 月	3496	1658	1839	181
	3 月	3539	1664	1875	211
	4 月	3575	1704	1871	167
	5 月	3586	1710	1876	166
	6 月	3676	1752	1924	172
	7 月	3659	1768	1891	123
	8 月	3699	1769	1930	160
	9 月	3688	1774	1914	140
	10 月	3746	1817	1929	113
	11 月	3709	1782	1927	145
	12 月	3727	1788	1939	150
2019 年		**44651**	**21197**	**23454**	**2257**
	1 月	3744	1789	1955	166
	2 月	3697	1752	1945	194
	3 月	3756	1792	1964	171
	4 月	3708	1776	1931	155
	5 月	3722	1769	1953	184
	6 月	3698	1761	1938	177
	7 月	3703	1768	1935	167
	8 月	3704	1752	1952	200
	9 月	3729	1772	1957	185
	10 月	3764	1763	2001	239
	11 月	3707	1758	1949	191
	12 月	3713	1745	1967	222

注:贸易额不包括欧元区各成员国相互之间的贸易额,为经季节调整后的数据。

资料来源:欧盟统计局。

2.2.07 欧元区外国直接投资

单位:亿欧元

年度 月度	流 入	流 出	流入减流出
2013 年	**5957**	**6238**	**-281**
2014 年	**1958**	**2638**	**-679**
2015 年	**9358**	**11654**	**-2296**
2016 年	**3423**	**4404**	**-982**
2017 年	**2570**	**2603**	**-33**
2018 年	**-3440**	**-2568**	**-871**
1 月	-294	301	-595
2 月	262	280	-17
3 月	-416	279	-695
4 月	160	371	-211
5 月	-74	-102	29
6 月	-309	135	-443
7 月	586	626	-39
8 月	-366	-396	30
9 月	-1040	-1022	-18
10 月	25	140	-115
11 月	-400	-741	341
12 月	-1576	-2438	862
2019 年	**1027**	**786**	**241**
1 月	508	717	-209
2 月	70	205	-135
3 月	-263	-1	-262
4 月	686	246	440
5 月	267	91	176
6 月	-825	-1239	415
7 月	1387	1353	33
8 月	-630	-479	-151
9 月	750	751	-1
10 月	-763	-119	-645
11 月	317	98	219
12 月	-475	-835	360

注:欧元区绝对数指欧元区历年实有成员,2001 年至 2005 年为 11 个成员,2006 年为 12 个成员,2007 年为 13 个成员,2008 年为 15 个成员,2009 年为 16 个成员,2013 年为 17 个成员,2014 年为 18 个成员,2015 年为 19 个成员;外国直接投资额不包括欧元区各成员国相互之间的直接投资额。

资料来源:欧洲央行统计月报。

2.2.08 欧元区价格涨跌率

单位:%

年度 月度	消费者价格涨跌率		核心 CPI①		生产者价格涨跌率	
	环比	同比	环比	同比	环比	同比
2013 年		**1.4**		**1.1**		**-0.1**
2014 年		**0.4**		**0.8**		**-1.5**
2015 年		**0.2**		**1.1**		**-2.6**
2016 年		**0.2**		**0.8**		**-2.1**
2017 年		**1.5**		**1.0**		**3.0**
2018 年		**1.8**		**1.0**		**3.2**
1月	-0.9	1.3	-1.7	1.3	0.4	1.5
2月	0.2	1.1	0.4	1.1	0.0	1.6
3月	1.1	1.4	1.5	1.4	0.0	1.9
4月	0.4	1.2	0.4	1.2	0.0	1.8
5月	0.6	2.0	0.5	2.0	0.9	3.0
6月	0.1	2.0	0.0	2.0	0.4	3.6
7月	-0.2	2.2	-0.4	2.2	0.7	4.2
8月	0.2	2.1	0.2	2.1	0.4	4.3
9月	0.4	2.1	0.3	2.1	0.6	4.6
10月	0.2	2.3	0.1	2.3	0.8	4.9
11月	-0.6	1.9	-0.8	1.9	-0.3	4.0
12月	0.0	1.5	0.4	1.5	-0.8	3.0
2019 年		**1.2**		**1.0**		**0.7**
1月	-1.0	1.4	-1.5	1.4	0.3	2.9
2月	0.3	1.5	0.3	1.5	0.1	3.0
3月	1.0	1.4	1.3	1.4	-0.1	2.9
4月	0.7	1.7	0.9	1.7	-0.3	2.6
5月	0.1	1.2	0.0	1.2	-0.1	1.6
6月	0.2	1.3	0.4	1.3	-0.6	0.7
7月	-0.5	1.0	-0.6	1.0	0.1	0.1
8月	0.1	1.0	0.2	1.0	-0.5	-0.8
9月	0.2	0.8	0.4	0.8	0.2	-1.1
10月	0.1	0.7	0.1	0.7	0.0	-1.9
11月	-0.3	1.0	-0.5	1.0	0.2	-1.4
12月	0.3	1.3	0.4	1.3	0.1	-0.6

注:①不包括未加工食品和能源。

资料来源:欧盟统计局。

2.2.09 欧元区预警指标和景气指标

年份	月份	先行指标	消费者信心指数	企业家信心指数	制造业采购经理人指数	服务业采购经理人指数
2018 年						
	1 月	101.2	-3.7	10.3	59.6	58.0
	2 月	101.1	-3.5	9.1	58.6	56.2
	3 月	101.0	-4.2	7.4	56.6	54.9
	4 月	100.9	-4.4	8.3	56.2	54.7
	5 月	100.8	-4.8	7.6	55.5	53.8
	6 月	100.7	-4.8	8.0	54.9	55.2
	7 月	100.6	-4.7	6.4	55.1	54.2
	8 月	100.4	-4.9	6.3	54.6	54.4
	9 月	100.3	-5.6	5.7	53.2	54.7
	10 月	100.2	-5.3	4.5	52.0	53.7
	11 月	100.1	-6.1	4.7	51.8	53.4
	12 月	99.9	-7.8	2.6	51.4	51.2
2019 年						
	1 月	99.8	-7.4	0.7	50.5	51.2
	2 月	99.7	-6.9	-0.1	49.3	52.8
	3 月	99.6	-6.6	-1.4	47.5	53.3
	4 月	99.5	-7.3	-4.0	47.9	52.8
	5 月	99.4	-6.5	-2.6	47.7	52.9
	6 月	99.4	-7.2	-5.3	47.6	53.6
	7 月	99.3	-6.6	-7.1	46.5	53.2
	8 月	99.2	-7.1	-5.6	47.0	53.5
	9 月	99.2	-6.5	-8.7	45.7	51.6
	10 月	99.2	-7.6	-9.3	45.9	52.2
	11 月	99.2	-7.2	-8.9	46.9	51.9
	12 月	99.3	-8.1	-9.3	45.9	52.4

资料来源:OECD、欧盟统计局和 Markit 公司。

2.2.10 欧元区货币供应量增长速度

单位:%

年度 月度	M1	M2	M3
2013 年	**6.5**	**3.8**	**1.8**
2014 年	**6.3**	**2.8**	**1.9**
2015 年	**13.2**	**6.1**	**6.0**
2016 年	**9.0**	**5.1**	**4.9**
2017 年	**8.4**	**4.9**	**4.7**
2018 年	**7.2**	**4.2**	**3.8**
1 月	8.6	5.1	4.5
2 月	8.2	4.7	4.1
3 月	7.7	4.4	3.7
4 月	6.9	4.0	3.7
5 月	7.6	4.6	4.0
6 月	7.6	4.9	4.5
7 月	7.0	4.5	4.0
8 月	6.6	4.1	3.6
9 月	6.8	4.2	3.6
10 月	6.6	4.3	3.7
11 月	6.7	4.4	3.8
12 月	6.5	4.2	4.1
2019 年	**7.7**	**5.5**	**5.2**
1 月	6.2	4.0	3.8
2 月	6.7	4.5	4.2
3 月	7.5	5.2	4.7
4 月	7.4	5.4	4.8
5 月	7.2	5.3	4.9
6 月	7.2	5.0	4.6
7 月	7.6	5.4	5.1
8 月	8.7	6.4	6.0
9 月	7.7	5.8	5.5
10 月	8.4	6.1	5.7
11 月	8.6	6.1	5.7
12 月	8.0	5.7	5.0

注:M1、M2 和 M3 的增长速度均按同比计算。

资料来源:欧洲央行。

2.2.11 欧洲央行利率

单位:%

年份　日期	隔夜存款利率	欧洲央行基准利率	隔夜贷款利率
2008 年			
11 月 12 日	2.75	3.25	3.75
12 月 10 日	2.00	2.50	3.00
2009 年			
1 月 21 日	1.00	2.00	3.00
3 月 11 日	0.50	1.50	2.50
4 月 8 日	0.25	1.25	2.25
5 月 13 日	0.25	1.00	1.75
2011 年			
4 月 13 日	0.50	1.25	2.00
7 月 13 日	0.75	1.50	2.25
11 月 9 日	0.50	1.25	2.00
12 月 14 日	0.25	1.00	1.75
2012 年			
7 月 11 日	0.00	0.75	1.50
2013 年			
5 月 8 日	0.00	0.50	1.00
11 月 13 日	0.00	0.25	0.75
2014 年			
6 月 11 日	-0.10	0.15	0.40
9 月 10 日	-0.20	0.05	0.30
2015 年			
12 月 3 日	-0.30	0.05	0.30
2016 年			
3 月 10 日	-0.40	0.00	0.25
2019 年			
9 月 12 日	-0.50	0.00	0.25

资料来源:欧洲央行统计月报。

2.3.01 日本国内生产总值及其构成增长率(环比)

单位:%

指 标	2018年	2019年	2018年				2019年			
			一季度	二季度	三季度	四季度	一季度	二季度	三季度	四季度
国内生产总值	**0.3**	**0.7**	**-0.5**	**0.5**	**-0.8**	**0.6**	**0.5**	**0.6**	**0.0**	**-1.8**
国内需求	0.3	0.8	-0.6	0.5	-0.7	1.1	0.1	0.8	0.3	-2.3
个人需求	0.1	0.4	-0.9	0.4	-0.8	1.3	0.1	0.6	0.1	-3.2
个人消费	0.0	0.2	-0.4	0.2	-0.2	0.4	0.0	0.6	0.5	-2.8
家庭消费	0.1	0.1	-0.4	0.3	-0.2	0.4	0.0	0.5	0.4	-2.9
扣除估算租金	-0.2	-0.1	-0.5	0.3	-0.3	0.4	-0.1	0.6	0.4	-3.5
个人住宅投资	-6.7	2.0	-2.4	-2.4	0.1	1.7	1.5	-0.2	1.2	-2.5
个人企业设备投资	2.1	0.7	0.0	2.1	-4.3	4.4	-0.4	0.8	0.2	-4.6
政府需求	0.8	2.1	0.3	0.6	-0.3	0.3	0.1	1.7	0.8	0.3
政府消费	0.9	1.9	0.4	0.1	0.2	0.7	-0.4	1.7	0.7	0.2
政府投资	0.3	2.9	0.2	2.6	-2.3	-1.1	2.1	1.7	1.1	0.7
国外需求										
出口	3.4	-1.8	1.0	0.7	-2.3	1.6	-1.9	0.4	-0.7	-0.1
进口	3.4	-0.8	0.5	0.7	-1.4	4.3	-4.3	2.0	0.7	-2.7
备注										
国内收入	-0.4	0.8	-0.7	0.3	-1.0	0.4	0.9	0.5	0.2	-1.7
收入	6.3	2.5	1.7	4.1	-1.7	4.9	-2.9	2.1	2.1	-4.5
支付	13.3	7.9	7.1	0.6	2.2	3.7	1.8	1.4	6.7	-7.8
国民收入	-0.3	0.8	-0.8	0.5	-1.2	0.6	0.7	0.6	0.2	-1.8
固定资本形成总额	0.6	1.3	-0.2	1.7	-3.3	2.9	0.3	0.9	0.5	-3.2

资料来源:日本内阁府。

2.3.02 日本国内生产总值及其构成增长率(同比)

单位:%

指标	2018年	2019年	2018年				2019年			
			一季度	二季度	三季度	四季度	一季度	二季度	三季度	四季度
国内生产总值	**0.3**	**0.7**	**0.9**	**1.0**	**-0.3**	**-0.3**	**0.8**	**0.9**	**1.7**	**-0.7**
国内需求	0.3	0.8	0.5	0.5	-0.2	0.3	0.9	1.3	2.3	-1.1
个人需求	0.1	0.4	0.6	0.4	-0.5	0.1	1.0	1.2	2.1	-2.5
个人消费	0.0	0.2	0.1	-0.3	0.2	0.0	0.4	0.7	1.4	-1.8
家庭消费	0.1	0.1	0.1	-0.2	0.2	0.1	0.4	0.7	1.4	-2.1
扣除估算租金	-0.2	-0.1	-0.1	-0.5	0.0	-0.2	0.3	0.6	1.4	-2.7
个人住宅投资	-6.7	2.0	-6.7	-9.7	-7.4	-2.9	0.7	3.0	4.3	0.0
个人企业设备投资	2.1	0.7	2.9	4.5	-0.6	2.0	1.4	0.4	5.4	-4.4
政府需求	0.8	2.1	0.4	0.9	0.9	0.8	0.6	1.9	2.9	2.9
政府消费	0.9	1.9	0.4	0.8	0.9	1.3	0.5	2.1	2.8	2.3
政府投资	0.3	2.9	0.0	1.6	1.0	-1.0	1.0	1.0	3.9	5.5
国外需求										
出口	3.4	-1.8	5.2	5.9	1.7	1.1	-2.1	-2.2	-0.5	-2.2
进口	3.4	-0.8	3.5	2.9	2.9	4.2	-1.2	0.2	2.6	-4.4
备注										
国内收入	-0.4	0.8	0.5	0.5	-1.3	-1.0	0.6	0.8	2.1	-0.2
收入	6.3	2.5	1.6	10.7	4.8	8.6	4.3	2.3	6.4	-3.7
支付	13.3	7.9	14.6	10.6	16.3	13.4	9.2	8.9	16.0	0.7
国民收入	-0.3	0.8	0.3	0.8	-1.2	-0.9	0.7	0.7	2.1	-0.4
固定资本形成总额	0.6	1.3	1.1	1.8	-1.2	0.7	1.2	0.8	5.0	-1.6

资料来源:日本内阁府。

2.3.03 日本国内生产总值构成对经济增长的拉动

单位：百分点

指　　标	2018 年	2019 年	2018 年				2019 年			
			一季度	二季度	三季度	四季度	一季度	二季度	三季度	四季度
国内生产总值	**0.3**	**0.7**	**-0.5**	**0.5**	**-0.8**	**0.6**	**0.5**	**0.6**	**0.0**	**-1.8**
国内需求	0.3	0.8	-0.6	0.5	-0.7	1.0	0.1	0.8	0.3	-2.3
个人需求	0.1	0.3	-0.7	0.3	-0.6	1.0	0.1	0.4	0.1	-2.4
个人消费	0.0	0.1	-0.2	0.1	-0.1	0.2	0.0	0.3	0.3	-1.5
家庭消费	0.0	0.0	-0.2	0.1	-0.1	0.2	0.0	0.3	0.2	-1.6
扣除估算租金	-0.1	-0.1	-0.2	0.1	-0.1	0.2	0.0	0.3	0.2	-1.6
个人住宅投资	-0.2	0.1	-0.1	-0.1	0.0	0.0	0.0	0.0	0.0	-0.1
个人企业设备投资	0.3	0.1	0.0	0.3	-0.7	0.7	-0.1	0.1	0.0	-0.7
个人存货变化	0.0	0.1	-0.4	-0.1	0.2	0.0	0.1	0.0	-0.2	0.0
政府需求	0.2	0.5	0.1	0.2	-0.1	0.1	0.0	0.4	0.2	0.1
政府消费	0.2	0.4	0.1	0.0	0.0	0.1	-0.1	0.3	0.1	0.0
政府投资	0.0	0.1	0.0	0.1	-0.1	-0.1	0.1	0.1	0.1	0.0
政府存货变化	0.0	0.0	0.0	0.0	0.0	0.0	0.0	0.0	0.0	0.0
国外需求										
净出口	0.0	-0.2	0.1	0.0	-0.2	-0.4	0.5	-0.3	-0.3	0.5
出口	0.6	-0.3	0.2	0.1	-0.4	0.3	-0.4	0.1	-0.1	0.0
进口	-0.6	0.1	-0.1	-0.1	0.2	-0.7	0.8	-0.4	-0.1	0.5
备注										
贸易收益/损失	-0.7	0.2	-0.3	-0.2	-0.2	-0.2	0.4	-0.1	0.2	0.0
国内收入	-0.4	0.8	-0.7	0.3	-1.0	0.4	0.9	0.5	0.2	-1.7
国外净收入	0.1	0.0	-0.1	0.2	-0.2	0.2	-0.2	0.1	0	-0.1
收入	0.4	0.1	0.1	0.2	-0.1	0.3	-0.2	0.1	0.1	-0.3
支付	-0.3	-0.2	-0.2	0.0	-0.1	-0.1	0.0	0.0	-0.2	0.2
国民收入	-0.3	0.8	-0.8	0.5	-1.2	0.6	0.7	0.6	0.2	-1.8
固定资本形成总额	0.1	0.3	-0.1	0.4	-0.8	0.7	0.1	0.2	0.1	-0.8

注：环比贡献。

资料来源：日本内阁府。

2.3.04 日本工业生产指标

单位:%

年份 月份	工业生产增长率	制造业增长率	制造业产能利用率指数(2015年=100)	服务业活动指数(2010年=100)
2012年	**0.6**	**0.6**	**103.0**	**101.9**
2013年	**-0.3**	**-0.3**	**101.7**	**102.7**
2014年	**2.0**	**1.9**	**100.1**	**102.3**
2015年	**-1.2**	**-1.1**	**100.0**	**103.2**
2016年	**0.0**	**0.0**	**99.4**	**103.9**
2017年	**3.1**	**3.1**	**99.1**	**104.7**
2018年	**1.1**	**1.1**	**98.6**	**105.9**
1月	1.4	1.4	99.0	100.9
2月	0.9	0.9	99.0	99.6
3月	2.5	2.5	98.8	114.7
4月	1.9	1.9	98.4	104.2
5月	3.5	3.5	98.4	104.2
6月	-1.5	-1.5	98.4	106.2
7月	2.4	2.4	98.4	106.3
8月	0.6	0.6	98.5	105.7
9月	-2.5	-2.5	98.5	105.1
10月	4.2	4.2	98.7	106.5
11月	1.9	1.9	98.8	105.2
12月	-2.0	-1.9	98.7	112.4
2019年	**-2.9**	**-2.8**	**98.2**	**106.5**
1月	0.7	0.7	98.7	102.5
2月	-1.1	-1.1	98.7	100.5
3月	-4.3	-4.3	98.7	115.5
4月	-1.1	-1.1	97.9	105.6
5月	-2.1	-2.1	97.9	104.8
6月	-3.8	-3.8	97.8	106.7
7月	0.7	0.7	97.8	107.8
8月	-4.7	-4.7	97.8	106.2
9月	1.3	1.3	97.8	109.7
10月	-7.7	-7.7	98.2	103.3
11月	-8.2	-8.1	98.3	103.8
12月	-3.1	-3.2	98.2	111.5

注:工业生产和制造业增长率均为同比。

资料来源:日本经济产业省。

2.3.05 日本就业人数和失业率

年份	月份	劳动力总数（万人）	就业人数（万人）	失业人数（万人）	失业率（%）
2012 年		**6565**	**6280**	**285**	**4.3**
2013 年		**6593**	**6326**	**265**	**4.0**
2014 年		**6609**	**6371**	**236**	**3.6**
2015 年		**6625**	**6401**	**222**	**3.4**
2016 年		**6673**	**6465**	**208**	**3.1**
2017 年		**6720**	**6530**	**190**	**2.8**
2018 年		**6830**	**6664**	**166**	**2.4**
	1 月	6766	6599	164	2.4
	2 月	6804	6635	170	2.5
	3 月	6839	6667	172	2.5
	4 月	6839	6669	172	2.5
	5 月	6818	6661	155	2.3
	6 月	6807	6640	167	2.5
	7 月	6815	6645	170	2.5
	8 月	6833	6667	166	2.4
	9 月	6836	6676	161	2.4
	10 月	6861	6696	166	2.4
	11 月	6885	6717	169	2.5
	12 月	6860	6697	164	2.4
2019 年		**6886**	**6724**	**162**	**2.4**
	1 月	6839	6665	172	2.5
	2 月	6873	6714	160	2.3
	3 月	6906	6732	174	2.5
	4 月	6868	6702	168	2.4
	5 月	6859	6694	162	2.4
	6 月	6862	6701	161	2.3
	7 月	6871	6716	154	2.2
	8 月	6889	6735	154	2.2
	9 月	6897	6730	167	2.4
	10 月	6924	6758	166	2.4
	11 月	6919	6769	151	2.2
	12 月	6932	6782	150	2.2

注:月度数据均经过季节调整。

资料来源:日本统计局。

2.3.06 日本消费者价格涨跌率和生产者价格涨跌率

单位:%

年份	月份	消费价格涨跌率		生产者价格涨跌率	
		环比	同比	环比	同比
2012 年			**0.0**		**-0.9**
2013 年			**0.4**		**1.2**
2014 年			**2.7**		**3.2**
2015 年			**0.8**		**-2.3**
2016 年			**-0.1**		**-3.5**
2017 年			**0.5**		**2.3**
2018 年			**1.0**		**2.6**
	1 月	0.1	1.4	0.3	2.7
	2 月	0.0	1.5	0.0	2.5
	3 月	-0.3	1.1	-0.1	2.0
	4 月	-0.1	0.6	0.4	2.2
	5 月	0.1	0.7	0.5	2.7
	6 月	-0.1	0.7	0.3	2.9
	7 月	0.1	0.9	0.4	3.1
	8 月	0.5	1.3	0.0	3.1
	9 月	0.1	1.2	0.2	3.0
	10 月	0.3	1.4	0.4	3.0
	11 月	-0.3	0.8	-0.3	2.3
	12 月	-0.3	0.3	-0.7	1.4
2019 年			**0.5**		**0.2**
	1 月	0.1	0.2	-0.6	0.5
	2 月	0.0	0.2	0.4	0.9
	3 月	0.0	0.5	0.3	1.3
	4 月	0.3	0.9	0.4	1.3
	5 月	0.0	0.7	-0.1	0.7
	6 月	-0.1	0.7	-0.6	-0.2
	7 月	-0.1	0.5	0.0	-0.6
	8 月	0.3	0.3	-0.3	-0.9
	9 月	0.1	0.2	0.0	-1.1
	10 月	0.3	0.2	1.1	-0.4
	11 月	0.1	0.5	0.2	0.1
	12 月	0.0	0.8	0.1	0.9

资料来源:日本统计局和日本央行。

2.3.07 日本进出口贸易和外国直接投资

单位:亿日元

年份	月份	进出口贸易			外国直接投资		
		出口额	进口额	出口减进口	流入	流出	流入减流出
2012年		**637476**	**706886**	**-69410**	**407**	**93998**	**-93591**
2013年		**697742**	**812425**	**-114683**	**10501**	**152960**	**-142459**
2014年		**730930**	**859091**	**-128161**	**20745**	**146622**	**-125877**
2015年		**756139**	**784055**	**-27916**	**6272**	**167591**	**-161319**
2016年		**700358**	**660420**	**39938**	**44915**	**193502**	**-148587**
2017年		**782865**	**753792**	**29073**	**22963**	**195369**	**-172406**
2018年		**814788**	**827033**	**-12245**	**28590**	**175788**	**-147198**
	1月	68118	64848	3271	-2488	17421	-19909
	2月	67394	70558	-3165	1473	10492	-9019
	3月	65657	65295	362	5073	13112	-8039
	4月	68269	63187	5082	-770	9965	-10735
	5月	68870	69895	-1025	7966	13456	-5490
	6月	68078	67836	242	2365	18887	-16522
	7月	68124	69007	-883	3592	14899	-11307
	8月	68781	70286	-1505	-356	13329	-13685
	9月	67451	69155	-1703	5807	17588	-11781
	10月	70110	74325	-4215	428	8197	-7769
	11月	67956	72637	-4680	4223	27158	-22935
	12月	66911	68725	-1814	1277	11285	-10008
2019年		**769275**	**7857566**	**-7088291**	**41797**	**269740**	**-227943**
	1月	62299	65386	-3087	1078	71933	-70855
	2月	66483	65810	673	2506	12932	-10426
	3月	65756	67568	-1812	12726	27056	-14330
	4月	65657	67300	-1643	3811	21532	-17721
	5月	62434	67336	-4902	3840	19795	-15955
	6月	65446	65438	8	111	15801	-15690
	7月	65232	66630	-1398	2401	14903	-12502
	8月	63398	64450	-1053	3416	23865	-20449
	9月	64204	64951	-747	1926	8101	-6175
	10月	63011	63776	-765	-1418	9042	-10460
	11月	62948	63867	-919	3337	16236	-12899
	12月	63245	64270	-1025	8063	28545	-20482

注:月度贸易额为季节调整后数据。

资料来源:日本财务省。

2.3.08 日本景气指数

年份	月份	先行指数	同步指数	滞后指数	消费者信心指数	企业家信心指数
2018年						
	1月	101.2	102.5	104.5	44.7	53.5
	2月	101.4	103.3	104.7	44.0	51.7
	3月	100.3	103.2	104.8	44.4	49.3
	4月	101.7	104.1	104.6	43.4	50.7
	5月	101.7	103.9	105.2	44.1	50.8
	6月	100.6	103.4	105.1	44.1	51.4
	7月	99.6	102.9	104.4	43.6	49.9
	8月	99.6	103.0	104.8	43.5	51.3
	9月	99.4	101.9	104.1	43.5	51.9
	10月	98.9	103.9	104.1	42.9	48.1
	11月	98.2	102.2	104.6	42.7	49.0
	12月	96.9	101.0	104.2	42.5	45.9
2019年						
	1月	96.3	100.1	104.8	41.9	47.8
	2月	96.7	101.4	104.5	41.2	48.4
	3月	95.7	100.9	104.6	40.5	46.0
	4月	96.0	101.4	104.6	40.0	47.0
	5月	95.1	102.1	104.5	39.5	44.5
	6月	93.5	99.1	104.6	38.9	45.0
	7月	93.4	99.3	104.7	37.9	44.6
	8月	82.1	98.7	104.6	37.2	42.1
	9月	91.8	100.4	104.2	35.9	38.8
	10月	91.6	95.3	103.8	36.3	43.5
	11月	90.8	94.7	104.4	38.7	43.9
	12月	91.6	94.7	106.9	39.0	44.3

注:先行指数、同步指数和滞后指数以2015年为100。

消费者信心指数和企业家信心指数是50为基点的百分点差值。

资料来源:日本内阁府。

2.3.09 日本利率

单位:%

年份 月份	官方利率	基本贷款利率	隔夜拆借利率
2012 年	**0.30**	**1.475**	**0.083**
2013 年	**0.30**	**1.475**	**0.075**
2014 年	**0.30**	**1.475**	**0.068**
2015 年	**0.30**	**1.475**	**0.073**
2016 年	**0.30**	**1.475**	**−0.026**
2017 年	**0.30**	**1.475**	**−0.048**
2018 年	**0.30**	**1.475**	**−0.060**
1 月	0.30	1.475	−0.040
2 月	0.30	1.475	−0.042
3 月	0.30	1.475	−0.062
4 月	0.30	1.475	−0.063
5 月	0.30	1.475	−0.061
6 月	0.30	1.475	−0.071
7 月	0.30	1.475	−0.070
8 月	0.30	1.475	−0.059
9 月	0.30	1.475	−0.059
10 月	0.30	1.475	−0.060
11 月	0.30	1.475	−0.070
12 月	0.30	1.475	−0.068
2019 年	**0.30**	**1.475**	**−0.052**
1 月	0.30	1.475	−0.064
2 月	0.30	1.475	−0.055
3 月	0.30	1.475	−0.044
4 月	0.30	1.475	−0.068
5 月	0.30	1.475	−0.050
6 月	0.30	1.475	−0.063
7 月	0.30	1.475	−0.071
8 月	0.30	1.475	−0.046
9 月	0.30	1.475	−0.059
10 月	0.30	1.475	−0.022
11 月	0.30	1.475	−0.043
12 月	0.30	1.475	−0.038

资料来源:日本央行统计月报。

2.4.01 其他主要国家和地区国内生产总值同比增长率

单位:%

年度	季度	加拿大	英国	南非	巴西	印度	俄罗斯	韩国	墨西哥	中国香港	中国台湾	越南	印度尼西亚
2008年		**1.0**	**−0.5**	**3.2**	**5.1**	**3.9**	**5.2**	**2.8**	**1.4**	**2.1**	**0.7**	**6.7**	**6.0**
2009年		**−2.9**	**−4.2**	**−1.5**	**−0.1**	**8.5**	**−7.8**	**0.7**	**−4.7**	**−2.5**	**−1.9**	**4.4**	**4.6**
2010年		**3.1**	**1.7**	**3.0**	**7.5**	**10.3**	**4.5**	**6.5**	**5.1**	**6.8**	**10.8**	**6.4**	**6.2**
2011年		**3.1**	**1.5**	**3.3**	**4.0**	**6.6**	**5.3**	**3.7**	**3.7**	**4.8**	**3.8**	**5.7**	**6.2**
2012年		**1.8**	**1.5**	**2.2**	**1.9**	**5.7**	**3.7**	**2.3**	**3.6**	**1.7**	**2.1**	**5.0**	**6.0**
2013年		**2.3**	**2.1**	**2.5**	**3.0**	**6.1**	**1.8**	**2.9**	**1.4**	**3.1**	**2.2**	**5.3**	**5.6**
2014年		**2.9**	**2.6**	**1.8**	**0.5**	**7.0**	**0.7**	**3.3**	**2.8**	**2.8**	**4.0**	**5.9**	**5.0**
2015年		**0.7**	**2.4**	**1.2**	**−3.5**	**7.6**	**−2.3**	**2.8**	**3.3**	**2.4**	**0.8**	**6.6**	**4.9**
2016年		**1.0**	**1.9**	**0.4**	**−3.3**	**8.7**	**0.3**	**2.9**	**2.9**	**2.2**	**1.5**	**6.1**	**5.0**
2017年		**3.2**	**1.9**	**1.4**	**1.1**	**6.7**	**1.6**	**3.1**	**2.1**	**3.8**	**3.3**	**6.6**	**5.1**
2018年		**2.0**	**1.4**	**0.8**	**1.1**	**6.7**	**2.3**	**2.7**	**2.1**	**3.0**	**2.8**	**7.1**	**5.2**
	1季度	2.5	1.1	0.7	1.5	7.7	1.9	2.8	1.6	4.6	3.2	7.5	5.1
	2季度	1.7	1.3	0.1	1.1	7.1	2.2	2.9	3.0	3.6	3.4	6.7	5.3
	3季度	2.0	1.6	1.3	1.5	6.2	2.2	2.1	2.5	2.8	2.5	6.8	5.2
	4季度	1.8	1.4	1.1	1.2	5.6	2.7	2.9	1.4	1.1	2.0	7.3	5.2
2019年			**1.4**	**0.1**	**1.2**	**5.3**		**2.0**	**−0.1**	**−1.2**	**2.7**	**7.0**	**5.0**
	1季度	1.5	2.0	0.0	0.6	5.8	0.5	1.7	1.2	0.7	1.8	6.8	5.1
	2季度	1.9	1.3	0.9	1.1	5.6	0.9	2.0	−0.9	0.4	2.6	6.7	5.1
	3季度	1.7	1.2	0.1	1.2	5.1	1.7	2.0	−0.3	−2.8	3.0	7.5	5.0
	4季度		1.1	−0.5	1.7	4.7		2.3	−0.5	−2.9	3.3	7.0	5.0

注:印度为财政年度。2012 财年以后数据依据 2011-12 年不变价。2017 年年度数据则按日历年度计算得出。

资料来源:各经济体官方统计网站。

2.4.02 其他主要国家和地区居民消费价格涨跌率

单位:%

年度	季度	加拿大	英国	南非	巴西	印度	俄罗斯	韩国	墨西哥	中国香港	中国台湾	越南	印度尼西亚
2009 年		**0.3**	**2.2**	**7.1**	**4.9**	**10.9**	**11.7**	**2.8**	**5.3**	**0.6**	**-0.9**	**6.7**	**4.8**
2010 年		**1.8**	**3.3**	**4.3**	**5.0**	**12.0**	**6.9**	**2.9**	**4.2**	**2.3**	**1.0**	**9.2**	**5.1**
2011 年		**2.9**	**4.5**	**5.0**	**6.6**	**8.9**	**8.4**	**4.0**	**3.4**	**5.3**	**1.4**	**18.6**	**5.4**
2012 年		**1.5**	**2.8**	**5.7**	**5.4**	**9.3**	**5.1**	**2.2**	**4.1**	**4.1**	**1.9**	**9.3**	**4.3**
2013 年		**0.9**	**2.3**	**5.8**	**6.2**	**10.9**	**6.8**	**1.3**	**3.8**	**4.3**	**0.8**	**6.6**	**6.4**
2014 年		**1.9**	**1.5**	**6.1**	**6.3**	**6.4**	**7.8**	**1.3**	**4.0**	**4.4**	**1.2**	**4.7**	**6.4**
2015 年		**1.1**	**0.4**	**4.5**	**9.0**	**5.9**	**15.5**	**0.7**	**2.7**	**3.0**	**-0.3**	**0.9**	**6.4**
2016 年		**1.4**	**1.0**	**6.6**	**8.7**	**4.9**	**7.0**	**1.0**	**2.8**	**2.4**	**1.4**	**3.2**	**3.5**
2017 年		**1.6**	**2.6**	**5.2**	**3.4**	**2.5**	**3.7**	**1.9**	**6.0**	**1.5**	**0.6**	**3.5**	**3.8**
2018 年		**2.3**	**2.3**	**4.5**	**3.7**	**4.9**	**2.9**	**1.5**	**4.9**	**2.4**	**1.4**	**3.5**	**3.2**
2019 年		**1.9**	**1.8**	**4.1**	**3.7**	**3.7**	**4.5**	**0.4**	**3.6**	**2.9**	**0.6**	**2.8**	**3.0**
	1月	1.4	1.8	4.0	3.8	2.0	5.0	0.8	4.4	2.4	0.2	2.6	2.8
	2月	1.5	1.9	4.1	3.9	2.6	5.2	0.5	3.9	2.1	0.2	2.6	2.6
	3月	1.9	1.9	4.5	4.6	2.9	5.3	0.4	4.0	2.1	0.6	2.7	2.5
	4月	2.0	2.1	4.4	4.9	3.0	5.2	0.6	4.4	2.9	0.7	2.9	2.8
	5月	2.4	2.0	4.5	4.7	3.1	5.1	0.7	4.3	2.8	0.9	2.9	3.3
	6月	2.0	2.0	4.5	3.4	3.2	4.7	0.7	4.0	3.3	0.9	2.2	3.3
	7月	2.0	2.1	4.0	3.2	3.2	4.6	0.6	3.8	3.3	0.4	2.4	3.3
	8月	1.9	1.7	4.3	3.4	3.2	4.3	0.0	3.2	3.5	0.4	2.3	3.5
	9月	1.9	1.7	4.1	2.9	4.0	4.0	-0.4	3.0	3.2	0.4	2.0	3.4
	10月	1.9	1.5	3.7	2.5	4.6	3.8	0.0	3.0	3.1	0.4	2.2	3.1
	11月	2.2	1.5	3.6	3.3	5.5	3.5	0.2	3.0	3.0	0.6	3.5	3.0
	12月	2.2	1.3	4.0	4.3	7.4	3.0	0.7	2.8	2.9	1.1	5.2	2.7
2020 年													
	1月	2.4	1.8	4.5	4.2	7.6	2.4	1.5	3.2	1.4	1.9	6.4	2.7

资料来源:各经济体官方统计网站。

2.4.03 其他主要国家和地区失业率

单位:%

年度	月份	加拿大	英国	南非	巴西	印度	俄罗斯	韩国	墨西哥	中国香港	中国台湾	越南	印度尼西亚
2009 年		**8.3**	**7.8**	**23.7**	**8.1**		**8.4**	**3.6**	**5.5**	**5.2**	**5.9**	**2.9**	**6.1**
2010 年		**8.0**	**7.9**	**24.7**	**6.7**		**7.5**	**3.7**	**5.4**	**4.3**	**5.2**	**2.9**	**5.6**
2011 年		**7.5**	**8.0**	**24.7**	**6.7**		**6.5**	**3.4**	**5.2**	**3.4**	**4.4**	**2.3**	**5.2**
2012 年		**7.3**	**7.9**	**24.7**	**6.2**	**2.3**	**5.4**	**3.2**	**4.9**	**3.3**	**4.2**	**2.0**	**4.5**
2013 年		**7.1**	**7.5**	**24.6**	**6.5**		**5.5**	**3.1**	**4.9**	**3.4**	**4.2**	**2.2**	**4.3**
2014 年		**6.9**	**6.1**	**24.9**	**6.8**		**5.2**	**3.5**	**4.8**	**3.3**	**4.0**	**2.1**	**4.0**
2015 年		**6.9**	**5.3**	**25.2**	**8.4**		**5.6**	**3.5**	**4.3**	**3.3**	**3.8**	**2.3**	**4.5**
2016 年		**7.0**	**4.8**	**26.6**	**11.6**		**5.6**	**3.7**	**3.9**	**3.4**	**3.9**	**2.3**	**4.3**
2017 年		**6.3**	**4.3**	**27.1**	**12.8**		**5.2**	**3.7**	**3.4**	**3.1**	**3.8**	**2.3**	**4.2**
2018 年		**5.8**	**4.0**	**26.9**	**12.3**	**5.3**	**4.8**	**3.8**	**3.3**	**3.1**	**3.7**	**2.2**	**4.5**
2019 年		**5.7**	**3.8**	**28.7**	**11.9**	**7.4**	**4.6**	**3.8**	**3.5**	**2.9**	**3.7**	**2.2**	**5.1**
	1 月	5.8	3.9		12.0	6.9	4.9	4.4	3.6	2.8	3.7		
	2 月	5.8	3.9		12.4	7.2	4.9	3.7	3.3	2.8	3.7		
	3 月	5.8	3.8	27.6	12.7	6.7	4.7	3.8	3.2	2.8	3.7	2.2	5.0
	4 月	5.7	3.8		12.5	7.4	4.7	4.1	3.5	2.8	3.7		
	5 月	5.4	3.8		12.3	7.0	4.5	4.0	3.5	2.8	3.8		
	6 月	5.5	3.9	29.0	12.0	7.9	4.4	4.0	3.6	2.8	3.7	2.2	
	7 月	5.7	3.8		11.8	7.3	4.5	4.0	3.7	2.9	3.7		
	8 月	5.7	3.9		11.8	8.2	4.3	3.1	3.7	2.9	3.7		
	9 月	5.5	3.8	29.1	11.8	7.2	4.5	3.4	3.8	2.9	3.7	2.2	5.3
	10 月	5.5	3.8		11.6	8.1	4.6	3.5	3.6	3.1	3.7		
	11 月	5.9	3.8		11.2	7.2	4.6	3.6	3.4	3.2	3.7		
	12 月	5.6	3.8	29.1	11.0	7.6	4.6	3.7	2.9	3.3	3.7	2.2	
2020 年													
	1 月	5.5				7.2	4.7	4.0		3.4			

注:①南非失业率为所在月度的季度失业率。

②英国和中国香港月度数据为截至当月的 3 个月移动平均失业率。

③加拿大、英国、韩国和中国香港为经季节因素调整后的失业率。

资料来源:各经济体官方统计网站。

2.4.04 其他主要国家和地区进出口额

单位:亿美元

年份	月份	加拿大			英国			南非			巴西		
		出口额	进口额	出口减进口	出口额	进口额	出口减进口	出口额	进口额	出口减进口	出口额	进口额	出口减进口
2009年		**3306.9**	**3363.9**	**-57.0**	**3584.1**	**4843.5**	**-1259.4**	**641.2**	**658.1**	**-16.9**	**1522.5**	**1275.5**	**247.0**
2010年		**3861.8**	**3905.4**	**-43.6**	**4024.9**	**5540.0**	**-1515.1**	**818.3**	**801.3**	**17.0**	**2019.2**	**1914.4**	**104.8**
2011年		**4548.4**	**4512.5**	**35.9**	**5016.7**	**6732.1**	**-1715.4**	**980.5**	**1002.6**	**-22.1**	**2560.4**	**2369.6**	**190.8**
2012年		**4556.0**	**4740.0**	**-184.0**	**4788.0**	**7028.0**	**-2240.0**	**999.7**	**1041.5**	**-41.8**	**2425.8**	**2333.9**	**91.9**
2013年		**4583.0**	**4736.0**	**-153.0**	**5468.0**	**6622.0**	**-1154.0**	**959.1**	**1034.7**	**-75.7**	**2420.0**	**2505.6**	**-85.6**
2014年		**4763.0**	**4753.0**	**10.0**	**5108.0**	**6941.0**	**-1833.0**	**930.4**	**998.8**	**-68.4**	**2251.0**	**2391.6**	**-140.6**
2015年		**4101.0**	**4301.0**	**-201.0**	**4658.0**	**6300.0**	**-1642.0**	**810.0**	**856.5**	**-46.4**	**1911.3**	**1790.9**	**120.4**
2016年		**3899.9**	**4129.0**	**-229.0**	**4109.0**	**6367.0**	**-2258.0**	**762.2**	**751.0**	**11.1**	**1852.4**	**1434.1**	**418.2**
2017年		**4206.7**	**4436.5**	**-223.0**	**4410.0**	**6410.0**	**-2000.0**	**889.5**	**832.0**	**57.5**	**2177.4**	**1575.4**	**602.0**
2018年		**4507.9**	**4705.0**	**-201.0**	**4864.4**	**6723.0**	**-1858.6**	**939.7**	**933.5**	**6.2**	**2392.9**	**1885.6**	**507.2**
2019年		**4465.1**	**4634.8**	**-169.6**	**4687.0**	**6911.0**	**-2224.0**	**900.2**	**880.8**	**19.4**	**2240.0**	**1773.0**	**467.0**
	1月	343.4	369.1	-25.7	371.2	597.3	-226.1	64.0	73.6	-9.5	180.8	163.9	17.0
	2月	324.6	358.5	-33.9	381.4	570.2	-188.8	70.9	68.1	2.8	159.0	126.2	32.8
	3月	388.6	409.5	-20.9	448.5	641.0	-192.6	73.1	69.7	3.3	176.9	131.3	45.6
	4月	372.5	397.6	-25.1	388.9	521.6	-132.7	73.2	75.7	-2.5	194.2	136.3	57.9
	5月	412.4	411.9	0.5	403.6	524.7	-121.1	77.5	76.4	1.1	206.5	149.7	56.9
	6月	384.2	390.3	-6.1	377.2	512.8	-135.6	74.0	71.1	2.9	180.5	130.3	50.2
	7月	373.3	390.5	-17.2	375.1	600.6	-225.5	80.3	82.5	-2.2	198.5	177.6	20.9
	8月	371.6	399.9	-28.3	336.4	579.2	-242.8	80.3	76.0	4.4	186.6	155.7	31.0
	9月	371.9	381.7	-9.9	382.8	621.6	-238.8	74.4	70.9	3.5	202.6	165.0	37.7
	10月	385.8	401.5	-15.7	435.8	672.7	-236.9	82.4	80.6	1.8	195.8	170.3	25.5
	11月	358.7	369.9	-11.2	385.6	566.4	-180.8	78.7	74.9	3.8	176.8	141.7	35.1
	12月	378.1	354.4	23.7	400.6	503.2	-102.6	71.4	61.4	10.0	181.5	125.6	56.0
2020年													
	1月										144.4	161.8	-17.4

注:加拿大和英国数据经过季节调整。

资料来源:各经济体官方统计网站。

2.4.04 续表 1

单位:亿美元

年份	月份	印度			俄罗斯			韩国			墨西哥		
		出口额	进口额	出口减进口	出口额	进口额	出口减进口	出口额	进口额	出口减进口	出口额	进口额	出口减进口
2009 年		**1529.0**	**2350.7**	**-821.7**	**3064.7**	**1916.6**	**1148.1**	**3660.9**	**3227.3**	**433.6**	**2296.4**	**2344.8**	**-48.4**
2010 年		**2142.6**	**3249.7**	**-1107.1**	**4000.2**	**2484.0**	**1516.2**	**4672.1**	**4251.4**	**420.7**	**2983.6**	**3106.3**	**-122.7**
2011 年		**3029.1**	**4644.6**	**-1615.5**	**5219.7**	**3232.1**	**1987.6**	**5554.1**	**5243.5**	**310.6**	**3493.8**	**3610.7**	**-116.9**
2012 年		**2968.1**	**4885.9**	**-1917.8**	**5292.6**	**3354.5**	**1938.1**	**5478.7**	**5195.9**	**282.8**	**3707.1**	**3804.8**	**-97.7**
2013 年		**3148.0**	**4654.0**	**-1506.0**	**5218.4**	**3412.7**	**1805.7**	**5596.3**	**5155.8**	**440.5**	**3800.1**	**3909.7**	**-109.5**
2014 年		**3227.0**	**4629.0**	**-1402.0**	**4968.1**	**3078.8**	**1889.3**	**5726.6**	**5255.1**	**471.5**	**3969.1**	**4115.8**	**-146.7**
2015 年		**2680.0**	**3941.0**	**-1261.0**	**3414.2**	**1930.2**	**1484.0**	**5267.6**	**4365.0**	**902.6**	**3805.5**	**4052.8**	**-247.3**
2016 年		**2645.0**	**3616.0**	**-971.0**	**2817.1**	**1914.9**	**902.2**	**4954.3**	**4061.9**	**892.4**	**3739.5**	**3975.2**	**-235.7**
2017 年		**2992.0**	**4499.0**	**-1507.0**	**3531.0**	**2383.8**	**1147.2**	**5737.1**	**4784.8**	**952.3**	**4094.0**	**4321.5**	**-227.5**
2018 年		**3247.6**	**5145.0**	**-1897.4**	**4431.3**	**2487.0**	**1944.3**	**6048.6**	**5352.0**	**696.6**	**4507.0**	**4765.7**	**-258.7**
2019 年		**3248.6**	**4781.7**	**-1533.1**	**4188.0**	**2540.5**	**1647.5**	**5422.3**	**5033.4**	**388.9**	**4611.0**	**4553.0**	**58.0**
	1月	263.6	410.9	-147.3	308.5	164.3	144.1	461.7	451.5	10.2	326.2	372.6	-46.4
	2月	266.7	362.6	-95.9	347.4	182.5	164.9	394.8	366.5	28.3	364.1	350.7	13.4
	3月	325.5	434.4	-108.9	370.2	209.7	160.5	470.0	419.9	50.1	390.2	375.3	14.9
	4月	260.7	414.0	-153.3	366.9	220.6	146.3	487.8	450.5	37.3	394.5	380.8	13.7
	5月	299.9	453.5	-153.6	323.9	199.0	125.0	457.0	436.2	20.8	418.3	408.0	10.3
	6月	250.1	402.9	-152.8	323.7	200.0	123.7	440.1	401.1	39.0	379.5	353.9	25.6
	7月	263.3	397.6	-134.3	334.5	223.7	110.8	460.8	437.6	23.2	393.0	404.2	-11.2
	8月	261.3	395.8	-134.5	341.1	219.7	121.4	440.2	424.6	15.6	404.3	396.6	7.8
	9月	260.3	368.9	-108.6	353.3	209.8	143.5	446.3	387.4	58.9	372.2	373.4	-1.2
	10月	263.8	373.9	-110.1	368.0	238.3	129.8	466.5	414.0	52.5	407.3	414.6	-7.3
	11月	259.8	381.1	-121.3	354.4	231.7	122.7	440.4	407.3	33.1	375.0	367.1	7.9
	12月	273.6	386.1	-112.5	396.0	241.3	154.7	456.7	436.9	19.8	386.6	356.0	30.7
2020 年													
	1月	253.6	411.4	-157.8	295.3	170.4	124.8	432.6	427.2	5.3	336.5	360.7	-24.2

资料来源:各经济体官方统计网站。

2.4.04 续表 2

单位：亿美元

年份	月份	中国香港			中国台湾			越南			印度尼西亚		
		出口额	进口额	出口减进口	出口额	进口额	出口减进口	出口额	进口额	出口减进口	出口额	进口额	出口减进口
2009 年		**3187.4**	**3476.5**	**-289.1**	**2037.4**	**1746.2**	**291.2**	**571.0**	**699.5**	**-128.5**	**1165.3**	**960.2**	**205.1**
2010 年		**3907.2**	**4334.4**	**-427.2**	**2746.5**	**2514.0**	**232.4**	**722.3**	**848.3**	**-126.0**	**1575.8**	**1294.5**	**281.3**
2011 年		**4292.2**	**4840.0**	**-547.8**	**3083.0**	**2816.1**	**266.9**	**969.0**	**1067.5**	**-98.5**	**2007.9**	**1762.0**	**245.9**
2012 年		**4431.4**	**5047.2**	**-615.9**	**3011.8**	**2704.7**	**307.1**	**1145.3**	**1137.8**	**7.5**	**1885.0**	**1903.8**	**-18.8**
2013 年		**5355.5**	**6222.8**	**-867.3**	**3114.3**	**2780.1**	**334.2**	**1320.3**	**1320.3**	**0.0**	**1835.5**	**1873.7**	**-38.2**
2014 年		**5241.3**	**6007.7**	**-766.3**	**3200.9**	**2818.5**	**382.4**	**1502.2**	**1478.5**	**23.7**	**1762.9**	**1781.8**	**-18.9**
2015 年		**5104.9**	**5587.7**	**-482.9**	**2853.4**	**2372.2**	**481.2**	**1620.7**	**1656.1**	**-35.4**	**1503.4**	**1427.3**	**76.1**
2016 年		**5166.4**	**5465.2**	**-298.8**	**2803.2**	**2305.7**	**497.5**	**1765.8**	**1748.1**	**17.8**	**1444.9**	**1356.5**	**88.4**
2017 年		**5498.6**	**5889.1**	**-390.5**	**3172.5**	**2592.7**	**579.8**	**2150.1**	**2129.2**	**20.9**	**1685.7**	**1568.9**	**116.8**
2018 年		**5684.5**	**6266.1**	**-581.6**	**3359.1**	**2863.4**	**495.7**	**2437.0**	**2368.6**	**68.4**	**1802.1**	**1887.1**	**-85.0**
2019 年		**5349.0**	**5778.0**	**-429.0**	**3293.0**	**2858.0**	**435.0**	**2642.7**	**2539.0**	**103.7**	**1685.0**	**1707.0**	**-22.0**
	1 月	474.9	472.3	2.6	271.2	262.5	8.7	221.8	2.2	219.6	139.3	149.9	-10.6
	2 月	314.2	360.5	-46.3	203.2	152.8	50.4	138.8	1.4	137.4	125.6	122.3	3.3
	3 月	467.2	526.4	-59.2	284.8	254.4	30.4	227.5	2.3	225.2	141.2	134.5	6.7
	4 月	440.6	474.3	-33.8	255.7	229.1	26.6	204.1	2.0	202.1	131.1	154.0	-22.9
	5 月	455.4	499.5	-44.2	275.6	230.9	44.7	218.8	2.2	216.6	148.3	146.1	2.2
	6 月	408.6	473.3	-64.7	282.2	243.4	38.8	213.7	2.1	211.5	117.9	115.0	3.0
	7 月	443.6	487.3	-43.7	281.2	244.6	36.5	229.8	2.3	227.5	154.5	155.2	-0.7
	8 月	462.4	494.9	-32.5	287.9	227.9	60.0	258.9	2.6	256.3	142.8	141.7	0.9
	9 月	461.5	491.8	-30.3	281.0	249.6	31.5	233.6	2.3	231.2	141.0	142.6	-1.6
	10 月	465.5	490.9	-25.3	289.8	250.4	39.4	242.3	2.4	239.9	149.3	147.6	1.8
	11 月	472.6	501.7	-29.2	285.7	242.8	42.8	227.9	2.3	225.7	149.5	153.4	-3.9
	12 月	482.4	505.4	-22.9	294.8	269.8	25.1	225.6	2.3	223.4	144.7	145.0	-0.3
2020 年													
	1 月				250.7	216.1	34.6	183.2	186.0	-2.8	134.1	142.8	-8.6

资料来源：各经济体官方统计网站。